工业和信息化普通高等教育"十三五"规划教

高等院校"十三五"**会计系列**规划教材

U0692324

FINANCIAL ENTERPRISE ACCOUNTING

金融企业会计

微课版 第3版

◆ 王海荣 徐旭东 耿成轩 编著

人民邮电出版社

北 京

图书在版编目（ＣＩＰ）数据

金融企业会计 : 微课版 / 王海荣，徐旭东，耿成轩
编著. -- 3版. -- 北京 : 人民邮电出版社，2020.11（2023.8重印）
高等院校"十三五"会计系列规划教材
ISBN 978-7-115-54275-5

Ⅰ. ①金… Ⅱ. ①王… ②徐… ③耿… Ⅲ. ①金融企
业－会计－高等学校－教材 Ⅳ. ①F830.42

中国版本图书馆CIP数据核字(2020)第147821号

内 容 提 要

本书系统地讲解了金融企业会计核算的相关知识，全书分为三篇共十章。第一篇共两章，主要讲述金融企业会计的基本理论和基本核算方法，包括金融企业会计概论和金融企业会计的基本核算方法；第二篇共五章，主要讲述商业银行业务的核算，包括人民币存款业务和贷款业务的核算、支付结算业务的核算、金融机构往来的核算、外汇业务的核算；第三篇共三章，主要讲述非银行金融机构业务的核算，包括证券公司、保险公司、信托投资公司业务的核算。本书框架合理、逻辑清晰，以金融企业会计的基本理论和基本核算方法为切入点，分别阐述了商业银行、证券公司、保险公司、信托投资公司的会计核算，重点突出商业银行的业务核算，力求做到理论联系实际。本书对重要知识点的讲解都尽量采用案例进行介绍，便于读者理解和掌握。

本书既可作为高等院校会计类和金融类相关专业的教材，也可作为金融企业会计人员培训、自学及实务操作的参考书。

◆ 编　　著　王海荣　徐旭东　耿成轩
　　责任编辑　武恩玉
　　责任印制　周昇亮

◆ 人民邮电出版社出版发行　　北京市丰台区成寿寺路 11 号
　　邮编　100164　电子邮件　315@ptpress.com.cn
　　网址　https://www.ptpress.com.cn
　　北京九州迅驰传媒文化有限公司印刷

◆ 开本：787×1092　1/16
　　印张：15.25　　　　　　　　2020 年 11 月第 3 版
　　字数：440 千字　　　　　　2023 年 8 月北京第 5 次印刷

定价：49.80 元

读者服务热线：(010)81055256　印装质量热线：(010)81055316
反盗版热线：(010)81055315
广告经营许可证：京东市监广登字 20170147 号

前言 Preface

　　党的二十大报告指出，深入实施人才强国战略。"金融企业会计"是我国高等院校会计类和金融类专业开设的主干课程之一。由本书作者编写的《金融企业会计》自 2013 年出版以来，受到了众多高等院校和社会人士的欢迎，已于 2017 年进行了第 2 次再版修订。在我国《企业会计准则》和税法政策不断修订的背景下，为了更好地适应我国金融实践和教学的需要，作者在保留原书特色的基础上，立足于现实，根据新修订的《企业会计准则》及《企业会计准则及应用指南》，并结合各金融机构最新行业管理办法和会计核算办法，对书中涉及的商业银行、证券公司、保险公司、信托投资公司等主要金融企业业务的会计核算内容进行了修订和补充，主要包括增加了商业银行中间业务、保险公司再保险业务、租赁公司业务的会计核算，并结合金融企业实施营业税改征增值税的政策背景下对相关业务会计核算进行了全面修订并大幅增加了业务案例，体现全书内容的系统性和时效性，有助于读者更好地全面理解和掌握我国金融企业的会计核算方法。

　　另外，鉴于金融企业会计课程在高校教学中的课时安排，本书配套提供了按课时设置的教学核心内容，将商业银行的国际贸易结算业务、损益及所有者权益的核算、年度决算与财务会计报告以及证券公司的自营业务核算、保险公司的再保险业务核算、基金管理公司的业务核算、租赁公司的业务核算和互联网金融公司的业务核算等选授内容放入教学资源中，供授课教师参考使用，有需要的读者可以登录人邮教育社区（www.ryjiaoyu.com）免费下载。

　　本书由王海荣、徐旭东、耿成轩主编。第一章至第三章由徐旭东编写，第四章至第八章由王海荣编写，第九章至第十章由耿成轩编写，全书由王海荣统稿和定稿。在本书编写过程中，编者参阅了大量的文献，在此对相关人士深表谢意，同时还要感谢索纪红、宋晓波、王冠等人对本书编写的支持。

鉴于编者水平有限，书中难免会有疏漏和不足之处，恳请读者赐教和指正。随着金融企业会计法规的不断完善，本书还将继续修订，力求更加完善。

王海荣

2023 年 7 月于南京

目录 Contents

第一篇

金融企业会计的基本理论和基本核算方法

第一章 | 金融企业会计概论

金融企业会计是会计体系的一个重要组成部分，是把会计的基本原理和基本方法具体运用到金融企业的专业会计。它通过对金融企业经营活动的反映、经营过程的控制、经营业绩的评价、金融业务发展前景的预测，以及参与企业金融决策等职能的发挥，促进金融企业加强经营管理，提高经济效益，从而保证金融企业健康、持续、稳定地发展，更好地为我国的现代化建设服务。

第一节 | 金融企业与金融企业会计

一、金融企业

金融企业及金融企业会计

金融企业是指执行业务需要取得金融监管部门授予的金融业务许可证的企业，在我国由商业银行和非银行金融机构组成。

（一）商业银行

商业银行是指依照《中华人民共和国公司法》（以下简称《公司法》）设立的，以吸收公众存款、发放贷款、办理结算为主要业务，以盈利为主要经营目标的企业法人。吸收公众存款、创造信用货币是商业银行显著的特点。商业银行在我国金融机构体系中占主导地位，主要有国有控股商业银行（中国工商银行、中国建设银行、中国银行、中国农业银行、交通银行和中国邮政储蓄银行）、股份制商业银行（招商银行、华夏银行）、地方性商业银行等。商业银行是实行自主经营、自担风险、自负盈亏、自我约束并独立承担民事责任的金融企业法人。

《中华人民共和国商业银行法》（以下简称《商业银行法》）规定，商业银行可以经营下列部分或全部业务：①吸收公众存款；②发放短期、中期和长期贷款；③办理国内外结算；④办理票据承兑与贴现；⑤发行金融债券；⑥代理发行、代理兑付、承销政府债券；⑦买卖政府债券、金融债券；⑧从事同业拆借；⑨买卖、代理买卖外汇；⑩从事银行卡业务；⑪提供信用证服务及担保；⑫代理收付款项及代理保险业务；⑬提供保险箱服务等。经国务院银行业监督管理机构批准的其他业务。经营范围由商业银行章程规定，报国务院银行业监督管理机构批准。商业银行经中国人民银行批准，可以经营结汇、售汇业务。

（二）非银行金融机构

非银行金融机构是指除银行以外，依法定程序设立的各种经营金融业务的金融机构，包括证券公司、保险公司、信托投资公司、基金管理公司和金融租赁公司等，其是我国金融体系的重要组成部分。

1. 证券公司

证券公司是指依照《公司法》和《中华人民共和国证券法》（以下简称《证券法》）的规定设立的并经国务院证券监督管理机构审查批准而成立的专门经营证券业务，具有独立法人地位的有限责任公司或者股份有限公司。

根据《证券法》的规定，证券公司的经营范围有：①证券经纪；②证券投资咨询；③与证券交易、证券投资活动有关的财务顾问；④证券承销与保荐；⑤证券自营；⑥证券资产管理；⑦其他证券业务。

2. 保险公司

保险公司是指依法成立的经营保险业务的非银行金融机构。保险公司收取保费，将保费所得资本投资于债券、股票、贷款等资产，运用这些资产所得收入支付保单所确定的保险赔偿，在国民经济中发挥着"互助共济，分担风险"的保障作用。

根据《中华人民共和国保险法》（以下简称《保险法》）的规定，保险公司的业务范围有：①人身保险业务，包括人寿保险、健康保险、意外伤害保险等保险业务；②财产保险业务，包括财产损失保险、责任保险、信用保险、保证保险等保险业务；③国务院保险监督管理机构批准的与保险有关的其他业务。另外，该法还规定保险人不得兼营人身保险业务和财产保险业务。但是，经营财产保险业务的保险公司经国务院保险监督管理机构批准，可以经营短期健康保险业务和意外伤害保险业务。保险公司应当在国务院保险监督管理机构依法批准的业务范围内从事保险经营活动。

3. 信托投资公司

信托投资公司是一种以受托人的身份代人理财的金融机构。它与银行、保险并称为现代金融业的三大支柱。我国信托投资公司的主要业务有：①受托经营资金信托业务，即委托人将自己合法拥有的资金，委托信托投资公司按照约定的条件和目的，进行管理、运用和处分；②受托经营动产、不动产及其他财产的信托业务，即委托人将自己的动产、不动产以及知识产权等财产、财产权，委托信托投资公司按照约定的条件和目的，进行管理、运用和处分；③受托经营法律、行政法规允许从事的投资基金业务，作为投资基金或者基金管理公司的发起人从事投资基金业务；④经营企业资产的重组、购并及项目融资、公司理财、财务顾问等中介业务；⑤受托经营国务院有关部门批准的国债、政策性银行债券、企业债券等债券的承销业务；⑥代理财产的管理、运用和处分；⑦代保管业务；⑧信用鉴证、资信调查及经济咨询业务；⑨以固有财产为他人提供担保；⑩受托经营公益信托；⑪中国人民银行批准的其他业务。

4. 基金管理公司

基金管理公司是指依据有关法律法规设立的对基金的募集、基金份额的申购和赎回、基金财产的投资、收益分配等基金运作活动进行管理的公司。

5. 金融租赁公司

金融租赁公司是指依法成立的以经营融资租赁业务为主的非银行金融机构。所谓融资租赁，就是出租人根据承租人对租赁物件的特定要求和对供货人的选择，出资向供货人购买租赁物件，并将物件租给承租人使用，承租人则分期向出租人支付租金。在租赁期内租赁物件的所有权属于出租人，承租人拥有租赁物件的使用权。

根据《金融租赁公司管理办法》的规定，经中国银行保险监督管理委员会批准，金融租赁公司可经营下列部分或全部本外币业务：①融资租赁业务；②转让和受让融资租赁资产；③固定收益类证券投资业务；④接受承租人的租赁保证金；⑤吸收非银行股东3个月（含）以上定期存款；⑥同业拆借；⑦向金融机构借款；⑧境外借款；⑨租赁物变卖及处理业务；⑩经济咨询。经银监会批准，经营状况良好、符合条件的金融租赁公司可以开办下列部分或全部本外币业务：①发行债券；②在境内保税地区设立项目公司开展融资租赁业务；③资产证券化；④为控股子公司、项目公司对外融资提供担保；⑤银监会批准的其他业务。

二、金融企业会计

金融企业会计是会计的一个分支，是针对金融企业的专业会计。它是以货币为主要计量单位，按照会计学的基本原理，采用专门的会计方法，对金融企业的经营活动进行连续的、系统的、全面的、综合的核算和监督，从而提供金融企业的财务状况和经营成果等会计信息的一种管理活动。金融企业会计的特点表现为以下六个。

① 会计对象的社会性。②会计核算方法的独特性。③会计核算与业务处理的同步性。④会计监督的政策性。⑤内部控制的严密性。⑥信息披露的严格性。

第二节　金融企业会计的基本假设和信息质量要求

一、金融企业会计基本假设

会计假设及信息质量要求

会计假设是会计的基本前提，是指为了保证会计工作的正常进行和会计信息的质量，对会计核算的范围、内容、基本程序和方法所做的合理规定。会计基本假设包括会计主体假设、持续经营假设、会计分期假设、货币计量假设，这四个基本假设也同样适用于金融企业会计。

（一）会计主体假设

会计主体是指会计为之服务的特定单位或组织。我国 2014 年发布的修订后的《企业会计准则——基本准则》第五条明确规定："企业应当对其本身发生的交易或事项进行会计确认、计量和报告。"根据这一规定，金融企业会计核算应反映一个特定范围的经济活动，而这个特定范围是根据是否独立核算这个标准来确定的，即将采用独立核算的一个空间范围，确认为一个会计主体。

（二）持续经营假设

《企业会计准则——基本准则》第六条明确规定："企业会计确认、计量和报告应当以持续经营为前提。"持续经营是指会计主体的生产经营活动在可以预见的未来不会破产、清算、解散。持续经营假设明确了会计核算的时间范围。在这个假设前提下，会计核算应当以企业持续、正常的生产经营活动为前提，而不考虑企业是否破产清算等，选择会计程序及会计处理方法，进行会计核算。

（三）会计分期假设

《企业会计准则——基本准则》第七条明确规定："企业应当划分会计期间，分期结算账目和编制财务会计报告。会计期间分为年度和中期。中期是指短于一个完整的会计年度的报告期间。"会计分期是指人为地把企业持续不断的生产经营过程划分为较短的、相对等距的会计期间。

（四）货币计量假设

《企业会计准则——基本准则》第八条明确规定："企业会计应当以货币计量。"货币计量是指会计主体在会计核算过程中应采用货币作为计量单位记录、核算会计主体的经营情况。货币作为商品的一般等价物，既能用以计量金融企业的资产、负债和所有者权益，以及收入、费用和利润，也便于综合。

二、金融企业会计信息的质量要求

会计的主要目的是为会计信息的使用者提供对其决策有关的会计信息，金融企业会计也不例外。要达到这一目的，就必须要求会计信息达到一定的质量标准。根据我国《企业会计准则——基本准则》的规定，会计信息质量要求包括可靠性、相关性、可理解性、可比性、实质重于形式、重要性、谨慎性、及时性等。

（一）可靠性

我国《企业会计准则——基本准则》规定："企业应当以实际发生的交易或者事项为依据进行会计确认、计量和报告，如实反映符合确认和计量要求的各项会计要素及其他相关信息，保证会计信息真实可靠、内容完整。"

为满足可靠性这一会计信息质量要求，金融企业在会计核算中必须做到：会计核算应当以实际发生的经济业务为依据，真实地反映金融企业的财务状况、经营成果和现金流量等信息；会计核算应有合法的凭证或可靠的依据，会计人员可据此复查其数据的来源和生成会计信息的全过程；对有些只能根据会计人员的经验或对未来的预计予以计算的会计核算，会计人员在运用职业判断时应站在中立的立场上，以客观事实为依据，不偏不倚地提供真实可靠的会计信息。

（二）相关性

我国《企业会计准则——基本准则》规定："企业提供的会计信息应当与财务会计报告使用者的经济决策需要相关，有助于财务会计报告使用者对企业过去、现在或者未来的情况做出评价或者预测。"金融企业会计信息是否具有相关性，就要看其会计信息是否具有预测价值和反馈价值。会计信息的预测价值，是指会计信息能够帮助会计报告使用者对企业过去、现在或者未来事项的可能结果做出评价或预测，进而影响其决策；会计信息的反馈价值，是指会计信息能够帮助会计报告使用者证实或纠正过去决策时的预测结果，进而影响其决策。

（三）可理解性

我国《企业会计准则——基本准则》规定："企业提供的会计信息应当清晰明了，便于财务会计报告使用者理解和使用。"在金融企业的会计实务中，为了满足可理解性这一会计信息质量要求，以便会计报告使用者能准确、完整地把握会计信息的内容，金融企业必须做到：会计记录准确、清晰；填制会计凭证和登记账簿的依据合法，账户对应关系明确，文字摘要简明清楚，数字金额准确；编制报表时项目完整且勾稽关系清楚，数字准确。

（四）可比性

我国《企业会计准则——基本准则》规定："企业提供的会计信息应当具有可比性。"会计信息质量的可比性要求同一企业不同时期发生的相同或者相似的交易或者事项，应当采用一致的会计政策，不得随意变更。会计信息质量的可比性还要求不同企业发生的相同或者相似的交易或者事项，应当采用规定的会计政策，确保会计信息口径一致，相互可比，不得随意变更。

（五）实质重于形式

我国《企业会计准则——基本准则》规定："企业应当按照交易或者事项的经济实质进行会计确认、计量和报告，不应仅以交易或者事项的法律形式为依据。"如果企业的会计核算仅按照交易和事项的法律形式和人为形式进行，而且法律形式和人为形式又没有反映其经济实质和经济现实，那么其最终结果将不仅不会有助于会计信息使用者的决策，反而会误导会计信息使用者的决策。

（六）重要性

我国《企业会计准则——基本准则》规定："企业提供的会计信息应当反映与企业财务状况、经营成果和现金流量等有关的所有重要交易或者事项。"在金融企业会计实务中，判断某项交易或者事项是否重要，在很大程度上取决于会计人员的职业判断，具体可以从两个方面来考虑。一是从性质方面讲，只要某项交易或者事项的发生可能对决策产生一定的影响，那么该交易或事项就属于重要项目；二是从金额方面来讲，当某项交易或者事项的金额达到了一定规模或者比例而可能对决策产生一定影响时，则认为该项交易或者事项具有重要性。

（七）谨慎性

我国《企业会计准则——基本准则》规定："企业对交易或者事项进行会计确认、计量和报告应当保持应有的谨慎，不应高估资产或者收益、低估负债或者费用。"金融企业属于高风险企业，在会计核算中贯彻谨慎性要求尤为重要。金融企业按照规定计提的贷款损失准备和坏账准备就是谨慎性原则运用的体现。但是谨慎性的运用受会计规范的制约，因此金融企业不能随意使用，更不能滥用谨慎性设置各种秘密准备，否则视为会计差错处理。

（八）及时性

我国《企业会计准则——基本准则》规定："企业对于已经发生的交易或者事项，应当及时进行会计确认、计量和报告，不得提前或者延后。"金融企业在会计核算中要在经济业务或者事项发生后，及时取得原始凭证，及时进行账务处理，定期结账、编制和提供财务会计报告，以确保会计信息的决策有用性。

第三节 金融企业会计对象和会计基础

一、金融企业会计对象

金融企业会计对象是指金融企业会计核算和监督的内容，即金融企业的资金及其资金运动。按照金融企业会计对象包含的经济内容不同进行进一步分类，其可分为资产、负债、所有者权益、收入、费用和利润六大要素。其中，资产、负债和所有者权益是资金的静态表现形式，主要反映金融企业在某一时点的资金分布及资金的来源状态，构成资产负债表的内容；收入、费用和利润是金融企业资金的动态表现形式，主要反映金融企业某一时期的经营成果，构成利润表的内容。我国《企业会计准则——基本准则》严格定义了资产、负债、所有者权益、收入、费用和利润六大要素。以下将根据金融企业的经营特点，阐述各会计要素的具体内容。

会计对象及会计基础

（一）资产

资产是指企业过去的交易或者事项形成的、由企业拥有或者控制的、预期会给企业带来经济利益的资源。

（1）资产是由企业过去的交易或者事项形成的。对已经发生的交易或者事项进行核算是传统会计的显著特点，只有已经发生的交易或事项才能导致金融企业资产的增加或者减少，预期在未来发生的交易或者事项则不能作为金融企业资产增加或减少的依据。

（2）资产是由企业拥有或者控制的。企业拥有资产的目的是为自己带来经济利益，若资产不为企业所拥有或者控制，则此资产所创造的经济利益就不属于该企业。所以某一特定企业的资产必然是由该企业拥有所有权或者控制权的。

（3）资产能为企业带来未来的经济利益。企业取得某项资产是因为该资产具有能为企业带来未来经济利益的潜力。若某项资产预期不能为企业带来经济利益，则不能确认为企业的资产；已经被确认为企业资产的，如果不能再为企业带来经济利益，在资产负债表日，就不再确认为资产，要予以注销。

商业银行的资产按流动性大小可分为流动资产和非流动资产。流动资产是指可以在一年（含一年）或超过一年的一个经营周期内变现或者耗用的资产，主要包括：库存现金、存放中央银行款项、存放同业款项、贵金属、拆出资金、交易性金融资产、应收手续费及佣金、应收股利、应收利息、贴现资产、贷款等。非流动资产是指不能在一年或超过一年的一个经营周期内变现或者耗用的资产，主要包括：债权投资、其他债权投资、其他权益工具投资、长期股权投资、投资性房地产、固定资产、无形资产等。

证券公司的流动资产主要包括：货币资金、结算备付金、拆出资金、交易性金融资产、应收手续费及佣金、应收股利、应收利息、代理兑付证券等。非流动资产主要包括：债权投资、其他债权投资、其他权益工具投资、长期股权投资、投资性房地产、固定资产、无形资产等。

保险公司的流动资产主要包括：货币资金、拆出资金、交易性金融资产、应收保费、预付赔付款、应收股利、应收利息、贴现资产、贷款等。非流动资产主要包括：债权投资、其他债权投资、其他权益工具投资、长期股权投资、投资性房地产、固定资产、无形资产、存出资本保证金等。

（二）负债

负债是指企业过去的交易或者事项形成的、预期会导致经济利益流出企业的现时义务。

（1）负债是企业过去的交易或者事项形成的现时义务。这同样体现了对已经发生的交易或者事项进行核算这一传统会计的特点，只有已经发生的交易和事项才能导致金融企业负债的增加或者减少，预期在未来发生的交易或者事项不能作为金融企业负债增加或减少的依据。

（2）负债的清偿预期会导致经济利益流出企业。负债是现时承担的义务，将来要以不同形式导致金融企业的经济利益流出企业。若金融企业由过去的交易或者事项形成的现时义务，在资产负债表日能够回避而无须以资产或者其他方式偿还的，则不能列为负债。

商业银行的负债按流动性大小可分为流动负债和非流动负债。流动负债是指将在1年（含1年）或超过一年的一个经营周期内偿还的负债，主要包括：向中国人民银行借款、同业及其他金融机构存放在本行的款项、拆入资金、交易性金融负债、吸收存款、贴现负债、应付手续费及佣金、应付职工薪酬、应交税费、应付利息、应付股利等。非流动负债是指偿还期在一年以上或超过一年的一个经营周期的负债，主要包括应付债券、长期应付款等。

证券公司的流动负债主要包括：短期借款、拆入资金、交易性金融负债、代理承销证券款、代理兑付证券款、应付手续费及佣金、应付职工薪酬、应交税费、应付利息、应付股利等。非流动负债主要包括：长期借款、应付债券、长期应付款等。

保险公司的流动负债主要包括：短期借款、拆入资金、交易性金融负债、预收赔付款、应付赔付款、应付手续费及佣金、应付职工薪酬、应交税费、应付利息、应付股利、应付保单红利、应付分保账款等。非流动负债主要包括：长期借款、应付债券、长期应付款等。

（三）所有者权益

所有者权益是指企业资产扣除负债后由所有者享有的剩余权益。所有者权益也称股东权益，它具有以下特征。

（1）所有者在企业持续经营的情况下，不得抽逃或变相抽回出资。

（2）所有者可以凭借对企业净资产的所有权，参与企业的经营管理。

（3）所有者可以凭借出资额参与企业净利润的分配。

（4）所有者权益是企业所有者对企业剩余资产的要求权，在企业清算时，其索偿权位于债权人索偿权之后。

金融企业的所有者权益主要包括：投资者投入的资本（实收资本、资本公积）、直接计入所有者权益的利得和损失、留存收益（盈余公积、一般风险准备、未分配利润）。

（四）收入

收入是指企业在日常活动中形成的、会导致所有者权益增加的、与所有者投入资本无关的经济利益的总流入。收入具有以下特征。

（1）收入是企业在日常活动中形成的，不是从偶然的交易或者事项中形成的。利得是由企业非日常活动形成的。例如，金融企业发放贷款而取得的利息收入就是日常活动的收入，而金融企业取得的罚款收入就是非日常活动的利得。

（2）收入可能表现为企业资产的增加，也可能表现为企业负债的减少，或者同时引起企业资产的增加和负债的减少。当企业取得收入时，一定同时取得款项或者应收款项的权利，若不能同时取得款项或者应收款项的权利，则会减少企业的原预收的款项。

（3）收入能导致企业所有者权益的增加，且与所有者投入无关。企业取得了收入，在扣除了相应的成本后，归企业所有者所有，从而增加了所有者权益，这是企业的积累，而不是投资者的投入。

（4）收入只包括本企业经济利益的流入，而不包括为第三方或客户代收的款项。例如，金融企业代客户收取的水费、电费等就不属于金融企业的收入，而是金融企业的负债。

商业银行的收入包括：利息收入、手续费及佣金收入、汇兑收益、其他业务收入、投资收益等。

证券公司的收入包括：利息收入、手续费及佣金收入、投资收益、汇兑收益、其他业务收入等。

保险公司的收入包括：保费收入、投资收益、汇兑收益、其他业务收入等。

（五）费用

费用是指企业在日常活动中发生的、会导致所有者权益减少的、与向所有者分配利润无关的经济利益的总流出。费用具有以下特征。

（1）费用是企业在日常活动中形成的，不是从偶然的交易或者事项中形成的。损失是由企业非日常活动形成的。例如，金融企业吸收存款而支付的利息就是日常活动的费用，而金融企业发生的非常损失或者公益性捐赠就是非日常活动的损失。

（2）费用可能表现为企业资产的减少，也可能表现为企业负债的增加，或者同时引起企业资产的减少和负债的增加。当企业发生费用时，是要付出代价的，也就是要支付款项，若不能支付款项，将形成一笔负债。

（3）导致企业所有者权益减少，且与向投资者分配利润无关。企业在取得收入的同时，首先要扣除为取得该收入而支出的费用，剩余的才是归企业所有者所有的利润，所以费用是收入的减项，而不是向投资者分配的利润。

商业银行的费用包括：利息支出、手续费及佣金支出、税金及附加、业务及管理费、信用减值损失、其他资产减值损失、其他业务成本等。

证券公司的费用包括：手续费及佣金支出、利息支出、税金及附加、业务及管理费、信用减值损失、其他资产减值损失、其他业务成本等。

保险公司的费用包括：退保金、赔付支出、提取未到期责任准备金、提取保险责任准备金、保单红利支出、分出保费、分保费用、税金及附加、手续费及佣金支出、业务及管理费、信用减值损失、其他资产减值损失等。

（六）利润

利润是指企业在一定会计期间的经营成果。利润金额取决于收入和费用、直接计入当期利润的利得和损失金额的计量。其中，作为利润组成部分的收入与费用之差反映的是企业的日常活动的业绩；直接计入当期利润的利得和损失反映的是企业非日常活动的业绩。利润具体分为营业利润、利润总额和净利润，公式如下。

营业利润=营业总收入-营业总支出

利润总额=营业利润+营业外收入-营业外支出

净利润=利润总额-所得税费用

（1）商业银行的营业利润公式如下。

商业银行的营业利润=营业总收入-营业总支出

其中，营业总收入=利息收入+手续费及佣金收入+投资收益+净敞口套期收益+

其他收益+公允价值变动收益+汇兑收益+其他业务收入+资产处置损益

营业总支出=利息支出+手续费及佣金支出+税金及附加+业务及管理费+信用减值损失+

其他资产减值损失+其他业务成本

（2）证券公司的营业利润公式如下。

　　　　证券公司的营业利润=营业总收入-营业总支出

　　其中，营业总收入=手续费及佣金收入+利息收入+投资收益+净敞口套期收益+其他收益+
　　　　　　公允价值变动收益+汇兑收益+其他业务收入+资产处置损益

　　营业总支出=手续费及佣金支出+利息支出+税金及附加+业务及管理费+信用减值损失+
　　　　　　其他资产减值损失+其他业务成本

（3）保险公司的营业利润公式如下。

　　　　保险公司的营业利润=营业总收入-营业总支出

　　其中，营业总收入=已赚保费+投资收益+净敞口套期收益+其他收益+公允价值变动收益+
　　　　　　汇兑收益+其他业务收入+资产处置损益

　　已赚保费=保费收入-分出保费-提取未到期责任准备金

　　营业总支出=退保金+赔付支出-摊回赔付支出+提取保险责任准备金-摊回提取保险责任
　　　　　　准备金+保单红利支出+分保费用-摊回分保费用+税金及附加+手续费及佣金
　　　　　　支出+业务及管理费+信用减值损失+其他资产减值损失+其他业务成本

二、金融企业会计基础

　　我国《企业会计准则——基本准则》规定："企业应当以权责发生制为基础进行会计确认、计量和报告。"在权责发生制基础下，凡是当期已经实现的收入和已经发生或应当负担的费用，不论款项是否收付，都应当作为当期的收入和费用，计入利润表；凡是不属于当期的收入和费用，即使款项已在当期收付，也不应当作为当期的收入和费用。

　　权责发生制要求金融企业以收入在本期实现和费用在本期发生或应由本期负担为标准确认本期的收入和费用，而不论款项是否在本期收付。该基础以持续经营和会计分期假设为前提，与以收到或支付现金作为确认收入和费用依据的收付实现制相对应，收付实现制是编制现金流量表的基础。

复习与思考

1. 与其他类型企业会计相比，金融企业会计具有哪些特点？
2. 金融企业会计基本假设的具体内容是什么？它们之间的关系如何？
3. 金融企业会计信息质量要求有哪些？请举例说明如何达到这些会计信息的质量标准。
4. 金融企业会计对象是什么？金融企业会计要素有哪些？并说明每项会计要素的具体内容。
5. 金融企业会计确认、计量、报告的基础是什么？
6. 金融企业编制现金流量表的基础是什么？
7. 商业银行的经营范围有哪些？证券公司的经营范围有哪些？保险公司的经营范围有哪些？

第二章　金融企业会计的基本核算方法

金融企业是依法成立的企业，其会计核算要遵循《企业会计准则》，而金融企业所在的行业又是特殊行业，所以在具体运用会计核算方法的一般原理时，要考虑其特殊性，从而形成金融企业会计的基本核算方法。金融企业会计的基本核算方法包括会计科目的设置、记账方法的运用、会计凭证的处理、账务组织等。

第一节　会计科目与账户

一、会计科目设置原则

根据会计核算的需要，《企业会计准则及应用指南》给出了主要会计科目，并就每一个会计科目所包含的经济内容给予了详细说明。其中有一部分会计科目是针对金融企业设置的，为金融企业专用。在实务中，金融企业在不违反《企业会计准则》中有关确认、计量和报告规定的前提下，可以根据自身的实际情况自行增设、分拆、合并会计科目，同时，对于金融企业不可能发生的一些交易或者事项也可以不设置相关科目。

二、会计科目的分类

（一）按与资产负债表的关系分类

金融企业会计科目按其与资产负债表的关系，可以分为表内科目和表外科目。

1. 表内科目

表内科目是用以反映涉及金融企业资金实际增减变动的会计事项，从而纳入资产负债表内的会计科目。表内科目按其所反映的经济内容的不同，可以分为资产类、负债类、资产负债共同类、所有者权益类、损益类五大类。

2. 表外科目

表外科目是用以反映不涉及金融企业资金实际增减变动的重要业务事项，而不纳入资产负债表内的会计科目。根据该类科目设置的账户，可用来记载那些业务已经发生但又没有引起资金变动的事项，包括或有事项、承诺事项，以及重要的有价单证和财产的保管等经济业务事项。例如，金融企业柜面上收到客户提交的"委托收款凭证"，该业务是客户委托银行代为收款，在款项未收到时，没有发生资金变动，应该在表外登记簿上进行登记，待款项收到时，再予以注销。

（二）按经济内容分类

金融企业的表内科目及账户按其所反映的经济内容的不同，可以分为资产类、负债类、资产负债共同类、所有者权益类、损益类五大类。

1. 资产类

资产类科目是对金融企业符合资产定义和资产确认条件的资源，根据核算与管理要求进行科学分类的类别名称。这类科目反映金融企业资产的分布状态，包括货币资金、各种财产物资、债权和其他权利等，其账户的余额一般在借方。

2．负债类

负债类科目是对金融企业符合负债定义和负债确认条件的义务，根据核算与管理要求进行科学分类的类别名称。这类科目用来反映金融企业的各种债务性资金的取得和形成渠道，包括吸收存款、借款、拆入资金、应付款项等，其账户的余额一般在贷方。

3．资产负债共同类

资产负债共同类科目是对金融企业日常核算中资产负债性质不确定，其性质需要根据账户的期末余额而定的经济业务，根据核算与管理要求进行科学分类的类别名称。期末，若此类账户的余额在借方，则反映的是金融企业的资产业务；若此类账户的余额在贷方，则反映的是金融企业的负债业务。例如，用于核算银行间业务往来的资金清算款项的"清算资金往来"科目，以及核算由外币交易所产生的不同币种之间兑换业务的"货币兑换"科目。此外，"衍生工具""套期工具""被套期项目"也属于资产负债共同类科目。

4．所有者权益类

所有者权益类科目是对金融企业资产扣除负债后由所有者享有的剩余权益，根据核算与管理要求进行科学分类的类别名称。这类科目用来反映金融企业的各种所有者权益性质资金的取得和形成渠道，包括实收资本（或股本）、资本公积、盈余公积、一般风险准备、本年利润、利润分配等科目。

5．损益类

损益类科目是对金融企业的收入和费用、直接计入当期损益的利得和损失，根据核算与管理要求进行科学分类的类别名称。这类科目用来反映金融企业一定时期内的财务收支及经营成果情况，包括利息收入、手续费及佣金收入、保费收入、营业外收入、利息支出、手续费及佣金支出、赔付支出、税金及附加、营业外支出等科目。

（三）按提供信息的详细程度分类

金融企业的表内科目及账户按其所提供信息的详细程度可分为总分类科目和明细分类科目。

1．总分类科目

总分类科目，也称一级科目，是对会计要素的具体内容进行的总括分类，是进行总分类核算的依据，其提供的是总括指标。总分类科目由中华人民共和国财政部统一规定，并在《企业会计准则——应用指南》和《小企业会计准则——应用指南》中都给予了规定，并就每一个会计科目所包含的经济内容给予了详细说明。

2．明细分类科目

明细分类科目是对总分类科目所包含的内容再做详细分类的会计科目。它所提供的是更详细的指标。例如，商业银行在"吸收存款"总分类科目下，再按存期的长短及存款人的不同又分为活期存款、定期存款、活期储蓄存款、定期储蓄存款等二级科目，在二级科目下根据单位或个人再分设明细科目，从而详细地反映吸收存款的类别和来源。

三、金融企业主要会计科目（表内科目）一览表

《企业会计准则及应用指南》规定，小金融企业主要会计科目如表 2-1 所示。

表 2-1   金融企业主要会计科目（表内科目）一览表

序号	编号	会计科目名称	会计科目适用范围
一、资产类			
1	1001	库存现金	
2	1002	银行存款	
3	1003	存放中央银行款项	银行专用

序号	编号	会计科目名称	会计科目适用范围
		一、资产类	
4	1011	存放同业	银行专用
5	1012	其他货币资金	
6	1021	结算备付金	证券专用
7	1031	存出保证金	金融共用
8	1101	交易性金融资产	
9	1111	买入返售金融资产	金融共用
10	1121	应收票据	
11	1122	应收账款	
12	1123	预付账款	
13	1131	应收股利	
14	1132	应收利息	
15	1201	应收代位追偿款	保险专用
16	1211	应收保户账款	保险专用
17	1212	应收分保未到期责任准备金	保险专用
18	1221	其他应收款	
19	1231	坏账准备	
20	1301	贴现资产	银行专用
21	1302	拆出资金	金融共用
22	1303	贷款	银行专用
23	1304	贷款损失准备	银行专用
24	1311	代理兑付证券	银行和证券共用
25	1431	贵金属	金融共用
26	1441	抵债资产	金融共用
27	1451	损余物资	保险专用
28	1461	融资租赁资产	租赁专用
29	1481	持有待售资产	
30	1482	持有待售资产减值准备	
31	1501	债券投资	
32	1502	债券投资减值准备	
33	1503	其他债券投资资产	
34	1504	其他权益工具投资	
35	1511	长期股权投资	
36	1512	长期股权投资减值准备	
37	1521	投资性房地产	
38	1531	长期应收款	
39	1532	未实现融资收益	
40	1541	存出资本保证金	保险专用
41	1601	固定资产	
42	1602	累计折旧	
43	1603	固定资产减值准备	
44	1604	在建工程	
45	1605	工程物资	
46	1606	固定资产清理	

序号	编号	会计科目名称	会计科目适用范围
一、资产类			
47	1611	未担保余值	租赁专用
48	1701	无形资产	
49	1702	累计摊销	
50	1703	无形资产减值准备	
51	1711	商誉	
52	1801	长期待摊费用	
53	1811	递延所得税资产	
54	1821	独立账户资产	
55	1901	待处理财产损溢	
二、负债类			
56	2001	短期借款	
57	2002	存入保证金	金融共用
58	2003	拆入资金	金融共用
59	2004	向中央银行借款	银行专用
60	2011	吸收存款	银行专用
61	2012	同业存放	银行专用
62	2021	贴现负债	银行专用
63	2101	交易性金融负债	
64	2111	卖出回购金融资产款	金融共用
65	2201	应付票据	
66	2202	应付账款	
67	2205	预收账款	
68	2211	应付职工薪酬	
69	2221	应交税费	
70	2231	应付股利	
71	2232	应付利息	
72	2241	其他应付款	
73	2251	应付保单红利	保险专用
74	2261	应付分保账款	保险专用
75	2311	代理买卖证券款	证券专用
76	2312	代理承销证券款	金融共用
77	2313	代理兑付证券款	证券和银行共用
78	2314	代理业务负债	
79	2411	预计负债	
80	2501	递延收益	
81	2601	长期借款	
82	2602	应付债券	
83	2701	未到期责任准备金	保险专用
84	2702	保险责任准备金	保险专用
85	2711	保户储金	保险专用
86	2721	独立账户负债	保险专用
87	2801	长期应付款	
88	2802	未确认融资费用	

续表

序号	编号	会计科目名称	会计科目适用范围
二、负债类			
89	2811	专项应付款	
90	2901	递延所得税负债	
三、资产负债共同类			
91	3001	清算资金往来	银行专用
92	3002	用货币兑换科目	金融共用
93	3101	衍生工具	
94	3201	套期工具	
95	3202	被套期项目	
四、所有者权益类			
96	4001	实收资本	
97	4002	资本公积	
98	4003	其他综合收益	
99	4101	盈余公积	
100	4102	一般风险准备	金融共用
101	4103	本年利润	
102	4104	利润分配	
103	4201	库存股	
五、损益类			
104	6011	利息收入	金融共用
105	6021	手续费及佣金收入	金融共用
106	6031	保费收入	保险专用
107	6032	分保费收入	保险专用
108	6041	租赁收入	租赁专用
109	6051	其他业务收入	
110	6061	汇兑损益	金融共用
111	6101	公允价值变动损益	
112	6111	投资收益	
113	6115	资产处置损益	
114	6116	净敞口套期收益	
115	6117	其他收益	
116	6201	摊回保险责任准备金	保险专用
117	6202	摊回赔付支出	保险专用
118	6203	摊回分保费用	保险专用
119	6301	营业外收入	
120	6402	其他业务成本	
121	6403	税金及附加	
122	6411	利息支出	金融共用
123	6421	手续费及佣金支出	金融共用
124	6501	提取未到期责任准备金	保险专用
125	6502	提取保险责任准备金	保险专用
126	6511	赔付支出	保险专用
127	6521	保单红利支出	保险专用
128	6531	退保金	保险专用
129	6541	分出保费	保险专用

序号	编号	会计科目名称	会计科目适用范围
		五、损益类	
130	6542	分保费用	保险专用
131	6601	销售费用	
132	6602	管理费用	
133	6603	财务费用	
134	6701	资产减值损失	
135	6702	信用减值损失	
136	6711	营业外支出	
137	6801	所得税费用	
138	6901	以前年度损益调整	

四、账户

账户是根据会计科目设置的，具有一定的结构和格式，用以连续、系统地记录各项经济业务，反映会计要素增减变化情况和结果的一种核算工具。设置会计账户可以对会计要素的具体内容进行日常归类。分门别类地进行核算和监督。

有一个科目就应该设置可以用来记账的账户，因此账户按照经济内容也分为资产类、负债类、资产负债共同类、所有者权益类、成本类和损益类。按其提供核算指标的详细程度，账户也有总分类账户和明细分类账户之分。

账户的基本结构包括三个重要部分。一是登记增加数，二是登记减少数，三是登记余额（增减相抵后的数额称为账户余额）。账户与会计科目的相同点是：账户所登记的经济内容与会计科目所反映的经济内容是一致的；账户与会计科目的联系是：账户是根据会计科目开设的、是会计科目的具体运用，会计科目是设置账户的依据，是账户的名称；账户与会计科目的区别是：账户具有一定结构，能具体反映会计要素增减变动情况，而会计科目只是会计要素具体内容的分类，本身无结构。因此我们在介绍会计要素分类项目时常常称"××"科目，在进行账务处理时常常称"××"账户。

第二节
记账方法

一、记账方法概述

记账方法是按一定的规则，使用一定的符号，将发生的经济业务按会计科目进行整理、分类和登记会计账簿的一种技术方法。记账方法有单式记账法和复式记账法。单式记账法主要用于表外账户的登记，复式记账法用于表内账户的登记。

记账方法

（一）单式记账法

单式记账法是指对于发生的经济业务，只在一个账户中进行登记的记账方法。金融企业在表外账户的登记中使用单式记账法。记账符号为"收入"和"付出"，即增加记收入，减少记付出。例如，金融企业柜面收到"委托收款凭证"时，登记表外账户"收到委托收款结算凭证"的收入方，待款项收到并转入客户的存款账户时，一方面编制表内科目的会计分录，另一方面登记表外账户"收到委托收款结算凭证"的付出方。

（二）复式记账法

复式记账法是以会计等式为依据的，需要设置完整的账户体系，对金融企业的货币资金、债权债务、实物资产及全部权益的增减变化，以及经营过程中所发生的费用和获得的收入等进行全面、系统的核算。每一笔经济业务，都要在两个或两个以上的账户中进行等额的登记，以便反映资金的来龙去脉。根据会计等式的平衡关系，对会计主体所有经济业务的会计记录进行总体试算平衡，以检查账户记录是否正确。

复式记账法根据技术上的不同及记账符号的不同，可以分为借贷记账法、收付记账法和增减记账法。目前借贷记账法是世界通用的一种复式记账法。我国《企业会计准则——基本准则》第十一条明确规定："企业应当采用借贷记账法记账。"在金融企业会计核算中，对涉及表内科目增减变动的会计事项，采用借贷记账法进行记录。

二、借贷记账法

（一）借贷记账法的基本原则

1. 借贷记账法的概念及理论依据

借贷记账法是以"借""贷"为记账符号，根据复式记账原理，按照一定的记账规则，在账户中记录和反映各项会计要素增减变化及其结果的一种记账方法。其理论依据为会计等式：资产=负债+所有者权益。

2. 记账符号

借贷记账法是以"借"和"贷"作为记账符号的，其"借"和"贷"仅是一个符号，而不再具有其原来的中文含义。不同的账户设置会给予它们不同的经济含义。

3. 账户的设置

金融企业采用借贷记账法，需要设置资产类、负债类、资产负债共同类、所有者权益类和损益类账户。各类账户一律左边为借方，右边为贷方。借方用来登记资产、费用（成本）的增加及负债、所有者权益和收入的减少；贷方用来登记负债、所有者权益和收入的增加以及资产和费用（成本）的减少。期末余额根据"期末余额=期初余额+本期增加合计-本期减少合计"计算可得。资产类账户余额一般在借方，负债类账户余额一般在贷方；损益类账户在期末，将本期发生额转入"本年利润"账户，因此一般没有余额。特别要说明的是资产负债共同类账户，在日常核算中其资产负债性质不确定，经常变化。在会计期末，其余额有时在借方，有时在贷方。若余额在借方，则该类账户表现为资产性质；若余额在贷方，则该类账户表现为负债性质。

4. 记账规则

借贷记账法的记账规则是"有借必有贷，借贷必相等"。金融企业发生的需要记账的经济业务，都要同时在两个或两个以上的具有对应关系的账户中进行登记，而且记入借方账户的金额合计一定等于记入贷方账户的金额合计。

5. 试算平衡

借贷记账法是根据复式记账原理及会计等式的恒等关系，来对账户记录进行试算平衡的。试算平衡包括发生额的平衡和余额的平衡。

（1）发生额的平衡。

根据借贷记账法的记账规则——"有借必有贷，借贷必相等"，金融企业发生的每一笔经济业务，从金额上来看，其记入借方的金额都等于记入贷方的金额。因此，一定期间内的所有账户的借方发生额合计，就一定等于同期所有账户的贷方发生额的合计，即所有账户本期借方发生额合计=所有账户本期贷方发生额合计。

（2）余额的平衡。

金融企业在期末结出各账户的余额，若余额在借方，则表示该账户为资产类性质，若余额在贷方，则表示该账户为负债及所有者权益类性质。根据会计等式"资产=负债+所有者权益"，即可得出所有账户的借方余额合计等于所有账户的贷方余额合计的结论，即所有账户本期借方余额合计=所有账户本期贷方余额合计。

（二）借贷记账法举例

【例2-1】某商业银行某支行本日期初余额如表2-2所示。根据需要，该商业银行在"吸收存款"科目下设置二级科目——活期存款、定期存款、活期储蓄存款和定期储蓄存款等，在"贷款"科目下设置二级科目，如信用贷款、保证贷款、抵押贷款、质押贷款、逾期贷款等。

表2-2　　　　　　　　　　　　　　　　支行本日期初余额　　　　　　　　　　　　　　　　单位：元

会计科目	期初余额	
	借方	贷方
库存现金	480 000	
存放中央银行款项	800 000	
贷款——信用贷款	250 000	
贷款——抵押贷款	6 300 000	
应收利息	360 000	
吸收存款——活期存款		4 000 000
吸收存款——活期储蓄存款		2 000 000
吸收存款——定期储蓄存款		2 000 000
应付利息		190 000
合计	8 190 000	8 190 000

本日发生下列经济业务。

（1）支行开户单位——甲企业签发现金支票，来支行支取现金26 000元。

借：吸收存款——活期存款——甲企业　　　　　　　　　　　　　　　26 000

贷：库存现金　　　　　　　　　　　　　　　　　　　　　　　　　　　　26 000

（2）某支行开户单位——乙企业，向本行申请流动资金贷款一笔，并以该企业的办公楼作为抵押，贷款金额为180 000元，期限为半年，年利率为5.22%，经批准予以发放。

借：贷款——抵押贷款——乙企业　　　　　　　　　　　　　　　　　180 000

贷：吸收存款——活期存款——乙企业　　　　　　　　　　　　　　　　180 000

（3）资产负债表日，根据权责发生制的要求，计提应作为本期收入的利息收入89 156.18元。

借：应收利息——××单位户　　　　　　　　　　　　　　　　　　89 156.18

贷：利息收入——××类存款利息收入　　　　　　　　　　　　　　　89 156.18

（4）支行将库存现金120 000元存入中国人民银行。

借：存放中央银行款项——准备金存款户　　　　　　　　　　　　　120 000

贷：库存现金　　　　　　　　　　　　　　　　　　　　　　　　　　　120 000

（5）收到开户单位——丙企业签发的转账支票，金额为36 000元，丙企业要求将款项划给同样在本支行开户的甲企业。

借：吸收存款——活期存款——丙企业　　　　　　　　　　　　　　　36 000

贷：吸收存款——活期存款——甲企业　　　　　　　　　　　　　　　　36 000

（6）开户单位——甲企业归还流动资金贷款 300 000 元（此为抵押贷款）。

借：吸收存款——活期存款——甲企业　　　　　　　　　　　　300 000

　　贷：贷款——抵押贷款——甲企业　　　　　　　　　　　　　　300 000

假设该支行本日只发生以上业务，根据以上分录在账户中进行登记，并根据"期末余额=期初余额+本期增加额-本期减少额"得出各账户的发生额及余额。编制的试算平衡表如表 2-3 所示。

表 2-3

支行试算平衡表

年　月　日

单位：元

会计科目	上日余额		本日发生额		本日余额	
	借方	贷方	借方	贷方	借方	贷方
库存现金	480 000			146 000	334 000	
存放中央银行款项	800 000		120 000		920 000	
贷款——信用贷款	250 000				250 000	
贷款——抵押贷款	6 300 000		180 000	300 000	6 180 000	
应收利息	360 000		89 156.18		449 156.18	
吸收存款——活期存款		4 000 000	362 000	216 000		3 854 000
吸收存款——活期储蓄存款		2 000 000				2 000 000
吸收存款——定期储蓄存款		2 000 000				2 000 000
应付利息		190 000				190 000
利息收入				89 156.18		89 156.18
合计	8 190 000	8 190 000	751 156.18	751 156.18	8 133 156.18	8 133 156.18

三、总分类账户与明细分类账户的平行登记

（一）总分类账户与明细分类账户的设置

金融企业在会计核算工作中，为了适应经济管理的需要，要将一切经济业务在有关账户中进行登记，既要提供总括的核算资料，又要提供详细的核算资料。因此，企业日常使用的账户根据提供资料的详细程度不同，可以分为总分类账户和明细分类账户。

总分类账户（也称一级账户）是按照总分类科目开设的账户，用来提供各种总括的核算资料，可以概括反映金融企业的各项资产、负债、所有者权益等要素的增减变动的情况和结果，如前例中提到的"吸收存款""贷款"等账户。但是，总分类账户不能提供更详细的核算资料，如"吸收存款"账户不能反映具体是哪种类型的存款变动，以及是哪些客户存款的变动而引起该账户的变动。明细分类账户是根据明细科目设置的，用来提供详细核算资料的账户。例如，为了具体掌握客户存款的增减变动的情况，金融企业在"吸收存款"账户下按照存款的类型和客户的单位名称分别设置明细账（亦称分户账），以此对总分类账户的资料进行必要的补充。

（二）总分类账户与明细分类账户的平行登记

总分类账户与明细分类账户是控制与被控制的关系。总分类账户对其所属明细分类账户起统驭作用，明细分类账户则对其所隶属的总分类账户起补充作用。某一总分类账户的核算对象与其所属的明细分类账户的核算对象是相同的，它们提供的核算资料相互补充，只有将两者结合起来，才能既总括又详细地反映同一核算内容。因此，总分类账户与明细分类账户必须平行登记，平行登记的要点具体包括同内容、同方向和同金额。

（三）总分类账户与明细分类账户的平行登记举例

【例 2-2】接【例 2-1】。

假设【例 2-1】中"吸收存款——活期存款"账户所属的明细分类账户的期初余额如下。

甲企业：2 000 000 元；

乙企业：1 500 000 元；

丙企业：500 000 元；

合计：4 000 000 元。

假设【例2-1】中"贷款——抵押贷款"账户所属的明细分类账户的期初余额如下。

甲企业：3 000 000 元；

乙企业：3 000 000 元；

丙企业：300 000 元；

合计：6 300 000 元。

根据【例2-1】中的会计分录进行明细账户的登记，并结出本日发生额及余额。编制"明细分类账户本日发生额及余额表"（见表2-4及表2-5）。

表2-4　　　"吸收存款——活期存款"明细分类账户本日发生额及余额表　　　单位：元

明细科目	期初余额		本期发生额		期末余额	
	借方	贷方	借方	贷方	借方	贷方
甲企业		2 000 000	326 000	36 000		1 710 000
乙企业		1 500 000		180 000		1 680 000
丙企业		500 000	36 000			464 000
合计		4 000 000	362 000	216 000		3 854 000

表2-5　　　"贷款——抵押贷款"明细分类账户本日发生额及余额表　　　单位：元

明细科目	期初余额		本期发生额		期末余额	
	借方	贷方	借方	贷方	借方	贷方
甲企业	3 000 000			300 000	2 700 000	
乙企业	3 000 000		180 000		3 180 000	
丙企业	300 000				300 000	
合计	6 300 000		180 000	300 000	6 180 000	

四、表外科目的单式记账法

金融企业对表外科目的登记一般采用单式记账法，其记账符号为"收入"和"付出"。登记簿设收入、付出、余额三栏。当表外科目涉及的业务发生或增加时记收入，注销或减少时记付出，余额表示结存或尚未结清的事项。其登记的金额一般为业务实际发生额或凭证票面金额。

【例2-3】某商业银行向大众集团公司发放抵押贷款200万元，期限为半年，年利率为5.22%，采用"利随本清"方式。该公司以其自有的办公楼作为抵押品，该办公楼经过房地产评估公司评估，其公允价值为300万元。该商业银行在发放贷款时，一方面编制表内科目的会计分录，另一方面对于抵押品也应在表外账户中进行登记，其会计分录编制如下。

借：贷款——抵押贷款——大众集团公司　　　　　　　　　　　　2 000 000

　　贷：吸收存款——活期存款——大众集团公司　　　　　　　　　　2 000 000

收入：代保管抵押品——大众集团公司　　　　　　　　　　　　　3 000 000

当大众集团公司到期归还贷款时，同样是在编制表内科目的会计分录的同时，登记表外账户。会计分录编制如下。

借：吸收存款——活期存款——大众集团公司　　　　　　　　　　2 052 200

　　贷：贷款——抵押贷款——大众集团公司　　　　　　　　　　　2 000 000

　　　　应收利息——××类存款利息收入　　　　　　　　　　　　　52 200

付出：代保管抵押品——大众集团公司　　　　　　　　　　　　　3 000 000

第三节 | 会计凭证

会计凭证是金融企业记录经济业务，明确经济责任的一种具有法律效力的书面证明文件。填制与审核会计凭证，是会计核算的专门方法，也是金融企业会计核算工作的起点和基础。

一、会计凭证的种类

金融企业的会计凭证，按照其填制程序和用途，分为原始凭证和记账凭证。

（一）原始凭证

原始凭证是金融企业在业务发生的当时填制或取得的，以书面的形式记录业务的发生及完成情况，并明确有关经济责任的会计凭证。金融企业的原始凭证按其来源不同，可以分为外来的原始凭证和自制的原始凭证。外来的原始凭证是金融企业在业务发生或完成时，直接从金融企业外部取得的凭证，如客户向金融企业提交的"转账支票""委托收款凭证"等。自制的原始凭证是金融企业自行制作的，并由本企业内部经办业务的部门或人员，在执行或完成经济业务时所填制的会计凭证，如金融企业在支付客户利息时所填制的"利息通知单"等。金融企业的原始凭证大多为外来的原始凭证。

（二）记账凭证

记账凭证是根据审核无误的原始凭证进行归类、整理而编制的会计分录凭证。它是登记账簿的依据。根据《中华人民共和国支付结算办法》的规定，单位、个人和银行办理支付结算必须使用按中国人民银行（以下简称"人民银行"）统一规定印制的票据和结算凭证。所有金融企业的会计凭证，尤其是柜面的结算凭证大多采用的是原始凭证内容和记账凭证内容合二为一的凭证。这样，金融企业除内部会计核算业务需要根据原始凭证编制记账凭证外，大多采用银行对外办理业务时受理的原始凭证，以及银行根据业务自行编制的原始凭证直接代替记账凭证，作为登记账簿的依据，这样可以加快登记账簿的速度。

根据不同的分类标准，金融企业的记账凭证可以分为以下的不同种类。

1. 按记账凭证的外表形式，分为单式记账凭证和复式记账凭证

（1）单式记账凭证。单式记账凭证要求将金融企业某项经济业务所涉及的每个科目，分别填制在记账凭证上，每张记账凭证上只填列一个会计科目，填列的对方科目仅供参考，不作为登记账簿的依据。在单式记账凭证中，只记录借方科目的称为借项记账凭证，只记录贷方科目的称为贷项记账凭证。由于商业银行的业务量大，采用单式记账凭证便于凭证在各柜组之间传递、分工记账和按会计科目汇总发生额，商业银行在会计核算中一般采用单式记账凭证。

（2）复式记账凭证。复式记账凭证要求将金融企业某项经济业务所涉及的所有科目集中填制在一张记账凭证上。虽然复式记账凭证能在一张凭证上集中反映某笔经济业务所涉及的会计科目的对应关系，但是当金融企业业务量大时，为便于分工登记账簿和按科目汇总发生额，可以采用单式记账凭证。

2. 按记账凭证的使用范围，分为基本凭证和特定凭证

记账凭证的这种分类标准，主要是针对金融企业中商业银行的业务特点和会计核算需要形成的。在商业银行会计实务中，由于需要将记账凭证在不同部门、柜组之间传递记账，商业银行的记账凭证又称为"传票"。

（1）基本凭证。基本凭证又称通用凭证，是商业银行根据有关原始凭证及业务事实自行编制，用作记账依据，具有统一格式的凭证。商业银行通用的基本凭证，按照格式和用途又可分为以下

八种。

①现金收入传票（见图 2-1），②现金付出传票（见图 2-2），③转账借方传票（见图 2-3），④转账贷方传票（见图 2-4），⑤特种转账借方传票（见图 2-5），⑥特种转账贷方传票（见图 2-6），⑦表外科目收入传票（见图 2-7），⑧表外科目付出传票（见图 2-8）。

×× 银行　现金收入传票 年　月　日

（借）库存现金　　　　　　　　　　　　　　　　　　　　　　　总字第　　号
　　　　　　　　　　　　　　　　　　　　　　　　　　　　字第　　号

户名或账号	摘要	金额											附件
		亿	千	百	十	万	千	百	十	元	角	分	
													张
合计													

会计　　　　　出纳　　　　　　复核　　　　　记账　　　　　制票

图 2-1　现金收入传票

×× 银行　现金付出传票 年　月　日

（贷）库存现金　　　　　　　　　　　　　　　　　　　　　　　总字第　　号
　　　　　　　　　　　　　　　　　　　　　　　　　　　　字第　　号

户名或账号	摘要	金额											附件
		亿	千	百	十	万	千	百	十	元	角	分	
													张
合计													

会计　　　　　出纳　　　　　　复核　　　　　记账　　　　　制票

图 2-2　现金付出传票

×× 银行　转账借方传票 年　月　日

　　　　　　　　　　　　　　　　　　　　　　　　　　　　总字第　　号
　　　　　　　　　　　　　　　　　　　　　　　　　　　　字第　　号

科目（借）		对方科目（贷）											附件
户名或账号	摘要	金额											
		亿	千	百	十	万	千	百	十	元	角	分	
合计													张

会计　　　　　　　复核　　　　　　记账　　　　　制票

图 2-3　转账借方传票

××银行　转账贷方传票

年　月　日

总字第　　　号
字第　　　号

科目（贷）		对方科目（借）										
户名或账号	摘要	金额										
		亿	千	百	十	万	千	百	十	元	角	分
合计												

附件

张

会计　　　　　　　　复核　　　　　　　　记账　　　　　　　　制票

图 2-4　转账贷方传票

××银行　特种转账借方传票

年　月　日

总字第　　　号
字第　　　号

付款人	全称		收款人	全称										
	账号或地址			账号或地址										
	开户银行	行号		开户银行	行号									
金额	人民币（大写）				千	百	十	万	千	百	十	元	角	分
原凭证金额		赔偿金		科目（借） 对方科目（贷）										
原凭证名称		号　码												
转账原因		银行盖章												

附件

张

复核　　　　　　　　记账　　　　　　　　制票　　　　　　　　会计

图 2-5　特种转账借方传票

××银行　特种转账贷方传票

年　月　日

总字第　　　号
字第　　　号

付款人	全称		收款人	全称										
	账号或地址			账号或地址										
	开户银行	行号		开户银行	行号									
金额	人民币（大写）				千	百	十	万	千	百	十	元	角	分
原凭证金额		赔偿金		科目（贷） 对方科目（借）										
原凭证名称		号　码												
转账原因		银行盖章												

附件

张

复核　　　　　　　　记账　　　　　　　　制票　　　　　　　　会计

图 2-6　特种转账贷方传票

××银行　表外科目收入传票

年　　月　　日

表外科目（收入）＿＿＿＿＿＿＿

总字第　　　号
字第　　　号

户名或账号	摘要	金额											附件
		亿	千	百	十	万	千	百	十	元	角	分	
													张
合计													

会计　　　　　复核　　　　　记账　　　　　保管　　　　　经手

图 2-7　表外科目收入传票

××银行　表外科目付出传票

年　　月　　日

表外科目（付出）＿＿＿＿＿＿

总字第　　　号
字第　　　号

户名或账号	摘要	金额											附件
		亿	千	百	十	万	千	百	十	元	角	分	
													张
合计													

会计　　　　　复核　　　　　记账　　　　　保管　　　　　经手

图 2-8　表外科目付出传票

上述八种通用的基本凭证，格式各不相同，在商业银行会计核算中各有用途。现金收入传票、现金付出传票以及转账借方传票、转账贷方传票，这四种传票只在银行内部使用，不对外销售和传递。特种转账借方传票、特种转账贷方传票用于没有特定凭证，但又涉及客户资金收付的转账业务，一般是商业银行在主动为客户进账或扣款出账时填制使用。表外科目收入传票、表外科目付出传票用于各种表外科目核算的会计事项。

（2）特定凭证。特定凭证又称专用凭证，是商业银行根据某项业务的特殊需要制定的，具有专门格式和用途的凭证。这类凭证（如支票、现金缴款单、信汇凭证、电汇凭证等）由中国人民银行统一设计格式，由商业银行印制、提供给客户或销售给客户使用，并在需要时多联套写，提交银行凭此办理业务，也有些特定凭证由联行寄来（如联行报单）或银行自己签发（如银行本票、银行汇票）或填制（如定期储蓄存单），银行在收到或取得这些特定凭证并经审核无误后，以其中一联或几联代替记账凭证，并据此办理业务和登记账簿。

3. 按记账凭证是否经过汇总，分为非汇总记账凭证和汇总记账凭证

非汇总记账凭证是没有经过汇总的记账凭证，前面介绍的各种记账凭证均为非汇总记账凭证。在金融企业会计核算中，非汇总记账凭证是登记日记账和明细账的依据。汇总记账凭证是根据非汇总记账凭证，按照一定的方法汇总填制的记账凭证。商业银行将每一个账户当日借贷方发生额和传票张数分别进行汇总所编制的科目日结单，其他金融企业根据其采用的会计核算形式的需要所编制的科目汇总表以及汇总收款凭证、汇总付款凭证和汇总转账凭证等，均属于

汇总记账凭证。

二、会计凭证的基本要素

会计凭证的基本要素即会计凭证必须具备的基本内容。金融企业会计凭证虽然种类繁多，格式各异，用途有别，具体内容不尽相同，但它作为记载金融企业经济业务发生、完成情况的书面证明，以及金融企业办理业务、登记账簿的依据，必须具有一些基本事项。这些必须具有的基本事项称为会计凭证的基本要素，具体包括以下内容。

（1）年、月、日（用特定凭证代替记账凭证时，还应注明记账日期）。

（2）收、付款人的户名和账号。

（3）收、付款人开户银行的名称和行号。

（4）人民币或外币符号及大小写金额。

（5）款项来源、用途或摘要、附件张数。

（6）会计分录和凭证编号。

（7）客户按照有关规定加盖的印章。

（8）经办金融企业及有关人员的印章。

三、会计凭证的处理

会计凭证的处理是指金融企业会计人员从填制或受理会计凭证开始，按规定对会计凭证进行审核，并为满足办理业务和登记账簿的需要，将会计凭证在金融企业内部各部门、各柜组、各人员之间科学而及时地传递，最后，在业务处理完毕和登记完账簿后，将会计凭证进行分类整理、装订和归档保管的整个过程。

（一）会计凭证的填制或受理

填制或受理会计凭证是会计核算工作的起点。会计凭证是金融企业办理业务和登记账簿的依据，正确填制会计凭证对于如实反映金融企业经济业务的内容，确保会计核算的质量至关重要。

1. 现金传票的填制

商业银行内部发生现金收入或者付出业务时，每笔业务只需填制一张现金对应科目的现金收入传票或者现金付出传票。即发生现金收入业务时，填制"（贷）××科目"的现金收入传票；发生现金付出业务时，填制"（借）××科目"的现金付出传票。商业银行对外办理业务时所受理的现金收入业务，以客户提交的现金缴款单第二联代替"（贷）××科目"的现金收入传票，不另行编制现金科目传票；受理现金付出业务时，以客户提交的现金支票代替"（借）××科目"的现金付出传票，也不再另行编制现金科目传票。

2. 转账传票的填制

商业银行发生转账业务时，要对每笔业务所涉及的所有借方科目分别填制转账借方传票，对所涉及的所有贷方科目分别填制转账贷方传票。（有的客户提交的特定凭证，可以用来代替转账借方、贷方传票的除外）对于一借一贷的转账业务，应填制一张"（借）××科目"的转账借方传票和一张"（贷）××科目"的转账贷方传票。同时，还应在这两张传票上填列对方科目的名称，以供参考，填列的对方科目名称不作为记账依据。

商业银行对客户提交的特定凭证，可按规定分别代替转账借方传票和转账贷方传票。例如，当持票人和出票人同在某商业银行开户时，商业银行受理持票人提交的转账支票和一式两联进账单时，就应以转账支票代替转账借方传票，以第二联进账单代替转账贷方传票，进行账务处理。

（二）会计凭证的审核

金融企业对自制或受理的会计凭证，必须根据会计规范和有关业务的具体要求，进行认真审核，充分发挥会计监督的作用。只有经过审核无误的会计凭证，才能作为金融企业处理业务、制证或登账的依据。会计凭证审核的重点主要有以下几个。

（1）凭证是否被本行受理。

（2）凭证内容、联数、附件是否齐全、相符，是否超过提示付款期。

（3）账号与户名是否一致，是否为被冻结账户。

（4）大小写金额是否一致，有无涂改、刮擦痕迹。

（5）取款是否超过存款余额、拨款限额和贷款额度。

（6）密押、印鉴是否真实齐全。

（7）款项来源、用途是否符合政策及有关资金财务管理的规定。

（8）计息、收费、赔偿金、外汇牌价等计算标准和计算结果是否正确。

（9）科目及账户名称使用是否符合规定。

在审核会计凭证的过程中，金融企业会计人员应坚持原则，认真履行职责。对内容不全、手续不完备、存在数字差错的会计凭证，应当退回、补填或更正；对不真实、不合法的会计凭证，应拒绝受理，并向金融企业负责人报告。会计凭证经审核无误后，应及时处理和科学地传递。

（三）会计凭证的签章

会计凭证经审核无误并据以处理业务后，应由经办人员按规定加盖公章和个人名章。会计凭证签章是确认凭证有效性、表明业务手续完成程度和明确经济责任的需要。例如，现金收入传票及现金缴款单回单，在收妥现金后，应加盖现金收讫章；现金付出传票，在付款后，应加盖现金付讫章；转账传票和给客户的收、支款通知，应加盖转讫章；签发的结算凭证及有关查询、查复书，应加盖结算专用章；签发的银行汇票及承兑的商业汇票，应加盖汇票专用章；联行间的往来凭证、报告表、查询和查复书等，应加盖联行专用章；办完手续发给客户的重要单证，如存单、存折回单等，应加盖行名业务公章；对于已经填制或编制、复核、记账的各种单证、凭证、账簿和报表等，应分别由各经办人员加盖个人名章。

（四）会计凭证的传递

会计凭证的传递是指金融企业为了办理业务和处理账务的需要，而将填制或受理的会计凭证在金融企业内部以及金融企业之间按照规定的时间、路线进行传送流转。

总的来说，金融企业会计凭证的传递必须准确及时、手续严密、办妥交接、先外后内、先急后缓。除有关业务核算手续另有规定外，一律通过邮局传递或金融企业内部自行传递，不得交客户代为传递，以防流弊。同时，为了维护资金安全，经办人员在办理现金收入业务时，应先收款后记账，处理现金付出业务时，应先记账后付款；办理转账业务时，应先记付款人账后记收款人账；代收他行票据时，应收妥后抵用。

（五）会计凭证的整理、装订和保管

会计凭证是重要的经济档案和历史资料。为了确保会计资料的安全、完整，便于事后的检查与监督，金融企业应根据《中华人民共和国会计法》的规定，对会计凭证建立档案，妥善保管。

每日营业终了，企业应将已办完会计核算手续的会计凭证集中，按科目分清，每一科目的凭证按现金收入、现金付出、转账借方、转账贷方的顺序整理后，分别附在相应的各科目日结单的后面。各科目传票及附件的张数应与各科目日结单上的张数一致。

企业应将按科目整理好的会计凭证，再按科目代号顺序排列，并加上传票封面和封底，按日进行装订。装订时，应在结绳处加封条，由装订人员和会计主管人员在封条上盖骑缝印章。已装订成册的传票，应编列传票总号，并在传票封面上按规定填写有关内容。对每日装订成册的传票应按日编列顺序号，在其封面上标明共几册及第几册。

对按规定整理装订成册并且封面填写完整的传票，应及时登记"会计档案保管登记簿"，入库保管。调阅传票和销毁超过规定保管期限的传票时，必须按规定手续并经批准后，方可办理。

第四节 账务组织

账务组织，又称会计核算形式，是以账簿体系为核心，运用一定的账务处理程序和账务核对程序将会计凭证、会计账簿、会计报表等有机结合起来的技术组织方式。

金融企业的账务组织包括明细核算和综合核算两个系统。这两个系统依据相同的会计凭证，按照双线核算和双线核对的原则，分别进行核算，并每日和定期相互进行核对，它们在金融企业会计核算中发挥不同的作用。同时，这两个系统又相互依存，彼此制约。明细核算是综合核算的具体化，对综合核算起补充说明作用；综合核算是明细核算的概括，对明细核算起统驭、控制作用。明细核算和综合核算两个系统，共同构成了金融企业完整的账务组织体系。

账务组织

一、明细核算系统

明细核算系统是根据总账科目的具体核算内容和实际需要设立分户账，详细反映金融企业各项资金增减变化情况及其结果的核算系统。明细核算系统包括分户账、登记簿、现金收入和付出日记簿、余额表四种账表。

（一）分户账

分户账是在总账科目下，按单位或资金性质分户独立设置的分科目账簿。分户账根据凭证逐笔连续登记，具体反映某项经济业务引起的资金增减变动的详细情况。分户账的格式，除根据业务需要规定的专用格式外，一般设有甲、乙、丙、丁四种账簿格式。

1. 甲种分户账（见图2-9）

甲种分户账设有借方发生额、贷方发生额和余额三栏，适用于不计息或用余额表计息的账户。甲种分户账又称为分户式账页。

年		摘要	凭证号码	对方科目代号	借 方（位数）	贷 方（位数）	借或贷	余 额（位数）	复核盖章
月	日								

××银行　　账

本账总页数　　本户页数

户名：　　账号：　　领用凭证记录：

会计　　　　　　　　　　　　　记账

图2-9　甲种分户账

2. 乙种分户账（见图 2-10）

乙种分户账设有借方发生额、贷方发生额、余额、积数四栏，适用于在账页上计息的账户。乙种分户账又称为计息式账页，可以用来计算存款的利息。

××银行

账

本账总页数

本户页数

户名：		账号：		领用凭证记录：			利率：				
年		摘要	凭证号码	对方科目代号	借方（位数）	贷方（位数）	借或贷	余额（位数）	日数	积数（位数）	复核盖章
月	日										
会计						记账					

图 2-10　乙种分户账

3. 丙种分户账（见图 2-11）

丙种分户账设有借方发生额、贷方发生额和借方余额、贷方余额四栏，适用于借、贷双方同时反映余额的账户。

××银行

账

本账总页数

本户页数

户名：		账号：		领用凭证记录：			利率存贷：			
年		摘要	凭证号码	对方科目代号	发生额		余额		复核盖章	
月	日				借方（位数）	贷方（位数）	借方（位数）	贷方（位数）		
会计							记账			

图 2-11　丙种分户账

4. 丁种分户账（见图 2-12）

丁种分户账设有借方发生额、贷方发生额、余额、销账四栏，适用于逐笔记账、逐笔销账的一次性业务的账户。丁种分户账又称为销账式账页。

年		账号	户名	摘要	凭证号码	对方科目代号	贷方（位数）	销账			借方（位数）	借或贷	余额（位数）	复核盖章
月	日							年	月	日				

××银行

账

本账总页数

本户页数

户名：　　　　账号：　　　　领用凭证记录：　　　　利率：

会计　　　　　　　　　　　　　　　　　记账

图 2-12　丁种分户账

（二）登记簿

登记簿是为了满足某些业务需要而设置的辅助性账簿。它主要用来登记在分户账和日记簿中未能记载而又需要查考的业务事项。登记簿与其他账簿之间不存在严密的依存与勾稽关系，其格式也不固定，金融企业可以根据具体业务的需要而自行设计。其通用的一般格式设有收入、付出、余额三栏，每栏下面分设数量栏和金额栏（见图 2-13）。登记簿根据表外科目传票采用单式记账法进行登记。

××银行

登记簿（卡）

本账总页数

本户页数

户名：　　　　单位：

年		摘要	收入		付出		余额		复核盖章
月	日		数量	金额（位数）	数量	金额（位数）	数量	金额（位数）	

会计　　　　　　　　　　　　　　　　　记账

图 2-13　登记簿

（三）现金收入和付出日记簿

现金收入和付出日记簿是现金业务的序时记录，是用以记载现金收入数、现金付出数及现金传票张数的明细分类账簿。它由出纳员根据现金收入传票和现金付出传票，按照收付款的先后顺序逐笔序时登记。每日营业终了，出纳人员分别结出现金收入合计数和现金付出合计数，并应与现金库保管员经管的现金库存簿以及现金总账科目的借方、贷方发生额合计数核对相符。现金收入日记簿的格式如图 2-14 所示，现金付出日记簿的格式与现金收入日记簿的格式相同。

（四）余额表

余额表按照总账科目及所统驭的分户账设置，每日营业终了，会计人员根据各分户账的最后余额逐户转抄编制。按照对科目是否计息，余额表分为计息余额表和一般余额表。

××银行

现金收入日记簿

柜组名称：　　　　　　　　年　月　日　　　　　　第　页　共　页

凭证号数	科目代号	户名或账号	金额（位数）	凭证号数	科目代号	户名或账号	金额（位数）

　　　　复核　　　　　　　　　　　　　出纳

图 2-14　现金收入日记簿

1. 计息余额表（见图 2-15）

××银行

计息余额表

科目名称：　　　　　　　　　　年　月　　　　　　　　单位：元

科目代号：　　　　　　　利率：　　　　　　　　第　页共　页

余额 日期 ＼ 账号 户名					合计	复核盖章
1						
2						
3						
…						
10						
10 天小计						
11						
…						
…						
20 天小计						
21						
…						
…						
本月合计						
至上月月底累计未计息积数						
应加积数						
应减积数						
至结息日累计计息积数						
至本月月底累计未计息积数						
结息日计算利息数						

　　　会计　　　　　　　　　复核　　　　　　　　　　　制表

图 2-15　计息余额表

计息余额表适用于需要在余额表上计算利息的科目。每日营业终了，根据需要在余额表上计算利息的各科目分户账当日的最后余额填列，当日没有发生额的账户，应根据上一日的最后余额填列。每旬末，将余额表中的余额相加，结出小计，每月月末结出本月合计。将"本月合计"加上"至上月月底累计未计息积数"，便得出"至本月月底累计未计息积数"。每季季末，将"至上月月底累计未计息积数"加上本月月初至结息日的余额之和，加上应加积数，减去应减积数，便得出本结息期的"至结息日累计计息积数"，以此积数乘以相应的利率，可计算得出各分户账本结息期的应计利息。计算累计积数时，如遇错账冲正，应计算应加、应减积数，并填入余额表的相应栏目，对累计积数进行调整。

2. 一般余额表（见图 2-16）

一般余额表适用于不计息的科目，以及不需要在余额表上计息的科目。一般余额表按各分户账当日的最后余额编制。

××银行

一般余额表

年　　月　　日　　　　　　　　　　　第　　页　共　　页

科目代号	户名	摘要	金额（位数）	科目代号	户名	摘要	金额（位数）

会计　　　　　　　　　复核　　　　　　　　　　　制表

图 2-16　一般余额表

余额表是金融企业进行总分核对的工具。每日营业终了，余额表上同一科目各户余额的合计数应与当日该科目总账的余额相符。

二、综合核算系统

综合核算系统是按总账科目核算，综合、概括地反映金融企业各项资金增减变化情况及其结果的核算系统。综合核算系统要利用科目日结单、总账、日计表三种账表。

（一）科目日结单

科目日结单是每一会计科目当天借方、贷方发生额和传票、附件张数的汇总记录，是登记总账的依据。科目日结单的格式如图 2-17 所示。

××银行

科目日结单

年　　月　　日

借　　方		贷　　方	
传票张数	金额	传票张数	金额
现金　　张		现金　　张	
转账　　张		转账　　张	
合计　　张		合计　　张	

会计　　　　　　　　　复核　　　　　　　　　　　制单

图 2-17　科目日结单

每日营业终了，将当日处理的全部传票按科目理清、分开，每一科目汇总填制一张科目日结单。填制方法是：对同一会计科目，将其借方金额分别按现金付出传票和转账借方传票进行汇总，并在分别计算现金付出传票和转账借方传票的张数后，将之填入该科目日结单的借方栏；将其贷方金额分别按现金收入传票和转账贷方传票进行汇总，并在分别计算现金收入传票和转账贷方传票的张数后，将之填入该科目日结单的贷方栏；同时，结出该科目借方、贷方发生额及传票张数的合计数。此外，由于现金科目不另行编制传票，该科目应根据其他各科目日结单中现金栏的借方数和贷方数各自的和，反方向填记，只填金额，不填传票张数。

（二）总账

总账是按总分类科目设户，根据科目日结单逐日逐笔登记，能够综合、概括地反映金融企业各项资金增减变动情况及其结果的总分类账簿。它是总分核对和统驭分户账的主要工具，也是金融企业编制会计报表的重要依据。

总账是金融企业进行综合核算的主要账簿，设有借方、贷方发生额和借方、贷方余额四栏。每科目填制一张账页，每月更换一次账页。其格式如图 2-18 所示。

××银行

总账

科目名称：
科目代号：

年　　　月	借　方		贷　方	
	（位数）		（位数）	
上年年底余额				
本年累计发生额				
上月月底余额				

日　　期	发　生　额		余　　额		复核盖章
	借方	贷方	借方	贷方	复核员
	（位数）	（位数）	（位数）	（位数）	
1					
2					
3					
…					
10 天小计					
11					
…					
20 天小计					
21					
…					
本月合计					
自年初累计					
本期累计计息积数					
本月累计未计息积数					

会计主管　　　　　　　　　　　　　　　记账

图 2-18　总账

每日营业终了，根据各科目日结单的借方合计数和贷方合计数，分别登记相应科目总账的借方发生额栏和贷方发生额栏，并同时结出余额。当日若无发生额，则应将上日余额填入本日余额栏。总账各科目每日余额应与当日同科目分户账或余额表各户余额合计数核对相符。总账每 10 天结计小计，月末结出本月合计、自年初累计及本月累计未计息积数等数据，有关数据应定期与对应科目的计息余额表上的计息积数进行核对。

（三）日计表

日计表是反映当日业务和财务活动情况，轧平当日全部账务的主要工具。日计表中的会计科目按其代号顺序排列，日计表设有借方、贷方发生额和借方、贷方余额四栏。其格式如图 2-19 所示。日计表应按日编制。每日营业终了，将总账各科目的当日借方、贷方发生额和余额填入日计表相应科目的本日借方、贷方发生额和余额栏。日计表中，各科目借方发生额合计数应与各科目贷方发生额合计数相等；各科目借方余额合计数应与各科目贷方余额合计数相等。

××银行

日计表

年　月　日　　　　第　页共　页

科目代号	科目名称	本日发生额		余　额		科目代号
		借　方 （位数）	贷　方 （位数）	借　方 （位数）	贷　方 （位数）	
合　计						

行长（主任）　　会计　　复核　　制表

图 2-19　日计表

三、账务处理

账务处理是指从填制或受理凭证开始，经过账务记载与核对，直至编制日计表，轧平账务为止的全部过程。账务处理包括账务处理程序与账务核对。账务处理程序与账务核对流程如图 2-20 所示。

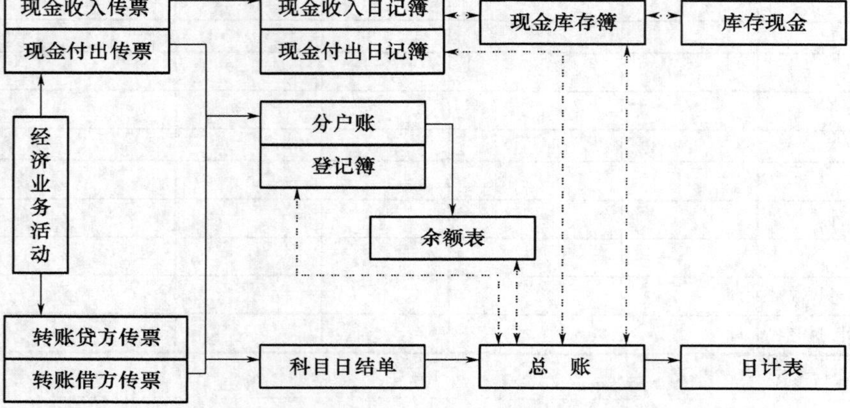

图 2-20　账务处理程序与账务核对流程

注：——代表账务处理程序；----代表账务核对。

（一）账务处理程序

账务处理程序包括明细核算系统的账务处理程序和综合核算系统的账务处理程序。

1. 明细核算系统的账务处理程序

（1）根据经济业务受理、审核或填制传票。

（2）根据传票逐笔登记分户账，登记簿和现金收入、付出日记簿。

（3）根据分户账编制余额表。

2. 综合核算系统的账务处理程序

（1）根据传票，按科目编制科目日结单，轧平当日所有科目的借方发生额和贷方发生额。

（2）根据科目日结单登记总账。

（3）根据总账编制日计表。

（二）账务核对

账务核对是账务处理的重要环节，按照核对期限要求，可分为每日核对和定期核对。账务核对可以防止账务差错，保证会计核算的质量及金融企业资金的安全。

1. 每日核对

每日核对是指金融企业在每日会计核算结束后，对有关账务进行的核对。其主要包括以下内容。

（1）总账各科目余额与同科目分户账或余额表各户余额合计数核对相符。

（2）现金收入、付出日记簿合计数与"现金"科目总账的借方、贷方发生额核对相符。

（3）现金库存簿的现金库存数与实际库存现金核对相符。

（4）现金库存簿的现金库存数与"现金"科目总账的余额核对相符。

2. 定期核对

定期核对是指对未纳入每日核对的账务按规定日期进行的核对。其主要包括以下内容。

（1）按旬加计丁种分户账中未销账的各笔金额总数，与同科目总账余额核对相符。

（2）按旬、按月、按结息期将余额表上的计息积数与同科目总账上的同期余额累计数核对相符。

（3）按月将各种贷款借据与各该科目分户账逐笔勾对相符。

（4）按月将各种卡片账与各该科目总账或有关登记簿核对相符。

（5）按月将贵金属、有价单证、空白重要凭证等进行账实核对相符。

（6）定期或不定期（至少每月一次）对结算账户填发"余额对账单"并与客户对账。

（7）按月或于清算资金时将银行与央行、同业之间的往来款项进行核对一致。

（8）定期及在年终决算前将房屋器具等固定资产进行账实核对相符。

（9）存折户应当在办理业务的当时进行账折核对。

通过每日核对和定期核对，金融企业才能使账务达到账账、账款、账据、账实、账表和内外账务"六相符"的要求。账务核对相符后，经办人员应在有关账簿上盖章，以明确责任，会计主管人员也应加强督促检查，保证核对工作及时顺利进行，并切实做到账务核对相符。

复习与思考

一、思考题

1. 金融企业会计科目是如何分类的？各类科目反映的内容是什么？

2. 什么是借贷记账法？简述其账户设置、记账规则及试算平衡原理。

3. 简述单式记账凭证和复式记账凭证的区别。

4. 商业银行的基本凭证有哪几种？

5. 简述商业银行的账务处理程序。

二、练习题

某行某分支机构（对公业务）2020 年 3 月 1 日各账户期初余额如下。

吸收存款（活期存款）账户期初余额 1 150 000 元，其中，优乐电器股份有限公司期初余额为 300 000 元，昌隆服装公司期初余额为 200 000 元，印刷厂期初余额为 250 000 元，百货公司期初余额为 400 000 元；库存现金期初余额为 500 000 元；贷款（信用贷款）期初余额为 480 000 元，其中，印刷厂贷款期初余额为 280 000 元，优乐电器股份有限公司贷款期初余额为 200 000 元；存放中央银行备用金账户期初余额为 170 000 元。2020 年 3 月 1 日发生下列业务。

（1）优乐电器股份有限公司签发现金支票一张，支取现金 50 000 元。

（2）百货公司要求银行将款项 40 000 元划至昌隆服装公司账户。

（3）百货公司将现金缴存银行，存入金额为 60 000 元。

（4）优乐电器股份有限公司要求银行将款项 28 000 元划至百货公司账户。

（5）百货公司要求银行将款项 25 000 元划至印刷厂账户。

（6）印刷厂向银行提现 40 000 元。

（7）百货公司将现金缴存银行，存入金额为 35 000 元。

（8）百货公司向银行借短期借款（信用贷款）100 000 元。

（9）印刷厂归还银行短期借款（信用贷款）180 000 元。

（10）优乐电器股份有限公司向银行借短期借款（信用贷款）120 000 元。

要求如下。

（1）编制有关会计分录。

（2）登记明细账，结出余额并登记各账户余额表，完成表 2-6～表 2-16。

（3）编制科目日结单，登记总账及日计表，完成表 2-17～表 2-24。

（4）进行试算平衡（为简化，下表均为简表）。

表 2-6　　　　吸收存款——活期存款（优乐电器股份有限公司）　　　　单位：元

日期	发生额		余额	
	借方	贷方	借方	贷方
3 月 1 日				300 000
3 月 1 日				
3 月 1 日				
3 月 1 日				
本日合计				

表 2-7　　　　吸收存款——活期存款（昌隆服装公司）　　　　单位：元

日期	发生额		余额	
	借方	贷方	借方	贷方
3 月 1 日				200 000
3 月 1 日				
本日合计				

表 2-8 　　　　　　　　　　　吸收存款——活期存款（印刷厂）　　　　　　　　　　　单位：元

日期	发生额		余额	
	借方	贷方	借方	贷方
3 月 1 日				250 000
3 月 1 日				
3 月 1 日				
3 月 1 日				
本日合计				

表 2-9 　　　　　　　　　　　吸收存款——活期存款（百货公司）　　　　　　　　　　单位：元

日期	发生额		余额	
	借方	贷方	借方	贷方
3 月 1 日				400 000
3 月 1 日				
3 月 1 日				
3 月 1 日				
3 月 1 日				
3 月 1 日				
本日合计				

表 2-10 　　　　　　　　　　　貸款——信用贷款（印刷厂）　　　　　　　　　　　　单位：元

日期	发生额		余额	
	借方	贷方	借方	贷方
3 月 1 日			280 000	
3 月 1 日				
本日合计				

表 2-11 　　　　　　　　　贷款——信用贷款（优乐电器股份有限公司）　　　　　　　单位：元

日期	发生额		余额	
	借方	贷方	借方	贷方
3 月 1 日			200 000	
3 月 1 日				
本日合计				

表 2-12 　　　　　　　　　　　贷款——信用贷款（百货公司）　　　　　　　　　　　单位：元

日期	发生额		余额	
	借方	贷方	借方	贷方
3 月 1 日				
本日合计				

表 2-13 现金收入日记簿

2020 年 3 月 1 日 单位：元

凭证号	科目代号	户名或账号	金额

表 2-14 现金付出日记簿

2020 年 3 月 1 日 单位：元

凭证号	科目代号	户名或账号	金额

表 2-15 吸收存款账户余额表 单位：元

日期	优乐电器股份有限公司	印刷厂	百货公司	昌隆服装公司	合计
3 月 1 日期初	300 000	250 000	400 000	200 000	1 150 000
3 月 1 日					

表 2-16 贷款账户余额表 单位：元

日期	优乐电器股份有限公司	印刷厂	百货公司	昌隆服装公司	合计
3 月 1 日期初	200 000	280 000			480 000
3 月 1 日					

表 2-17 吸收存款科目日结单（3 月 1 日） 单位：元

借方		贷方	
传票张数	金额	传票张数	金额
现金　张		现金　张	
转账　张		转账　张	
合计　张		合计　张	

表 2-18 贷款科目日结单（3 月 1 日） 单位：元

借方		贷方	
传票张数	金额	传票张数	金额
现金　张		现金　张	
转账　张		转账　张	
合计　张		合计　张	

表2-19 库存现金科目日结单（3月1日） 单位：元

借方		贷方	
传票张数	金额	传票张数	金额
现金　张		现金　张	
转账　张		转账　张	
合计　张		合计　张	

表2-20 吸收存款科目总账 单位：元

日期	发生额		余额	
	借方	贷方	借方	贷方
3月1日				1 150 000
3月1日				

表2-21 贷款科目总账 单位：元

日期	发生额		余额	
	借方	贷方	借方	贷方
3月1日			480 000	
3月1日				

表2-22 库存现金科目总账 单位：元

日期	发生额		余额	
	借方	贷方	借方	贷方
3月1日				
3月1日				

表2-23 存放中央银行款项科目总账 单位：元

日期	发生额		余额	
	借方	贷方	借方	贷方
3月1日			170 000	
3月1日				

表2-24 日计表（3月1日） 单位：元

账户名称	本日发生额		余额	
	借方	贷方	借方	贷方
吸收存款				
贷款				
库存现金				
存放中央银行款项				
合计				

第二篇

商业银行业务的核算

存款业务是商业银行的主要业务之一，是商业银行以信用的方式吸收社会暂时闲置资金的筹资活动。商业银行的自有资金是有限的，商业银行的信贷资金的主要来源就是吸收存款，同时商业银行为客户开设存款账户也是银行为客户办理支付结算的基本要求。

第一节　存款业务概述

一、存款业务的分类

（一）按存款的来源不同，存款可分为原始存款和派生存款

原始存款也称现金存款或者直接存款，即单位或个人直接将货币资金送存商业银行，增加存款户的存款。原始存款包括对公存款、个人存款和银行之间的存款。

派生存款也称转账存款或者间接存款，是指商业银行通过贷款方式自己创造的存款。商业银行发放贷款，一方面商业银行的"贷款"账户增加；另一方面，商业银行将款项划入借款人在商业银行开立的账户中，这样商业银行的"吸收存款"账户也增加。这种存款的增加，是由于贷款而派生出来的，它既增加了商业银行的"吸收存款"，也增加了社会的货币供应量。

（二）按资金性质不同，存款可分为一般性存款和财政性存款

一般性存款是指商业银行吸收的企事业单位、机关团体、部队及居民个人的，并可由其自行支配的资金形成的存款。商业银行吸收一般性存款，需要支付利息，这些一般性存款中包括原始存款和派生存款。为了防范金融风险，有效地调节贷款规模，商业银行需根据一般性存款余额和一定比例向中国人民银行缴存法定存款准备金。

财政性存款是商业银行经办的各级财政拨入的预算资金、应上缴财政的各项资金以及财政安排的专项资金形成的存款。财政性存款属于中国人民银行的资金来源，商业银行只是代为经办。商业银行吸收的财政性存款，一般不计付利息，而且按规定需全额就地缴存当地中国人民银行。

（三）按存款对象的不同，存款可分为单位存款和个人储蓄存款

单位存款是商业银行吸收企事业单位、机关、部队和社会团体等单位暂时闲置的资金形成的存款。个人储蓄存款是商业银行吸收的居民个人暂时闲置待用的资金形成的存款。

（四）按存款期限的不同，存款可分为活期存款和定期存款

活期存款是存入时不约定存期，可随时支取，一般按结息期（通常是按季）计算利息的存款，主要包括单位活期存款和个人活期存款。定期存款是在存入时约定存期，到期时支取本息的存款，主要包括单位定期存款和个人定期存款。

活期存款和定期存款在资金成本和流动性方面有很大的差异。活期存款是可以随时存取的，流动性较大，商业银行吸收的该类存款的稳定性较差，一般利率相对较低，资金成本也较低。定期存款，一般在存入时就约定了存期，流动性较差，商业银行吸收的该类存款稳定性较强，但是定期存款的利率一般要高于活期存款的利率，所以商业银行的资金成本也较高。

（五）按存款币种的不同，存款可分为人民币存款和外币存款

人民币存款是商业银行吸收的人民币资金形成的存款。外币存款是商业银行吸收的外汇资金形

成的存款。本章将主要讨论人民币存款业务。

二、银行结算账户的开立与管理

为加强对存款及其结算账户的管理，各存款人应按规定在银行开立各种结算账户。银行结算账户是指商业银行为存款人开立的用来办理资金收付及转账的人民币存款账户。

（一）银行结算账户的种类

银行结算账户按存款人不同分为单位银行结算账户和个人银行结算账户。

1. 单位银行结算账户

单位银行结算账户是存款人凭营业执照以单位名称开立的银行结算账户。单位银行结算账户按用途不同可分为基本存款账户、一般存款账户、专用存款账户和临时存款账户。

（1）基本存款账户

基本存款账户是指存款人因办理日常转账结算和现金收付需要开立的银行结算账户。基本存款账户是存款人的主要账户。一个单位只能选择一家银行的一个营业机构开立基本存款账户，开立基本存款账户是开立其他银行结算账户的前提。该账户的使用范围包括：存款人日常经营活动的资金收付及其工资、奖金和现金的支取。

（2）一般存款账户

一般存款账户是指存款人因借款或其他结算需要，在基本存款账户开户银行以外的银行营业机构开立的银行结算账户。一般存款账户的开立没有数量限制。一般存款账户用于办理存款人借款转存、借款归还和其他结算的资金收付。该账户可以办理现金缴存，但不得办理现金支取。

（3）专用存款账户

专用存款账户是指存款人按照法律法规对有特定用途的资金进行专项管理和使用而开立的银行结算账户。

（4）临时存款账户

临时存款账户是指存款人因临时需要在规定期限内使用而开立的银行结算账户。该账户的有效期不得超过两年。

2. 个人银行结算账户

个人银行结算账户是指存款人凭个人有效身份证件以自然人名称开立的银行结算账户。邮政储蓄机构办理银行卡业务开立的账户也纳入个人银行结算账户管理。存款人可通过个人银行结算账户办理个人转账收付和现金存取。而储蓄账户仅限于办理个人名下的现金存取业务，不得办理转账结算。存款人若想使用支票、信用卡等信用支付工具，以及办理汇兑、定期借记、定期贷记、借记卡等结算业务，可以申请开立个人银行结算账户。

（二）银行结算账户的开立与管理

1. 银行结算账户的开立程序

根据《国务院办公厅关于印发全国深化"放管服"改革转变政府职能电视电话会议重点任务分工方案的通知》（国办发）〔2018〕79 号以及《中国人民银行关于试点取消企业银行账户许可证核发的通知》（银发 125 号），试点地区中国人民银行分支机构对商业银行为企业开立基本存款账户由核准制调整为备案制，取消企业银行账户开户许可证核发，实行面签制度，商业银行网点在审核企业提交资料的真实性、完整性、合规性以及基本存款账户唯一性后，即可向中国人民银行的"人民币银行结算账户管理系统"申请备案。账户管理系统生成的基本存款账户编号，由商业银行交付企业，这样企业即成功开立基本存款账户，商业银行在开立之日办理收付款业务。同时临时存款账户业务也由核准制改为备案制。商业银行为企业开立、变更、撤销一般存款账户、专用存款账户时，应按照规定对企业出具的证明文件进行严格审查，防止企业违规开户或随意开立银行账户。

《中国人民银行关于取消企业银行账户许可的通知》（中国人民银行令〔2019〕第1号）指出，自 2019 年 2 月 25 日起在全国范围内分批取消企业银行账户许可，2019 年年底前实现完全取消。同时，强化企业银行结算账户管理，全面加强事中、事后监管。

2. 银行结算账户管理应当遵守的基本原则

（1）一个基本账户原则。单位银行结算账户的存款人只能在一个银行开立一个基本存款账户。

（2）自主选择银行开立银行结算账户原则。存款人可以根据需要自主选择银行，除国家法律、行政法规和国务院另有规定外，任何单位和个人不得强令存款人到指定银行开立银行结算账户。

（3）守法合规原则。不得利用银行结算账户进行偷逃税款、逃避债务、套取现金及其他违法犯罪活动。

（4）存款信息保密原则。除国家法律、行政法规另有规定外，银行有权拒绝任何单位或个人查询。

（三）网上银行开户流程

在网络经济时代，网上银行应运而生。1998 年 3 月，中国银行正式向客户提供网上银行业务。用户可以通过网上银行进行账务查询、银证转账及网上支付等金融服务，中国银行成为第一家使用网上银行的机构。随后各大商业银行纷纷建立自己的网站，并相继激活网上银行业务。真正让客户做到足不出户即可办妥一切银行业务。网上银行服务系统的开通对银行和客户来说，都大大提高了工作效率，让资金创造最高效益，从而降低生产经营成本。

1. 企业网上银行开户流程

企业用户申请开办网上银行对公业务时，需填写一式两联"银行网上银行服务对公客户申请表"（以下简称"申请表"）、一式两份"银行网上银行服务协议（企业）"（以下简称"协议书"），交给受理行。集团用户申请开办网上银行集团服务功能时，除上述资料外，还需提供一式四份"授权通知书"，交给受理行。受理行接到客户提交的申请表后，由客户经理负责审核以下内容。

（1）检查申请表中的每个账户是否均有银行预留印鉴、"单位公章"处是否盖有申请单位公章；

（2）审核客户递交的申请表的格式及各项内容是否正确，是否有漏填项；

（3）对于申请服务功能的集团用户，还应审核授权通知书样本是否与该集团用户申请的服务功能相一致，申请表中所列分公司名称及账户等内容是否完整。

（4）若申请表中的账户涉及同城其他营业网点，客户经理应持申请表到账户所在网点的对公柜台，由柜台人员完成账户及印鉴的核对工作，并由柜台人员在申请表各联加盖经办人、复核人名章及业务专用章。

对于申请服务功能的集团用户，总公司开户行的客户经理还应在收到分公司开户行寄来的授权通知书原件后，再次核对总公司申请表所列账户与授权通知书中的是否一致，授权通知书中经办人、复核人、客户经理是否签章，行章是否加盖清楚等。受理行的柜员接到客户经理交来的申请表、协议书、授权通知书和审批表等资料，应对以下内容进行审核。

（1）审查客户名称、账户名称及账号与核心业务系统中的是否一致，账户状态是否正常；

（2）核对申请表中的印鉴与客户预留的印鉴是否一致，单位公章与印鉴卡背面（或开户申请书）上的单位公章是否一致；

（3）申请表中本公司的申请签约账号是否属于同一客户号；

（4）协议书上要素是否填写齐全，是否盖有客户公章及授权签字人签章；

（5）授权通知书中的各要素是否齐备，账户信息与申请表中的是否一致。

审核无误后，柜员应按《网上银行后台管理系统操作指南》进行网上银行对公客户开户。

　　申请表各联加盖经办人、复核人名章及业务专用章，第二联申请表交客户，第一联与客户开户所提供的资料由银行留存保管。柜员将操作员密码信封和证书两码信封登记"签收登记簿"，交客户签收，企业须凭有效身份证件及企业授权书领取。银行同时为客户配发 USB key，并按要求进行重要凭证使用登记。

　　2. 个人网上银行开户流程

　　客户申请开办网上银行对私业务时，需自行在网上进行自助注册，然后填写一式两联"银行网上银行服务对私客户申请表"（以下简称"申请表"）、一式两份"银行网上银行服务协议"，与有效身份证件、注册账户凭证一起交给受理行。受理行接到客户提交的申请表后，负责审核以下内容。

　　（1）通过后台管理系统查询客户是否已自助注册并进行核对；

　　（2）审核客户递交的申请表的格式及各项内容是否正确，是否有漏填项；

　　（3）审查客户名称、账户名称及账号与核心业务系统中的是否一致，账户状态是否正常；

　　（4）对客户身份进行审核。

　　审核无误后，柜员应按《网上银行后台管理系统操作指南》进行网上银行业务办理。

　　柜员按客户证书和两码信封登记签收登记簿，交客户签收，客户须凭开户时使用的有效身份证件领取。如需要为客户配发 USB key，则按要求进行重要凭证使用登记。申请表各联加盖经办人、复核人名章及业务专用章，第二联申请表交客户，第一联与客户身份证复印件、注册账户凭证复印件共同由银行留存保管。

　　客户申请开办其他网上银行对私业务时，需填写一式两联"银行网上银行服务个人客户申请表"（以下简称"申请表"）、一式两份"银行网上银行服务协议"，与有效身份证件、注册账户凭证一起交给受理行。

　　受理行接到客户提交的申请表后，负责审核以下内容。

　　（1）审核客户递交的申请表的格式及各项内容是否正确，是否有漏填项；

　　（2）对客户身份进行审核。

　　审核无误后，柜员应按《网上银行后台管理系统操作指南》进行网上银行业务办理。

　　申请表各联加盖经办人、复核人名章及业务专用章，第二联申请表交客户，第一联与客户身份证复印件、注册账户凭证复印件由银行留存保管。如需申领证书，则按上述相应规定办理。

三、存款业务会计科目的设置

　　商业银行办理存款业务，应设置"吸收存款""同业存放""利息支出""应付利息"等科目进行核算。

　　（一）"吸收存款"科目

　　吸收存款科目为负债类科目，根据该科目设置的账户用来核算商业银行吸收的除同业存放款项以外的各种存款，包括单位存款（企业、事业单位、机关、社会团体等单位）、居民个人储蓄存款、信用卡存款、特种存款、转贷存款和财政性存款等。商业银行一般根据对象不同和存款期限不同设置二级科目，如"活期存款""定期存款""活期储蓄存款""定期储蓄存款"等。另外，由于商业银行有时在吸收存款时实际收到的款项与用来计算利息的合同本金之间存在差异，该科目下面还应分别设置"本金"和"利息调整"两个明细科目，用来核算本金及商业银行在吸收存款时实际收到的款项与用来计算利息的合同本金之间的差额。

　　商业银行在收到客户存入的款项时，应按实际收到的金额借记"库存现金"或"存放中央银行款项"等账户，按合同本金贷记"吸收存款——××存款——××单位（本金）"账户，按实际收到的金额与合同本金之差借记或贷记"吸收存款——××存款——××单位（利息调整）"账户。

资产负债表日，按摊余成本和实际利率计算本期应该承担的利息，借记"利息支出"账户，按合同本金和合同利率计算应支付给客户的利息，贷记"应付利息"账户，两者之差贷记或借记"吸收存款——××存款——××单位（利息调整）"账户。

在实际支付客户利息时，借记"应付利息"账户，贷记"吸收存款——××存款——××单位（本金）"账户。支付存款本金时，借记"吸收存款——××存款——××单位（本金）"账户，贷记"库存现金"账户或"存放中央银行款项"账户，同时结清"吸收存款——××存款——××单位（利息调整）"科目余额，若有差额，记入"利息支出"账户。该账户期末贷方余额，反映商业银行吸收的除同业存放款项以外的各种存款。

（二）"同业存放"科目

同业存放科目属于负债类科目，核算商业银行吸收的境内、境外金融机构的存款。在商业银行的同业存款增加时，商业银行一般根据对象不同设置二级科目，如"××金融机构"。另外，由于商业银行有时在吸收存款时实际收到的款项与用来计算利息的合同本金之间存在差异，所以该科目下面也应分别设置"本金"和"利息调整"两个明细科目，用来核算商业银行在吸收同业存款时所收到的实际金额与用来计算利息的合同本金之间的差额。

金融机构之间的款项存放业务属于金融机构间的往来，将在第六章中讲解，但其会计核算思路与商业银行吸收非金融机构的客户存款的核算思路基本一致。

商业银行在收到金融机构存入的款项时，应按实际收到的金额借记"存放中央银行款项"等账户，按合同本金贷记"同业存放——××金融机构——本金"账户，按实际收到的金额与合同本金之差借记或贷记"同业存放——××金融机构——利息调整"账户。

资产负债表日，按摊余成本和实际利率计算本期应该承担的利息，借记"利息支出"账户，按合同本金和合同利率计算应支付给金融机构的利息，贷记"应付利息"账户，两者之差贷记或借记"同业存放——××金融机构利息调整"账户。

在实际支付金融机构利息时，借记"应付利息"账户，贷记"同业存放——××金融机构——本金"账户。支付存款本金时，借记"同业存放——××金融机构——本金"账户，贷记"存放中央银行款项"等账户，同时结清"同业存放——××金融机构——利息调整"账户余额，若有差额，记入"利息支出"账户。该账户期末贷方余额，反映商业银行吸收的同业存放的款项。

（三）"利息支出"科目

利息支出科目是损益类科目，根据该科目设置的账户用来核算商业银行发生的利息支出，包括商业银行吸收的各种存款（单位存款、居民个人储蓄存款、信用卡存款、特种存款、转贷存款资金等）、与企业金融机构（中国人民银行、同业等）之间发生资金往来业务、卖出回购金融资产等产生的利息。该科目可按利息支出项目进行明细核算。

资产负债表日，按摊余成本和实际利率计算本期应该支付的利息，借记"利息支出"账户，按合同本金和合同利率计算应支付给客户的利息，贷记"应付利息"账户，两者之差借记或贷记"吸收存款——××存款——××单位（利息调整）"账户。

值得注意的是，商业银行在吸收存款时，大部分的实际利率与合同利率的差异不大，通常直接按合同利率计算确定利息费用，即利息费用=合同本金×合同利率。按利息费用金额借记"利息支出"科目，贷记"应付利息"科目。期末，应将该账户的本期发生额合计结转至"本年利润"科目，结转后该科目期末没有余额。

（四）"应付利息"科目

应付利息科目为负债类科目，根据该科目设置的账户用来核算商业银行按照合同利率及本金计算的应该支付给客户或其他金融机构的利息。按照权责发生制的要求，商业银行应在资产负债表日计算本期应该负担的利息，记入本期费用类账户，而一般商业银行支付活期存款利息的时间为每季一次，其利息每个季度末月的 20 日（结息日）营业终了时结算，并于次日（21 日）营业开始时支付。定期存款除"存本取息"外，一般采用"利随本清"的方式确定支付利息的时间，即在本金到期时一并支付本息，因此设置该科目，用来记录商业银行已经计提而尚未支付的利息。

资产负债表日，按摊余成本和实际利率计算本期应该支付的利息，借记"利息支出"账户，按合同本金和合同利率计算应支付给客户的利息，贷记"应付利息"账户，两者之差借记或贷记"吸收存款——××存款——××单位（利息调整）"账户。在实际支付客户利息时，借记"应付利息"账户，贷记"吸收存款——××存款——××单位（本金）"或"同业存放——××金融机构本金"账户。期末，该账户贷方余额，反映商业银行应付未付的利息。

四、吸收存款的确认与计量

根据《企业会计准则第 22 号——金融工具确认和计量》的规定，商业银行的吸收存款属于其他金融负债的，其初始计量应当按照公允价值计量，且相关的交易费用应当计入初始确认金额，构成实际成本的组成部分，其后续计量应当采用实际利率法，按摊余成本进行计量。

（一）实际利率的计算

实际利率是指吸收存款在预期存续期间或适用的更短期间的未来现金流量折现为该吸收存款当前账面价值所使用的折现率。实际利率计算公式如下。

$$V=\frac{CF_1}{\left(1+IRR\right)^1}+\frac{CF_2}{\left(1+IRR\right)^2}+\cdots+\frac{CF_n}{\left(1+IRR\right)^n}=\sum_{t=1}^{n}\frac{CF_t}{\left(1+IRR\right)^t}$$

其中：V 表示吸收存款当前账面价值；

IRR 表示实际利率；

CF_t 表示预计未来各期的现金流量；

n 表示吸收存款的预期存续期间或适用的更短期间。

（二）摊余成本的计算

摊余成本的计算公式如下。

摊余成本=初始确认金额-已偿还的本金±采用实际利率法将该初始确认金额与到期日
金额之间的差额进行摊销形成的累计摊销额-已发生的减值损失

（三）各期利息费用的计算

各期利息费用的计算公式如下。

各期利息费用=摊余成本×实际利率

资产负债表日，商业银行应将按吸收存款的摊余成本乘以实际利率计算的金额确认为利息费用。若实际利率与合同利率差异较小，也可以采用合同利率计算利息费用。

第二节
单位存款业务的核算

单位存款，又称对公存款，是指企事业单位、机关团体、部队和个体经营者等在金融机构存入的款项，包括单位活期存款、单位定期存款、单位通知存款、单位协定存款。

根据国务院颁布的《中华人民共和国现金管理暂行条例》的规定，各单位暂时闲置的资金，除经开户行核定的库存现金额度外，其余的现金都要缴存银行。各单位的经济往来中，除规定可以使用现金结算外，其他款项的支付，按规定都要通过开户行办理转账结算。

一、单位活期存款的核算

单位活期存款是在存入时不约定存期，客户可根据需要随时存取，并按结息期计算利息的存款。

单位活期存款的存取主要通过现金存取和转账存取两种方式办理。其中转账存取需要采用一定的结算方式，运用支付结算工具进行，具体内容将在第五章介绍，本节主要介绍现金存取方式下单位活期存款的核算。

（一）支票户存取现金的核算

支票户是单位在商业银行开立的凭现金支票、缴款单等结算凭证办理现金存取的账户，适用于财务制度比较健全、存款金额大和经常发生存取业务的单位。

1. 存入现金的核算

单位存入现金时，应填制一式二联现金缴款单，连同现金交商业银行出纳柜。根据现金收款业务"先收款后记账"的要求，银行出纳柜审查凭证无误并清点现金后，登记现金收入日记簿。经复核、签章后，在第一联加盖"现金收讫"章，作为回单退给客户，客户以此作为本单位登记其"银行存款"账户的原始凭证。以现金缴款单第二联代现金收入传票登记存款单位的分户账。会计分录编制如下。

借：库存现金
　　贷：吸收存款——活期存款——××户（本金）

2. 支取现金的核算

单位支取现金时，应填制现金支票，并由单位在支票上加盖预留开户行印鉴，由收款人背书后送交商业银行会计柜。商业银行审核现金支票无误后，以现金支票代现金付出传票登记单位分户账。商业银行审核现金支票时主要审核如下内容：是否应由本行受理；支票是否超过了提示付款期；账户和户名是否相符；大小写金额是否一致；支票上的签章与预留银行的印鉴是否相符；密码是否正确；是否已经挂失；出票人账户是否有足够的资金；有无收款人背书等。会计分录编制如下。

借：吸收存款——活期存款——××户（本金）
　　贷：库存现金

登记账目后，向取款单位提供出纳号牌，取款单位凭出纳号牌到出纳柜等候取款。会计人员在记账后的现金支票上签章，交由复核人员复核签章后，将现金支票传递给出纳柜，出纳人员根据现金支票登记现金付出日记簿，配款并复核后，凭取款单位提交的出纳号牌，向取款单位支付现金。

（二）存折户存取现金的核算

存折户是单位在商业银行开立的凭存折、存取凭条办理现金存取的账户，适用于业务规模小、存款金额小、不经常发生存取业务的单位。

1. 存入现金的核算

单位存入现金时，应填制存款凭条，连同现金、存折一并交给商业银行出纳柜。根据现金收款业务"先收款后记账"的要求，银行出纳柜审查凭证无误、并清点现金后，经复核、签章后，在凭条上加盖"现金收讫"章，登记现金收入日记簿。然后将凭条和存折传递给会计柜，会计人员经审查并核对账折无误后，以存款凭条代现金收入传票登记存款单位的分户账和存折，经复核后将存折退给取款人。其会计分录编制如下。

借：库存现金
　　贷：吸收存款——活期存款——××户（本金）

2. 支取现金的核算

单位支取现金时，应填制取款凭条，连同存折一并交给商业银行会计柜。根据现金付出业务"先记账后付款"的要求，银行会计柜审查凭证无误，经复核、签章后，以取款凭条代现金付出传票登记存款单位的分户账和存折，然后将凭条和存折传递给出纳柜，出纳人员根据取款凭条登记现金付出日记簿，配款并复核后，向取款人付出现金，并将存折退给取款人。其会计分录编制如下。

借：吸收存款——活期存款——××户（本金）
　　贷：库存现金

（三）单位活期存款利息的核算

1. 利息计算的范围及有关规定

根据现行规定，商业银行吸收的存款，除财政性存款和被法院判决为赃款的冻结户存款等有特殊规定的款项外，吸收的其他各种存款均应按规定计付利息。单位活期存款按日计息，按季结息，计息期间遇利率调整分段计息，每季度末月的 20 日为结息日。结出的利息于结息日次日入账。若单位活期存款账户销户，则利息的结算应采取利随本清的方法。

2. 利息计算的基本公式

利息计算的基本公式如下。

利息＝本金×存期×利率

在运用上面的基本公式时要注意以下几点。

（1）存期的计算。存期即为存款单位存取款的时间间隔。存期的计算一般采取"算头不算尾，有一天算一天"的方法。即存入日计算利息，支取日不计算利息；在存期中的每一天都要计算利息。但若遇结息日，则存期的计算应采取"算头又算尾"的方法，因为结息日是商业银行规定的计算利息的时间，不是客户取款的时间。

例如，某单位 2020 年 2 月 12 日（该年的 2 月为 29 天）存入一笔款项为 20 000 元，5 月 14 日支取款项。在 3 月 20 日结息日计算利息时，则存期为 38 天，即 2 月 12 日要计算，中间有一天就要计算一天，2 月按 18 天计算，3 月 20 日也要计算，3 月按 20 天计算。而在 5 月 14 日计算利息时，除 5 月 14 日支取日不计算外，其他计算方法与前面的计算方法一致。即存期应该为 92 天（18+31+30+13）。

（2）利率的计算。年利率、月利率、日利率之间的换算公式如下。

日利率＝年利率（%）÷360

月利率＝年利率（%）÷12

日利率＝月利率（‰）÷30

即换算利率时，年按 360 天计算，月按 30 天计算。在具体运用年利率、月利率和日利率时，应与存期保持一致。

接前例，假定活期存款的年利率为 0.35%，在 5 月 14 日支取 20 000 元时，商业银行应支付给客户的利息＝20 000×92×0.35%÷360≈17.89（元）。

3. 利息计算的方法

单位活期存款利息的计算，一般采用日积数计息法。日积数计息法即按存款实际天数每日累计账户余额，以累计计息日积数乘以日利率计算利息。每日账户余额的合计称为积数。

计息公式如下。

（1）计息期间无利率调整，则利息计算公式如下。

利息＝累计计息（日）积数×日利率

（2）计息期间遇利率调整，则利息计算公式如下。

利息=∑［分段累计计息（日）积数×日利率］

4. 利息的计算与账务处理

（1）资产负债表日利息的计算与账务处理。资产负债表日，按实际利率计算确定的利息费用金额，借记"利息支出"科目，贷记"应付利息"科目。

资产负债表日，根据"会计的确认、计量、报告应当以权责发生制为基础"的要求，商业银行在期末（月末、年末等）应当按照实际利率计算当期应该承担的利息费用。而期末一般不是商业银行支付利息的时间，故同时形成一笔欠客户利息的负债。

（2）结息日利息的计算与账务处理。商业银行一般按季结算利息并支付利息，在每个季度末月的 20 日营业终了时结算利息，并于次日（21 日）营业开始时支付利息。其结算利息的时间段为上一季度的末月的 21 日到本季度的末月的 20 日，注意中间的天数按照实际天数计算，开始的 21 日和结束的 20 日要计算在内。

① 余额表计息。余额表计息是采用计息余额表计算累计积数，并凭以计算利息。该方法适用于余额变动频繁的存款账户。商业银行在每天进行明细核算时，在每天营业终了，将需要计算利息的各单位分户账结出的余额按户抄入计息余额表，当日余额没有变动的，则抄上日的余额，计息余额表中各户余额逐日相加之和即为累计积数。若遇利率调整，则应分段计算累计积数；出现错账冲正时，应调整积数，以调增或调减的余额乘以错账日数，将计算出应调增或调减的积数填入计息余额表中的"应加积数"或"应减积数"栏。结息日计算出本计息期累计积数后，乘以适用的日利率（或分段累计计息积数分别乘以适用的日利率求和），即为本计息期应支付给客户的利息。

结息日计算出利息后，一般于次日入账。商业银行制作"利息清单"，办理转账。会计分录编制如下。

借：应付利息——××单位户

　　贷：吸收存款——活期存款——××单位户（本金）

② 乙种账计息。乙种账计息是采用乙种分户账计算累计积数，并凭以计算利息。该方法适用于余额变动不大的存款账户。这种方法实际上是将加法改成乘法来进行积数的计算，对于那些不常变动余额的客户，不必每一天把余额抄到计息余额表中，而应当计算出没有变动的余额的天数，将这个天数乘以对应的余额就能得到该段期间的积数。商业银行在日常活动中，首先在明细核算时为这些客户设置"乙种分户账"。乙种分户账在第二章已介绍过，它的特征是在余额的后面再设两列，一列为日数，一列为积数，在乙种分户账每次余额变动后，计算一次变动前存款余额的实存日数和积数。计算时，以本次变动前的存款余额乘以上次余额的实存天数得出计息积数，然后填入乙种分户账中的"日数"和"积数"栏。至结息日，将上季度末月 21 日起至本季度 20 日止的日数和积数累计起来（或分段累计起来）计算出本计息期累计日数（与日历天数相符）与累计计息积数后，乘以适用的日利率（或分段累计计息积数分别乘以适用的日利率求和），即为本计息期应支付给客户的利息。出现错账冲正时，应调整积数。

结息日计算出利息后，一般于次日入账。商业银行制作"利息清单"，办理转账。会计分录编制如下。

借：应付利息——××单位户

　　贷：吸收存款——活期存款——××单位户（本金）

（3）利息的计算与核算实例。

【例 3-1】某商业银行 2020 年 3 月计息余额表部分摘要如表 3-1 所示。假设本计息期内活期存款年利率为 0.35%，没有发生利率调整。

××银行

表 3-1　　　　　　　　　　　　　　　　计息余额表

科目名称：活期存款　　　　　　　　　　2020 年 03 月　　　　　　　　　　　　　单位：元

科目代号：　　　　　　　　　　　　　利率：0.35%　　　　　　　　　　第　页共　页

日期 \ 账户信息	20110001 宏业股份有限公司		20110002 盛运公司						合计	复核盖章
1	266 000	00								
2	423 000	00								
3	455 000	00								
4	318 000	00								
5	562 000	00								
6	432 000	00								
7	535 000	00								
8	462 000	00								
9	684 000	00	略		略		略			
10	652 000	00								
10 天小计	4 789 000	00								
11	602 000	00								
…	…									
…	…									
20 天小计	9 391 000	00								
21	35 4000									
…	…									
…	…									
本月合计	16 745 000	00								
至上月月底累计未计息积数	53 761 000	00								
应加积数										
应减积数	183 000	00								
至结息日累计计息积数	62 969 000	00								
至本月底累计未计息积数	7 354 000	00								
结息日计算利息数	612	20								

会计　　　　　　　　　　　　复核　　　　　　　　　　　　制表

在表 3-1 中，宏业股份有限公司本计息期利息计算如下。

至结息日累计计息积数=至上月月底累计未计息积数+本月 1～20 日累计计息积数+应加积数
　　　　　　　　-应减积数

　　　　　　=53 761 000+9 391 000+0-183 000=62 969 000（元）

结息日（3 月 20 日）计算利息数=至结息日累计计息积数×年利率÷360

　　　　　　=62 969 000×0.35%÷360≈612.20（元）

商业银行于结息日次日（3 月 21 日）编制"利息清单"，办理利息转账，会计分录编制如下。

借：应付利息——宏业股份有限公司户　　　　　　　　　　　　612.20

　　贷：吸收存款——活期存款——宏业股份有限公司户（本金）　　612.20

资产负债表日（3 月 31 日）计提利息费用。

利息费用=本月合计×年利率÷360

　　　　=16 745 000×0.35%÷360≈162.80（元）

会计分录编制如下。

借：利息支出——活期存款利息支出户　　　　　　　　　　　162.80

　　贷：应付利息——宏业股份有限公司户　　　　　　　　　　　162.80

至本月月底累计未计息积数＝本月合计-本月 1～20 日累计计息积数

＝16 745 000-9 391 000=7 354 000（元）。

【例 3-2】某商业银行开户单位中联贸易股份有限公司的单位活期存款分户账如表 3-2 所示。中联贸易股份有限公司 2019 年 12 月 21 日至 2020 年 2 月 29 日的累计积数为 9 526 000 元，2 月 29 日月末余额为 220 000 元。假设本计息期内活期存款年利率为 0.35%，没有发生利率调整。

表 3-2　　　　　　　　　　　　　　　　乙种分户账

户名：中联贸易股份有限公司　　　　　　账号：20110003　　　　利率：0.35%　　　　　　单位：元

2020 年		摘要	借方		贷方		借或贷	余额		日数	积数		复核盖章
月	日												
3	1	承前页					贷	220 000	00	71 4	9 526 000 880 000	00 00	
3	5	现付	10 000	00			贷	210 000	00	3	630 000	00	
3	8	转贷			5 000	00	贷	215 000	00	4	860 000	00	
3	12	现收			8 000	00	贷	223 000	00				
3	12	转借	25 000	00			贷	198 000	00	1	198 000	00	
3	13	转贷			14 000	00	贷	212 000	00	3	636 000	00	
3	16	转贷			20 500	00	贷	232 500	00	2	465 000	00	
3	18	转借	18 000	00			贷	214 500	00	1	214 500	00	
3	19	转借	23 000	00			贷	191 500	00	2	383 000	00	
3	21	转息			134	09	贷	191 634	09	11	2 107 974	99	

在表 3-2 中，中联贸易股份有限公司 2019 年 12 月 21 日至 2020 年 2 月 29 日的累计积数为 9 526 000 元，2020 年 3 月 1 日至 3 月 20 日的累计积数为 4 266 500 元。则本计息期的累计计息积数＝9 526 000+4 266 500=13 792 500（元），本计息期的利息=13 792 500×0.35%÷360=134.09（元）。

计算出利息后，商业银行于 3 月 21 日编制"利息清单"，将利息记入中联贸易股份有限公司活期存款账户贷方，并结计新的存款余额。3 月 21 日，利息转账的会计分录编制如下。

借：应付利息——中联贸易股份有限公司户　　　　　　　　　134.09

　　贷：吸收存款——活期存款——中联贸易股份有限公司户（本金）　134.09

资产负债表日计提利息费用。

假定 3 月 21 日后，该企业无业务发生，则 3 月的累计积数=4 266 500+2 107 974.99=6 374 474.99（元）。

资产负债表日（3 月 31 日）计提利息费用＝本月合计×年利率÷360

＝6 374 474.99×0.35%÷360=61.97（元）

会计分录编制如下。

借：利息支出——活期存款利息支出　　　　　　　　　　　　61.97

　　贷：应付利息——中联贸易股份有限公司户　　　　　　　　　61.97

（四）单位活期存款账户的内外账务的核对

单位活期存款账户的内外账务核对，是指商业银行的单位活期存款各分户账与各开户单位的银行存款账相互进行核对，以保证双方存款余额的一致。

开户单位在商业银行开立的账户，一般有支票户和存折户两种。对于存折户，由于每次发生业务时，客户在提交凭证的同时也提交存折，商业银行就可以采用随时对账的方法进行对账，以保证账折相符，不需要另外进行对账工作。对于支票户，商业银行则要采用定期对账的方法进行对账。

二、单位定期存款的核算

单位定期存款是存款单位在存入款项时与银行约定期限，到期支取本息的存款。财政拨款、预算内资金和银行贷款不得作为单位定期存款存入银行。

单位定期存款的起存金额为1万元，多存不限，存期分为3个月、6个月、1年、2年、3年、5年六个档次。

单位定期存款的核算

（一）单位定期存款存入的核算

单位存入定期存款一般有现金存入或转账存入。采用现金存入的，应填制一式二联"单位定期存款缴款凭证"，连同现金一起提交商业银行；商业银行收款后，按照有关规定审查无误后打印一式二联"单位定期存款证实书"。第一联作为回单与签章后的缴款凭证一起退给存款人；第二联作为收款的记账凭证，由商业银行留底保管。

采用转账存入的，应填制转账支票（转账支票是由出票人签发的，委托办理支票存款业务的银行在见票时无条件支付确定的金额给收款人或持票人的票据。其具体的核算方法将在第五章详细介绍）及进账单，并在转账支票的用途栏填明"转存单位定期存款"，注明存期后提交商业银行。商业银行收到后，按照有关规定审查无误、并收妥款项后，打印一式两联"单位定期存款证实书"。第一联作为回单与签章后的进账单一起退至存款人，第二联由商业银行留底保管。

商业银行收到存款时，应按实际收到的金额，借记"库存现金"或者借记"吸收存款——活期存款——××户（本金）"等科目，贷记"吸收存款——定期存款——××户（本金）"科目，如存在差额，借记或贷记"吸收存款——活期存款——××户（利息调整）"科目。在实务中，商业银行在一般情况下，其吸收存款的实际金额就是吸收存款的合同本金，且存款业务一般较少发生交易费用，因此，单位定期存款存入的核算如下所示。

现金存入时，编制如下会计分录。

借：库存现金

　　贷：吸收存款——定期存款——××单位户（本金）

转账存入时，编制如下会计分录。

借：吸收存款——活期存款——××单位户（本金）

　　贷：吸收存款——定期存款——××单位户（本金）

【例3-3】合成洗涤剂厂2020年3月5日转账存入定期存款80 000元，约定存期半年，假设存入时挂牌的半年期定期存款年利率为1.30%，则存入时商业银行编制如下会计分录。

借：吸收存款——活期存款——合成洗涤剂厂户（本金）　　　　　80 000

　　贷：吸收存款——定期存款——合成洗涤剂厂户（本金）　　　　80 000

（二）资产负债表日计提利息的核算

资产负债表日，根据"会计的确认、计量、报告应当以权责发生制为基础"的要求，商业银行在期末（月末、年末等）应当按照实际利率计算当期应该承担的利息费用。而期末一般不是商业银行支付利息的时间，故同时形成一笔欠客户利息的负债。

在实务中，商业银行吸收存款实际收到的金额就是吸收存款的本金，且存款业务一般不会发生交易费用，即商业银行吸收存款的实际利率就是合同利率，按本金和合同利率计算确定的利息费用，借记"利息支出"，贷记"应付利息"。在实际利率与合同利率不一致的特殊情况下，则按摊余成本和实际利率计算确定的利息费用，借记"利息支出"，按本金和合同利率计算确定应付客户的利息，贷记"应付利息"，其差额借记或者贷记"吸收存款——定期存款——××单位户（利息调整）"。计提利息的分录编制如下。

借：利息支出——定期存款利息支出　　　　　　　　　　（摊余成本×实际利率）

　　贷：应付利息——××单位户　　　　　　　　　　　　（合同本金×合同利率）

　　　　吸收存款——定期存款——××单位户（利息调整）（借贷方差额，或借记）

【例3-4】合成洗涤剂厂2020年3月5日转账存入定期存款80 000元，约定存期半年，假设存入时挂牌的半年期定期存款年利率为1.30%。月末商业银行计提本期利息。

其账务处理如下。

3月末，由于该月有零头天数，所以将其换算成天数计算，即27天（31-4）。

应计利息=80 000×1.30%÷360×27=78（元）。

借：利息支出——定期存款利息支出　　　　　　　　　　　　78

　　贷：应付利息——合成洗涤剂厂户　　　　　　　　　　　　78

4月末，应计利息=80 000×1×1.3%÷12≈86.67（元）。

借：利息支出——定期存款利息支出　　　　　　　　　　　86.67

　　贷：应付利息——合成洗涤剂厂户　　　　　　　　　　　86.67

5月末至8月末的账务处理同上。

则9月5日到期时，应付客户的利息=80 000×1.3%÷12×6=520（元）。

已提利息=78+86.67×5=511.35（元）。

9月5日应补提利息=520-511.35=8.65（元）。

借：利息支出——定期存款利息支出　　　　　　　　　　　8.65

　　贷：应付利息——合成洗涤剂厂户　　　　　　　　　　　8.65

（三）单位定期存款支取的核算

单位定期存款支取时只能以转账方式转入基本存款账户，不得将定期存款用于结算或从定期存款账户中提取现金。

1. 到期支取的处理

定期存款到期，存款单位填写一式三联"单位定期存款支取凭证"及第一联"单位定期存款证实书"办理支取，商业银行审核支付密码或印鉴无误后，计算利息，制作利息清单。"单位定期存款支取凭证"借方传票作付款的记账凭证，贷方传票作为收款的记账凭证，回单联签章后与利息清单一并退至存款单位；单位定期存款证实书收回后，将其两联均注明"注销"字样，一并作为借方传票附件。商业银行编制如下会计分录。

借：吸收存款——定期存款——××单位户（本金）

　　应付利息——××单位户

　　贷：吸收存款——活期存款——××单位户（本金）

【例3-5】接【例3-4】，合成洗涤剂厂2020年3月5日转账存入定期存款80 000元，约定存期半年，假设存入时挂牌的半年期定期存款利率为1.30%。9月5日到期，商业银行账务处理如下。

9月5日到期时应付客户的利息=80 000×1.3%÷12×6=520（元）。

已提利息=78+86.67×5=511.35（元）。

9月5日应补提利息=520-511.35=8.65（元）。

借：利息支出——定期存款利息支出　　　　　　　　　　　8.65

　　贷：应付利息——合成洗涤剂厂户　　　　　　　　　　　8.65

借：吸收存款——定期存款——合成洗涤剂厂户（本金）　　80 000

　　应付利息——合成洗涤剂厂户　　　　　　　　　　　　　520

　　贷：吸收存款——活期存款——合成洗涤剂厂户（本金）　　80 520

2. 提前支取的处理

单位定期存款可以全部或部分提前支取，但若办理部分提前支取，则以一次为限。部分提前支取时，若剩余定期存款不低于起存金额，商业银行根据提前支取的规定计算利息，办理支取手续，并为定期存款剩余金额填写单位定期存单；若剩余定期存款低于起存金额，商业银行根据提前支取的规定计算利息，并对该项定期存款予以清户。

（1）全部提前支取。商业银行按照"全部提前支取时，按支取日挂牌公告的活期存款利率计算利息（不分段计息）"的规定，计算单位定期存款全部提前支取利息的账务处理与到期支取相同。会计分录编制如下。

借：吸收存款——定期存款——××单位户（本金）

应付利息——××单位户

贷：吸收存款——活期存款——××单位户（本金）

若"吸收存款——定期存款——××单位户（利息调整）"科目有余额，应予以转销。转销时，编制如下会计分录。

借：利息支出——定期存款利息支出

贷：吸收存款——定期存款——××单位户（利息调整）

【例3-6】接【例3-4】，合成洗涤剂厂由于急需资金，于2020年5月11日全部提前支取本金80 000元，假设2020年5月11日挂牌的活期存款年利率为0.35%，其他资料同上。

2020年5月11日全部提前支取时：

应付利息＝80 000×67×0.35%÷360＝52.11（元）；

已提利息＝78＋86.67＝164.67（元）。

借：吸收存款——定期存款——合成洗涤剂厂户（本金）　　　80 000

应付利息——合成洗涤剂厂户　　　　　　　　　　　　　　　52.11

贷：吸收存款——活期存款——合成洗涤剂厂户（本金）　　　80 052.11

则多提的利息112.56元（164.67－52.11）应用红字冲回，编制如下会计分录。

借：利息支出——定期存款利息支出　　　　　　　　　　　　112.56

贷：应付利息——合成洗涤剂厂户　　　　　　　　　　　　　112.56

（2）部分提前支取。若剩余定期存款不低于起存金额，商业银行应计算单位定期存款部分提前支取利息，并采取满付实收、更换新单位定期存单的做法，即视同原存单本金一次全部支取，对实际未支取部分按原存期、原利率和到期日另填写一式三联的单位定期存单。会计分录编制如下。

借：吸收存款——定期存款——××单位户（本金）　　（全部本金）

应付利息——××单位户　　　　　　　　　　　（提前支取部分利息）

贷：吸收存款——活期存款——××单位户（本金）　　（全部本金加利息）

借：吸收存款——活期存款——××单位户（本金）　　（未支取本金）

贷：吸收存款——定期存款——××单位户（本金）　　（未支取本金）

"吸收存款——定期存款——××单位户（利息调整）"科目余额转销的账务处理同全部提前支取的财务处理。

【例3-7】接【例3-4】，合成洗涤剂厂由于急需资金，于2020年5月11日提前支取本金30 000元，假设2020年5月11日银行活期存款年利率为0.35%，其他资料同上。

2020年5月11日部分提前支取时，应计利息＝30 000×67×0.35%÷360＝19.54（元）。

借：吸收存款——定期存款——合成洗涤剂厂户（本金）　　　80 000

应付利息——合成洗涤剂厂　　　　　　　　　　　　　　　19.54

贷：吸收存款——活期存款——合成洗涤剂厂户（本金）　　　80 019.54

借：吸收存款——活期存款——合成洗涤剂厂户（本金）　　　　　　50 000

　　贷：吸收存款——定期存款——合成洗涤剂厂户（本金）　　　　　　50 000

2020 年 9 月 5 日，剩余 50 000 元到期支取时，商业银行账务处理如下。

应付利息=50 000×1.30%÷12×6=325（元）。

借：吸收存款——定期存款——合成洗涤剂厂户（本金）　　　　　　50 000

　　应付利息——合成洗涤剂厂户　　　　　　　　　　　　　　　　　325

　　贷：吸收存款——活期存款——合成洗涤剂厂户（本金）　　　　　50 325

由于 5 月已提取了 30 000 元，则 5 月末计提的利息=50 000×1.3%÷12×1=54.17（元）。

借：利息支出——定期存款利息支出　　　　　　　　　　　　　　　54.17

　　贷：应付利息——合成洗涤剂厂户　　　　　　　　　　　　　　　54.17

6 月末至 8 月末的会计处理同上。

则 9 月 5 日到期时，该户全部计提的利息=78+86.67+54.17×4=381.35（元）。

已支付的利息为 19.54 元。

"应付利息"账户贷方余额=381.35-19.54=361.81（元）。

9 月 5 日应冲回利息=361.81-325=36.81（元）。

借：利息支出——定期存款利息支出　　　　　　　　　　　　　　　36.81

　　贷：应付利息——合成洗涤剂厂户　　　　　　　　　　　　　　　36.81

3. 逾期支取的处理

逾期支取，银行除计算到期利息外，对逾期部分还应按逾期支取存款利息计算的有关规定，计算应付利息，其办理手续和账务处理与到期支取相同。会计分录编制如下。

借：吸收存款——定期存款——××单位户（本金）

　　应付利息——××单位户

　　贷：吸收存款——活期存款——××单位户（本金）

【例 3-8】接【例 3-4】，合成洗涤剂厂于 2020 年 9 月 30 日支取该笔存款，假设 2020 年 9 月 30 日挂牌的活期存款年利率为 0.35%，其他资料同上。

2020 年 9 月 30 日应计付的利息=80 000×1.30%÷2+80 000×25×0.35%÷360=520+19.44=539.44（元）。

借：吸收存款——定期存款——合成洗涤剂厂户（本金）　　　　　　80 000

　　应付利息——合成洗涤剂厂户　　　　　　　　　　　　　　　　539.44

　　贷：吸收存款——活期存款——合成洗涤剂厂户（本金）　　　　　80 539.44

由于 9 月 30 日支付客户的利息额为 539.44 元，而已提利息=78+86.67×5=511.35（元），则 9 月 30 日应补提利息=539.44-511.35=28.09（元）。

借：利息支出——定期存款利息支出　　　　　　　　　　　　　　　28.09

　　贷：应付利息——合成洗涤剂厂户　　　　　　　　　　　　　　　28.09

（四）单位定期存款利息的计算

单位定期存款利息的计算采用逐笔计息法，即在支取时，按预先确定的计息公式逐笔计算利息，利随本清。

1. 利息计算的公式

（1）计息期为整年或整月时，计息公式如下。

利息=本金×年（月）数×年（月）利率

（2）计息期有整年或整月，又有零头天数时，计息公式如下。

利息=本金×年（月）数×年（月）利率+本金×零头天数×日利率

（3）将计息期全部化为实际天数计算利息时，计息公式如下。

利息=本金×实际天数×日利率

2. 利息计算的有关规定

（1）在原定存期内的利息，按存入日挂牌公告的利率计算，存期内遇利率调整，不分段计息。

（2）全部提前支取时，按支取日挂牌公告的活期存款利率计算利息（不分段计息）。

（3）部分提前支取时，若剩余定期存款不低于起存金额，提前支取部分按支取日挂牌公告的活期存款利率计算利息（不分段计息），未支取部分到期时按原开户日挂牌公告的利率计算利息；若剩余定期存款低于起存金额，对该项定期存款予以清户，按支取日挂牌公告的活期存款利率计算利息（不分段计息）。

（4）逾期支取时，逾期部分按支取日挂牌公告的活期存款利率计算利息（不分段计息）。

（5）到期日为节假日时，可于节假日前最后一个营业日办理支取手续，银行扣除提前支取天数后，按存入日挂牌公告的利率计算利息。节假日后支取的，按逾期支取计算利息。

【例3-9】接【例3-4】，合成洗涤剂厂于2020年9月30日支取该笔存款，假设2020年9月30日银行挂牌的活期存款年利率为0.35%，存入时约定的存期按照实际天数计算，其他资料同上。

2020年9月30日应计付的利息=80 000×184×1.30%÷360+80 000×25×0.35%÷360=531.56+19.44=551（元）。

借：吸收存款——定期存款——合成洗涤剂厂户（本金）　　　　80 000

　　应付利息——合成洗涤剂厂户　　　　　　　　　　　　　　551

　　　贷：吸收存款——活期存款——合成洗涤剂厂户（本金）　　　　80 551

由于9月30日支付客户的利息额为551元，而已提利息=78+86.67×5=511.35（元），则9月30日应补提利息=551-511.35=39.65（元）。

借：利息支出——定期存款利息支出　　　　　　　　　　　　39.65

　　　贷：应付利息——合成洗涤剂厂户　　　　　　　　　　　　　39.65

（五）单位定期存款实际利率法核算例题

【例3-10】2018年3月31日，工商银行新街口支行收到合成洗涤剂厂签发的转账支票一张，金额为100 000元。合成洗涤剂厂要求转存两年期的定期存款，当时银行挂牌的两年期定期存款年利率为4.68%。合成洗涤剂厂于2020年3月31日到期支取本息。工商银行新街口支行于每季季末计提利息。假设不考虑其他因素。

吸收存款初始确认金额=100 000元。

设吸收存款的实际利率为IRR，根据公式：

$$V = \frac{CF_1}{(1+IRR)^1} + \frac{CF_2}{(1+IRR)^2} + \cdots + \frac{CF_n}{(1+IRR)^n} = \sum_{t=1}^{n} \frac{CF_t}{(1+IRR)^t}$$

可得：

$$100\,000 = \frac{1\,000\,000 \times (1+2 \times 4.68\%)}{(1+IRR)^8}$$

IRR=1.124 7%

由计算结果可知，吸收存款实际季利率为1.124 7%，与名义季利率1.17%（4.68%÷4）不相等。银行办理吸收存款业务时，虽然没有发生交易费用和溢折价，但由于实际付息周期（到期一次付息）与计息周期（按季付息）不相同，所以，其实际利率与名义利率不相等。

采用实际利率法计算利息费用和吸收存款摊余成本的数据如表3-3所示。

表 3-3　　　　　采用实际利率法计算利息费用和吸收存款摊余成本（一）　　　　　单位：元

时间	期初摊余成本	利息费用 （实际季利率为 1.124 7%）	现金流出	期末摊余成本
2018 年 6 月 30 日	100 000	1 125	0	101 125
2018 年 9 月 30 日	101 125	1 137	0	102 262
2018 年 12 月 31 日	102 262	1 150	0	103 412
2019 年 3 月 31 日	103 412	1 163	0	104 575
2019 年 6 月 30 日	104 575	1 176	0	105 751
2019 年 9 月 30 日	105 751	1 189	0	106 940
2019 年 12 月 31 日	106 940	1 203	0	108 143
2020 年 3 月 31 日	108 143	1 217	109 360	0
合计	—	9 360	—	—

根据表 3-3 的数据，工商银行新街口支行的有关账务处理如下。

（1）2018 年 3 月 31 日，办理合成洗涤剂厂定期存款存入业务时，编制如下会计分录。

借：吸收存款——活期存款——合成洗涤剂厂户（本金）　　　　100 000

贷：吸收存款——定期存款——合成洗涤剂厂户（本金）　　　　　　100 000

（2）2018 年 6 月 30 日确认利息费用时，编制如下会计分录。

借：利息支出——定期存款利息支出　　　　　　　　　　　　　1 125

吸收存款——定期存款——合成洗涤剂厂户（利息调整）　　　45

贷：应付利息——合成洗涤剂厂户　　　　　　　　　　　　　　1 170

（3）2018 年 9 月 30 日确认利息费用时，编制如下会计分录。

借：利息支出——定期存款利息支出　　　　　　　　　　　　　1 137

吸收存款——定期存款——合成洗涤剂厂户（利息调整）　　　33

贷：应付利息——合成洗涤剂厂户　　　　　　　　　　　　　　1 170

（4）2018 年 12 月 31 日确认利息费用时，编制如下会计分录。

借：利息支出——定期存款利息支出　　　　　　　　　　　　　1 150

吸收存款——定期存款——合成洗涤剂厂户（利息调整）　　　20

贷：应付利息——合成洗涤剂厂户　　　　　　　　　　　　　　1 170

（5）2019 年 3 月 31 日确认利息费用时，编制如下会计分录。

借：利息支出——定期存款利息支出　　　　　　　　　　　　　1 163

吸收存款——定期存款——合成洗涤剂厂户（利息调整）　　　7

贷：应付利息——合成洗涤剂厂户　　　　　　　　　　　　　　1 170

（6）2019 年 6 月 30 日确认利息费用时，编制如下会计分录。

借：利息支出——定期存款利息支出　　　　　　　　　　　　　1 176

贷：应付利息——合成洗涤剂厂户　　　　　　　　　　　　　　1 170

吸收存款——定期存款——合成洗涤剂厂户（利息调整）　　　6

（7）2019 年 9 月 30 日确认利息费用时，编制如下会计分录。

借：利息支出——定期存款利息支出　　　　　　　　　　　　　1 189

贷：应付利息——合成洗涤剂厂户　　　　　　　　　　　　　　1 170

吸收存款——定期存款——合成洗涤剂厂户（利息调整）　　　19

（8）2019年12月31日确认利息费用时，编制如下会计分录。

借：利息支出——定期存款利息支出　　　　　　　　　　　　　　　1 203

　　贷：应付利息——合成洗涤剂厂户　　　　　　　　　　　　　　　1 170

　　　　吸收存款——定期存款——合成洗涤剂厂户（利息调整）　　　　33

（9）2020年3月31日确认利息费用时，编制如下会计分录。

借：利息支出——定期存款利息支出　　　　　　　　　　　　　　　1 217

　　贷：应付利息——合成洗涤剂厂户　　　　　　　　　　　　　　　1 170

　　　　吸收存款——定期存款——合成洗涤剂厂户（利息调整）　　　　47

（10）2020年3月31日，办理合成洗涤剂厂到期支取本息业务时，编制如下会计分录。

借：吸收存款——定期存款——合成洗涤剂厂户（本金）　　　　　100 000

　　应付利息——合成洗涤剂厂户　　　　　　　　　　　　　　　　9 359

　　贷：吸收存款——活期存款——合成洗涤剂厂户（本金）　　　　109 359

【例3-11】沿用【例3-10】的资料，假设合成洗涤剂厂由于急需资金，于2019年3月31日提前支取本金80 000元，剩余本金20 000元于2020年3月31日到期支取。2019年3月31日银行挂牌的活期存款年利率为0.36%。

由【例3-10】的计算结果可知，吸收存款的初始确认金额为100 000元，实际季利率为1.124 7%。采用实际利率法计算利息费用和吸收存款摊余成本的数据如表3-4所示。

表3-4　　　　　　　　　采用实际利率法计算利息费用和吸收存款摊余成本（二）

时间	期初摊余成本	利息费用 （实际季利率1.124 7%）	现金流出	期末摊余成本
2018年6月30日	100 000	1 125	0	101 125
2018年9月30日	101 125	1 137	0	102 262
2018年12月31日	102 262	1 150	0	103 412
2019年3月31日	103 412	1 163	0	104 575
2019年3月31日	104 575	-3 368	80 292	20 915
2019年6月30日	20 915	235	0	21 150
2019年9月30日	21 150	238	0	21 388
2019年12月31日	21 388	241	0	21 629
2020年3月31日	21 629	243	21 872	0
合计	—	2 164	—	—

根据表3-4的数据，工商银行新街口支行的有关账务处理如下。

（1）～（5）的账务处理同【例3-10】确认利息费用时的账务处理。

（6）2019年3月31日办理合成洗涤剂厂定期存款部分提前支取业务时，应付提前支取部分的利息=80 000×365×0.36%÷360=292（元）。

借：吸收存款——定期存款——合成洗涤剂厂户（本金）　　　　　100 000

　　应付利息——合成洗涤剂厂户　　　　　　　　　　　　　　　　292

　　贷：吸收存款——活期存款——合成洗涤剂厂户（本金）　　　　100 292

借：吸收存款——活期存款——合成洗涤剂厂户（本金）　　　　　20 000

　　贷：吸收存款——定期存款——合成洗涤剂厂户（本金）　　　　20 000

由于原预期现金流量发生改变，银行应按初始实际利率重新计算新预期现金流量现值，重估吸收存款的账面价值，相关调整金额应计入当期损益。

2019年3月31日，银行重估前吸收存款的摊余成本=103 412+1 163=104 575（元）。

2019 年 3 月 31 日，银行重新计算新预期现金流量现值=80 292+$\dfrac{20\,000 \times (1+2 \times 4.68\%)}{(1+1.124\,7\%)^4}$=80 292+

$\dfrac{21\,872}{(1+1.124\,7\%)^4}$=101 207（元）

相关调整金额=101 207-104 575=-3 368（元）。

借：应付利息——合成洗涤剂厂户 （1 170×4×$\dfrac{80\,000}{100\,000}$-292）×3 452

贷：利息支出——定期存款利息支出 3 368

吸收存款——定期存款——合成洗涤剂厂户（利息调整） 84

2019 年 3 月 31 日，银行重估后吸收存款的摊余成本=101 207-80 292=20 915（元）。

（7）2019 年 6 月 30 日确认利息费用时，编制如下会计分录。

借：利息支出——定期存款利息支出 235

贷：应付利息——合成洗涤剂厂户 234

吸收存款——定期存款——合成洗涤剂厂户（利息调整） 1

（8）2019 年 9 月 30 日确认利息费用时，编制如下会计分录。

借：利息支出——定期存款利息支出 238

贷：应付利息——合成洗涤剂厂户 234

吸收存款——定期存款——合成洗涤剂厂户（利息调整） 4

（9）2019 年 12 月 31 日确认利息费用时，编制如下会计分录。

借：利息支出——定期存款利息支出 241

贷：应付利息——合成洗涤剂厂户 234

吸收存款——定期存款——合成洗涤剂厂户（利息调整） 7

（10）2020 年 3 月 31 日确认利息费用时，编制如下会计分录。

借：利息支出——定期存款利息支出 243

贷：应付利息——合成洗涤剂厂户 234

吸收存款——定期存款——合成洗涤剂厂户（利息调整） 9

（11）2020 年 3 月 31 日，办理合成洗涤剂厂到期支取剩余本息业务时，编制如下会计分录。

借：吸收存款——定期存款——合成洗涤剂厂户（本金） 20 000

应付利息——合成洗涤剂厂户 1 872

贷：吸收存款——活期存款——合成洗涤剂厂户（本金） 21 872

【例 3-12】沿用【例 3-10】的资料，假设合成洗涤剂厂于 2020 年 6 月 26 日要求逾期支取本息，2020 年 6 月 26 日银行挂牌的活期存款年利率为 0.35%，合成洗涤剂厂 2020 年 3 月 31 日存入该定期存款时没有和银行约定办理自动转存。

由【例 3-10】的计算结果可知，吸收存款的初始确认金额为 100 000 元，实际利率为 1.124 7%。采用实际利率法计算利息费用和吸收存款摊余成本的数据如表 3-5 所示。

表 3-5　　　　　　　采用实际利率法计算利息费用和吸收存款摊余成本（三）

时间	期初摊余成本	利息费用 （实际季利率 1.124 7%）	现金流出	期末摊余成本
2018 年 6 月 30 日	100 000	1 125	0	101 125
2018 年 9 月 30 日	101 125	1 137	0	102 262
2018 年 12 月 31 日	102 262	1 150	0	103 412
2019 年 3 月 31 日	103 412	1 163	0	104 575

续表

时间	期初摊余成本	利息费用 （实际季利率 1.124 7%）	现金流出	期末摊余成本
2019 年 6 月 30 日	104 575	1 176	0	105 751
2019 年 9 月 30 日	105 751	1 189	0	106 940
2019 年 12 月 31 日	106 940	1 203	0	108 143
2020 年 3 月 31 日	108 143	1 217	0	109 359
2020 年 6 月 26 日	109 359	84.58	109 443.58	0
合计	—	9 443.58	—	—

根据表 3-5 的数据，工商银行新街口支行的有关账务处理如下。

（1）～（9）的账务处理同【例 3-10】确认利息费用时的账务处理。

（10）2020 年 6 月 26 日，办理合成洗涤剂厂逾期支取本息业务时，应付利息=100 000×4.68%×2+100 000×87×0.35%÷360=9 360+84.58=9 444.58（元）。

借：吸收存款——定期存款——合成洗涤剂厂户（本金）　　　　　100 000
　　应付利息——合成洗涤剂厂户　　　　　　　　　　　　　　　　9 360
　　利息支出——定期存款利息支出　　　　　　　　　　　　　　　　84.58
　　贷：吸收存款——活期存款——合成洗涤剂厂户（本金）　　　109 444.58

三、单位其他存款的核算

（一）单位通知存款的核算

单位通知存款是存款人在存入款项时不约定存期，支取时需提前通知商业银行，约定支取日期和金额后方能到期支取的存款。单位通知存款为记名式存款，起存金额 50 万元，最低支取金额 10 万元，需一次存入，可一次或分次支取。存入时可以选择现金存入或转账存入。

单位通知存款

单位通知存款不管实际存期的长短，统一按存款人取款提前通知的期限长短划分为 1 天通知存款和 7 天通知存款两个品种。1 天通知存款必须至少提前 1 天通知约定支取存款，7 天通知存款必须至少提前 7 天通知约定支取存款。单位选择通知存款品种后不得变更。存款人进行通知时应向开户银行提交"××银行单位通知存款取款通知书"。提交方式为客户本人到商业银行或者传真通知，但支取时须向商业银行递交正式通知书。

1. 单位通知存款的开户与存入

开户时单位须提交开户申请书、营业执照正本副本影印件等，并预留印鉴。印鉴应包括单位财务专用章、单位法定代表人章（或主要负责人章）、财务人员章等。商业银行为客户开出记名式"××行单位通知存款开户证实书"，证实书仅对存款单位开户证实，不得作为质押权利凭证。证实书如果遗失，商业银行不予办理挂失，不再补发新的证实书。支取存款时，客户应向商业银行出具证实书遗失公函，商业银行按约定的支取方式办理取款手续。单位通知存款的存入可参照单位定期存款的存入进行核算。

现金存入时，商业银行编制如下会计分录。

借：库存现金
　　贷：吸收存款——通知存款——××单位户（本金）

转账存入时，商业银行编制如下会计分录。

借：吸收存款——活期存款——××单位户（本金）
　　贷：吸收存款——通知存款——××单位户（本金）

若存入时发生了交易费用，则商业银行编制如下会计分录。

借：库存现金或吸收存款——活期存款——××单位户（本金）

　　吸收存款——通知存款——××单位户（利息调整）　　　　　（或贷记）

　　贷：吸收存款——通知存款——××单位户（本金）

2. 资产负债表日计提利息的核算

资产负债表日，按计提日挂牌公告的相应档次通知存款利率计算利息费用和应付利息，并编制转账传票办理转账。若在存入时未发生交易费用，那么商业银行吸收存款的实际利率就是合同利率，按本金和合同利率计算确定的利息费用，编制如下会计分录。

借：利息支出——单位通知存款利息支出

　　贷：应付利息——××单位户

在实际利率与合同利率不一致的特殊情况下，则按摊余成本和实际利率计算确定的利息费用，借记"利息支出"，按本金和合同利率计算确定的应付客户的利息，贷记"应付利息"，其差额借记或者贷记"吸收存款——单位通知存款——××户（利息调整）"。计提利息的分录编制如下。

借：利息支出——单位通知存款利息支出　　　　　　　　（摊余成本×实际利率）

　　贷：应付利息——××单位户　　　　　　　　　　　　（合同本金×合同利率）

　　　　吸收存款——通知存款——××户（利息调整）　　（借贷方差额，或借记）

3. 单位通知存款的通知与支取

单位通知存款可一次或分次支取，每次最低支取额为 10 万元，支取存款时利随本清。支取时，只能以转账方式将存款本息转入存款单位的其他存款账户，不得用于结算或提取现金。具体支取方式包括以下两种。

（1）单笔全额支取，存款单位需出具单位通知存款证实书。

（2）部分支取，须到开户行办理。部分支取时账户留存金额不得低于 50 万元，低于 50 万元起存金额的，做一次性清户处理，并按清户日挂牌活期利率计息办理支取手续并销户。留存金额大于 50 万元的，商业银行按留存金额、原起存日期、原约定通知存款品种出具新的通知存款证实书。

4. 单位通知存款利息的计算

（1）到期支取时，按实存天数和支取日挂牌公告的同档次通知存款利率计算利息，利随本清。存期内如遇利率调整，不分段计息。

（2）在以下几种情况下，单位通知存款按活期存款利率计息。

① 未提前通知而支取的，支取部分按支取日挂牌公告的活期存款利率计息。

② 已办理通知手续而提前支取或逾期支取的，支取部分按支取日挂牌公告的活期存款利率计息。

③ 支取金额低于最低支取金额（10 万元）的，支取部分按支取日挂牌公告的活期存款利率计息。

④ 支取金额超过约定金额的，超过部分按支取日挂牌公告的活期存款利率计息。

⑤ 部分支取后留存金额低于起存金额的，应予以清户，按清户日挂牌公告的活期存款利率计息。

（3）支取金额低于约定金额的，支取部分按支取日挂牌公告的同档次通知存款利率计息，不足部分视同未通知。

（4）已办理通知手续而未支取或在通知期限内取消通知的，视同未通知处理。

5. 单位通知存款利息计算实例

【例 3-13】羽绒服集团于 2019 年 12 月 16 日在某商业银行转账存入一笔通知存款，金额为 50 万元，与银行约定为 7 天通知存款。2020 年 2 月 10 日羽绒服集团书面通知该商业银行它将于 2020 年 2 月 17 日支取通知存款 50 万元，2020 年 2 月 17 日羽绒服集团来行支取时，当日该商业银行挂牌公告的 7 天通知存款年利率为 1.35%，存期内无利率调整。

（1）2019 年 12 月 16 日存入时。

借：吸收存款——活期存款——羽绒服集团户（本金）　　　　　500 000
　　贷：吸收存款——通知存款——羽绒服集团户（本金）　　　　　500 000

（2）2019 年 12 月 31 日计提利息时，羽绒服集团 2019 年 12 月 16 日存入的通知存款应付利息 = 500 000×16×1.35%÷360 = 300（元）。

借：利息支出——单位通知存款利息支出　　　　　　　　　　　300
　　贷：应付利息——羽绒服集团户　　　　　　　　　　　　　　300

（3）2020 年 1 月 31 日计提利息时，羽绒服集团 2019 年 12 月 16 日存入的通知存款应付利息 = 500 000×1×1.35%÷12=562.5（元）。

借：利息支出——单位通知存款利息支出　　　　　　　　　　　562.5
　　贷：应付利息——羽绒服集团户　　　　　　　　　　　　　　562.5

（4）羽绒服集团于 2020 年 2 月 17 日到期支取通知存款时。

到期利息=500 000×63×1.35%÷360=1 181.25（元）。

已提利息=300 + 562.5 = 862.5（元）。

应补提利息=1181.25-862.5 = 318.75（元）。

借：利息支出——单位通知存款利息支出　　　　　　　　　　　318.75
　　贷：应付利息——羽绒服集团户　　　　　　　　　　　　　　318.75
借：吸收存款——通知存款——羽绒服集团户（本金）　　　　　500 000
　　应付利息——羽绒服集团户　　　　　　　　　　　　　　　1 181.25
　　贷：吸收存款——活期存款——羽绒服集团户（本金）　　　　501 181.25

（二）单位协定存款的核算

单位协定存款是指客户通过与商业银行签订"协定存款合同"，约定期限，商定结算账户需要保留的基本存款额度，由商业银行对基本存款额度内的存款按结息日或支取日活期存款利率计息，超过基本存款额度的部分按结息日或支取日银行公布的高于活期存款利率、低于六个月定期存款利率的协定存款利率给付利息的一种存款。

1. 单位协定存款账户的开立

单位与开户行签订"协定存款合同"，单位协定存款账户在其基本存款账户或一般存款账户的基础上办理，单位协定存款账户下设结算户（A 户）和协定户（B 户）两部分。其基本存款账户或一般存款账户作为协定存款账户的结算户（A 户）。同时，单位须与商业银行共同商定 A 户需保留的基本存款额度，并在合同中写明。

2. 单位协定存款账户的使用

A 户视同一般结算账户进行管理和使用，B 户作为 A 户的后备存款账户，不直接发生经济活动。存款单位的存款资金全部通过 A 户往来，超过基本存款额度部分的资金，商业银行将自动转入 B 户；当 A 户资金低于基本存款额度时，商业银行自动将 B 户资金补足 A 户额度；当 B 户资金不足以补足 A 户额度时，B 户余额可以为零，此时 A 户和 B 户在合同期仍可继续使用。

3. 单位协定存款利息的核算

（1）资产负债表日利息的计算与核算。资产负债表日，按合同利率计算确定利息费用金额，借记"利息支出"科目，贷记"应付利息"科目。

（2）结息日利息的计算与核算。单位协定存款账户按季结息，每季末月 20 日为结息日。其利息的计算采用积数计息法，将账户余额按基本存款额度分为两部分。账户余额小于或等于基本存款额度的部分（即 A 户余额），其利息的计算与单位活期存款相同；账户余额大于基本存款额度的部分

（即 B 户余额），按实存天数计算累计计息积数，再乘以结息日银行挂牌的协定存款利率，即为计算的协定存款利息。

第三节 储蓄存款业务的核算

储蓄存款，又称为对私存款或个人存款，是指商业银行吸收的城乡居民个人生活结余或待用的资金形成的存款。目前商业银行开办的储蓄存款品种有：活期储蓄存款、定期储蓄存款（整存整取、零存整取、整存零取、存本取息）、定活两便储蓄存款、教育储蓄存款、个人通知存款等。

一、储蓄存款的种类

（一）活期储蓄存款

活期储蓄存款是指 1 元起存，多存不限，由商业银行发存折（卡），储户凭存折（卡）存取，开户后可随时存取，灵活方便的储蓄。个人活期存款按季结息，按结息日挂牌活期利率计息，每季末月的 20 日为结息日。这是居民储蓄存款中最基本和最重要的形式之一，适用于居民小额的随存随取的生活零用结余存款。

（二）整存整取定期储蓄存款

整存整取定期储蓄存款是指 50 元起存，多存不限，一次存入，约定期限，由商业银行发存单给储户的储蓄。存期分 3 个月、6 个月、1 年、2 年、3 年和 5 年。本金一次存入，储户到期凭存单支取本息。存期越长，利率越高。该存款形式适用于居民手中长期不用的结余款项。

（三）零存整取定期储蓄存款

零存整取定期储蓄存款是指每月固定存入一定金额，一般 5 元起存的存款。存期分 1 年、3 年、5 年。存款金额由储户自定，每月存入一次，中途如有漏存，应在次月补齐。该存款形式适用于每月有固定收入的群众生活结余款项。

（四）整存零取定期储蓄存款

整存零取定期储蓄存款指本金一次存入，分次支取本金的一种储蓄。存款开户的手续与活期相同，存入时 1 000 元起存。支取期分 1 个月、3 个月及 6 个月 1 次，在开户时由储户与商业银行商定。利息于期满结清时支付。

（五）存本取息定期储蓄存款

存本取息定期储蓄存款是指本金一次存入，一般 5 000 元起存的一种储蓄。存期分 1 年、3 年、5 年，由商业银行发存单，储户到期一次支取本金，利息凭存单分期支取，可以 1 个月或几个月取息一次，具体次数由储户与商业银行协商确定。如到取息月未取息，则以后可随时取息。如储户急需用款，可按定期存款提前支取的手续办理。

（六）定活两便储蓄存款

定活两便储蓄存款一般 50 元起存，其存单分为记名、不记名两种。记名式可挂失，不记名式不可挂失。存期不限，存期不满 3 个月的，按天数计付活期利息；存期 3 个月以上（含 3 个月）不满半年的，整个存期按支取日定期整存整取定期储蓄存款 3 个月存款利率打六折计息；存期半年以上（含半年）不满一年的，整个存期按支取日整存整取定期储蓄存款半年期存款利率打六折计息；存期在一年以上（含一年），无论存期多长，整个存期一律按支取日定期整存整取一年期存款利率打六折计息。这种储蓄存款兼具流动性和收益性，比定期储蓄存款灵活，在达到一定存期时又能取得比活期储蓄存款高的利息。

（七）教育储蓄存款

教育储蓄存款是为接受非义务教育（指九年义务教育之外的全日制高中、大中专、大学本科、硕士和博士研究生）而积蓄的资金。教育储蓄存款具有储户特定、存期灵活、总额控制、利率优惠的特点。

（1）储户特定。教育储蓄存款的对象（储户）为在校小学四年级（含四年级）以上的学生。

（2）存期灵活。教育储蓄存款为零存整取定期储蓄存款。存期分为1年、3年和6年。

（3）总额控制。教育储蓄存款起存金额为50元，本金合计最高限额为2万元。

（4）利率优惠。一年期、三年期教育储蓄存款按开户日同期同档次整存整取定期储蓄存款利率计息；6年期按开户日5年期整存整取定期储蓄存款利率计息。

（八）个人通知存款

个人通知存款是存入款项时不约定存期，但约定支取存款的通知期限，支取时按约定期限提前通知商业银行，约定支取存款的日期和金额，凭存款凭证支取本金和利息的一种储蓄方式。个人通知存款存期分为1天和7天，起存金额为5万元人民币，最低支取金额为5万元。本金一次存入，可一次或分次支取，但余额不得低于5万元人民币。

二、活期储蓄存款的核算

活期储蓄存款1元起存，多存不限，由商业银行发给储户存折（卡），储户预留密码。储户凭存折（卡）和密码随时存取，灵活方便。

（一）开户

客户申请开立活期存款账户时，应将现金连同本人有效身份证件一并提交商业银行，商业银行在验明有效身份证件并清点现金后，编列账号，开设分户账并签发存折（卡），登记客户的相关信息，打印"活期储蓄存款凭条"交由客户确认并签字。商业银行在存款凭条上加盖"现金收讫"章后，以存款凭条作为现金收入传票。其会计分录如下。

借：库存现金
　　贷：吸收存款——活期储蓄存款——××人户（本金）

凭密码支取的，商业银行应在分户账和存折上注明"凭密码支取"的字样。分户账经复核后，由商业银行保管。存折加盖业务公章和名章后，连同身份证件一并交还客户。

（二）续存

储户持存折（卡）续存时，应将现金及存折（卡）一并提交商业银行。商业银行审查存折（卡）、清点现金后，输入相关信息后打印"活期储蓄存款凭条"，交由储户确认并签字。商业银行在对分户账和存折进行核对相符后，登记分户账和存折，结出分户账和存折的余额。若采用乙种分户账计息，还要根据分户账中上次的余额及实存天数，计算出日数和积数，分别填入分户账中的日数和积数栏。将登记后的存折（卡）交回储户。商业银行在存款凭条上加盖"现金收讫"章后，以存款凭条作为现金收入传票。其会计分录编制如下。

借：库存现金
　　贷：吸收存款——活期储蓄存款——××人户（本金）

（三）支取

储户持存折（卡）提交商业银行。商业银行审查存折（卡），输入相关信息后打印"活期储蓄取款凭条"，交由储户确认并签字。在对分户账和存折进行核对相符后，商业银行登记分户账和存折，结出分户账和存折的余额。若采用乙种分户账计息，还要根据分户账中上次的余额及实存天数，计算出日数和积数，分别填入分户账中的日数和积数栏。将登记后的存折（卡）交回储户，并在存款凭条上加盖"现金付讫"章后，以取款凭条作为现金付出传票。其会计分录编制如下。

  借：吸收存款——活期储蓄存款——××人户（本金）

   贷：库存现金

（四）销户

  若储户要求注销账户，则商业银行应将账户内的款项全部结清，并将结息日至销户日的前一日的利息计算好一并结清。储户在持存折（卡）支取存折（卡）内余款项时，应将存折（卡）提交商业银行。商业银行审查存折（卡），输入相关信息后打印"活期储蓄取款凭条"，交由储户确认并签字。商业银行根据计算的利息填制利息清单，一联连同本息一并交给储户，另一联留存。商业银行在取款凭条、存折和分户账上加盖"结清"章，并注销开户登记簿。商业银行制作利息清单，以取款凭条代现金付出传票入账，存折作为取款凭条的附件。会计分录编制如下。

  借：吸收存款——活期储蓄存款——××人户（本金）

   应付利息——××人户

   贷：库存现金

（五）利息计算与核算

1. 资产负债表日利息计算与核算

  资产负债表日，按合同利率计算确定的利息费用金额，借记"利息支出"科目，贷记"应付利息"科目。

2. 结息日利息计算与核算

  活期储蓄存款按季结息，每季末月 20 日为结息日，按结息日挂牌公告的活期存款利率计息，计息期间遇利率调整不分段计息。未到结息日清户时，按清户日挂牌公告的活期存款利率计息，利息算至清户日的前一日止。其会计分录编制如下。

  借：应付利息——××人户

   贷：吸收存款——活期储蓄存款——××人户（本金）

三、整存整取定期储蓄存款的核算

  整存整取定期储蓄存款 50 元起存，存期分 3 个月、6 个月、1 年、2 年、3 年、5 年六个档次。本金一次存入，到期支取本息。储户也可在存款时办理到期约定或自动转存，到期时储户未支取的，商业银行将按约定或自动转存。

（一）开户

  储户办理整存整取定期储蓄存款开户时，需持本人有效身份证件，填写"整存整取定期储蓄存款凭条"，连同现金、身份证件一并提交商业银行。商业银行审查凭条、验明身份证件并点收现金无误后，制作一式三联"整存整取定期储蓄存单"。第一联代现金收入传票办理收款；第二联加盖业务公章后作为存单交储户收执；第三联作为卡片账由银行留存，并据以登记开销户登记簿后，按顺序排列，专夹保管。其会计分录如下。

  借：库存现金或吸收存款——活期储蓄存款——××人户（本金）

   贷：吸收存款——整存整取定期储蓄存款——××人户（本金）

  若储户要求凭密码或印鉴支取，则商业银行应在第一联、第三联存单上预留密码或印鉴，各联存单上注明"凭密码（印鉴）支取"字样。

（二）资产负债表日计提利息

  资产负债表日，按摊余成本和实际利率计算确定的利息费用，借记"利息支出"账户，按合同本金及合同利率计算确定的应付未付利息，贷记"应付利息"账户，其差额，借记或贷记"吸收存款——整存整取定期储蓄存款——××人户（利息调整）"账户。实际利率与合同利率差异较小的，也可以采用合同利率计算确定利息费用。

资产负债表日计提利息费用时，应按整存整取定期储蓄存款利率档次分别逐笔计算利息费用和应付利息，并编制特种转账传票办理转账。计提利息的分录编制如下。

借：利息支出——整存整取定期储蓄存款利息支出 （摊余成本×实际利率）
　　贷：应付利息——××人户 （合同本金×合同利率）
　　　　吸收存款——整存整取定期储蓄存款——××人户（利息调整）（借贷方差额，或借记）

（三）支取

1. 到期支取

整存整取定期储蓄存款到期，储户持存单支取款项时，商业银行应抽出该户卡片账与存单核对账户、户名、金额、印鉴或由储户输入密码等无误后，按规定计算利息，制作利息清单，在存单和卡片账上填写利息金额，并加盖"结清"戳记，同时销记开销户登记簿。经复核无误后，商业银行将本息连同一联利息清单交储户，以存单代现金付出传票及另一联利息清单一起办理转账。其会计分录编制如下。

借：吸收存款——整存整取定期储蓄存款——××人户（本金）
　　应付利息——××人户
　　贷：库存现金或吸收存款——活期储蓄存款——××人户（本金）

2. 过期支取

过期支取时，商业银行应计算到期利息和过期利息，其处理手续与到期支取相同。

3. 提前支取

整存整取定期储蓄存款未到期，储户如急需资金，可凭本人有效身份证件办理全部或部分提前支取。若办理部分提前支取，则每张存单以一次为限。

（1）全部提前支取。整存整取定期储蓄存款全部提前支取时，储户在向商业银行提交未到期存单的同时，还应交验本人有效身份证件。商业银行查验无误后，将证件名称、号码、发证机关记录在存单背面，并在存单和卡片账上加盖"提前支取"戳记，按提前支取规定计付利息。其余处理手续与到期支取相同。若"吸收存款——整存整取定期储蓄存款——××人户（利息调整）"账户有余额，应予以转销。转销时，借记"利息支出"账户，贷记"吸收存款——整存整取定期储蓄存款——××人户（利息调整）"账户。

（2）部分提前支取。整存整取定期储蓄存款部分提前支取时，商业银行查验存单和身份证件无误后，若留存金额不低于起存金额，商业银行根据提前支取规定计算部分提前支取利息，并采取"满付实收，更换新存单"的做法，将原存单本金视同全部支取并收回原存单，对留存部分另开新存单，重新编列账号，并在新存单上注明原存入日期、原存期、原到期日和利率，以及"由××号存单部分转存"字样。在收回的原存单上注明"部分支取××元"字样，并在开销户登记簿上也做相应记载。其余手续可参照前述到期支取和开户办理。其会计分录编制如下。

借：吸收存款——整存整取定期储蓄存款——××人户（本金） （全部本金）
　　应付利息——××人户 （提前支取部分利息）
　　贷：库存现金 （全部本金＋提前支取部分利息）
借：库存现金 （未支取部分本金）
　　贷：吸收存款——整存整取定期储蓄存款——××人户（本金）（未支取部分本金）

"吸收存款——整存整取定期储蓄存款——××人户（利息调整）"账户余额转销的账务处理同全部提前支取的账务处理。将现金连同利息清单、新存单及身份证件一并交给储户。

整存整取定期储蓄存款部分提前支取时，若留存金额低于起存金额，其处理手续和账务处理与全部提前支取相同。

（四）利息计算

整存整取定期储蓄存款利息的计算采用逐笔计息法，即在支取时，按预先确定的计息公式，逐笔计算利息，利随本清。其计息公式与单位定期存款的计息公式相同。整存整取定期储蓄存款的计息规定如下。

（1）整存整取定期储蓄存款在原定存期内的利息，按存入日挂牌公告的整存整取定期存款利率计算，存期内遇利率调整，不分段计息。

（2）整存整取定期储蓄存款全部提前支取时，按支取日挂牌公告的活期存款利率计付利息。

（3）部分提前支取时，若留存金额不低于起存金额，提前支取部分按支取日挂牌公告的活期存款利率计付利息，留存部分到期时，按原存入日挂牌公告的整存整取定期存款利率计付利息；部分提前支取时，若留存金额低于起存金额，则对该项定期存款予以清户，按支取日挂牌公告的活期存款利率计付利息。

（4）逾期支取时，逾期部分按支取日挂牌公告的活期存款利率计付利息。

（5）到期日如为法定节假日，可于节假日前最后一个营业日办理取款，手续视同提前支取，利息按到期支取计算。节假日后支取的，按逾期支取计算利息。

【例 3-14】储户李伟 2019 年 3 月 3 日以现金存入一年期整存整取定期储蓄存款 10 000 元，于 2020 年 3 月 3 日到期支取，假设存入时一年期整存整取定期储蓄存款年利率为 1.50%。假定实际利率与合同利率相差不大，不考虑利息调整。

（1）2019 年 3 月 3 日存入时，编制如下会计分录。

借：库存现金 10 000
　　贷：吸收存款——整存整取定期储蓄存款——李伟户（本金） 10 000

（2）2019 年 3 月 31 日银行计提利息时，应付该储户的利息计算及分录如下。

应付利息=10 000×29×1.50%÷360=12.08（元）。

借：利息支出——整存整取定期储蓄存款利息支出 12.08
　　贷：应付利息——李伟户 12.08

（3）2019 年 4 月至 2020 年 2 月末，商业银行每月计提利息时，应付该储户的利息计算及分录如下。

应付利息 = 10 000×1×1.50%÷12=12.50（元）。

借：利息支出——整存整取定期储蓄存款利息支出 12.50
　　贷：应付利息——李伟户 12.50

（4）2020 年 3 月 3 日到期支取时，编制如下会计分录。

应付利息 = 10 000×1×1.50%=150（元）。

已计提的利息 = 12.08 + 11×12.5=149.58（元）。

本月利息支出 = 150 - 149.58=0.42（元）。

借：利息支出——整存整取定期储蓄存款利息支出 0.42
　　贷：应付利息——李伟户 0.42
借：吸收存款——整存整取定期储蓄存款——李伟户（本金） 10 000
　　应付利息——李伟户 150
　　贷：库存现金 10 150

【例 3-15】接【例 3-14】，假设该储户于 2020 年 3 月 13 日来行支取存款，当日活期存款年利率为 0.35%。其他资料同上。

应付该储户的利息=10 000×1×1.50%+10 000×10×0.35%÷360=150+0.97=150.97（元）。

已计提的利息=12.08+11×12.5=149.58（元）。

补提利息=150.97-149.58=1.39（元）。

借：利息支出——整存整取定期储蓄存款利息支出 1.39

  贷：应付利息——李伟户 1.39

借：吸收存款——整存整取定期储蓄存款——李伟户（本金） 10 000

  应付利息——李伟户 150.97

  贷：库存现金 10 150.97

【例3-16】接【例3-14】，该储户由于急需资金，于2019年6月15日要求提前支取5 000元，当日活期存款年利率为0.35%，剩余5 000元于2020年3月3日到期支取。

（1）2019年6月15日部分提前支取时，已存天数=31-2+30+31+14=104天，应支付利息=5 000×104×0.35%÷360=5.06（元）。

借：吸收存款——整存整取定期储蓄存款——李伟户（本金） 10 000

  应付利息——李伟户 5.06

  贷：库存现金 10 005.06

借：库存现金 5 000

  贷：吸收存款——整存整取定期储蓄存款——李伟户（本金） 5 000

（2）2020年3月3日，剩余5 000元到期支取时，应付利息的计算及分录如下。

应付利息=5 000×1×1.50%=75（元）。

借：吸收存款——整存整取定期储蓄存款——李伟户（本金） 5 000

  应付利息——李伟户 75

  贷：库存现金 5 075

当期利息调整参照单位定期存款的处理方法。

【例3-17】接【例3-14】，该储户由于急需资金，于2019年6月15日要求全部提前支取，当日活期存款年利率为0.35%。

6月15日提前支取时，应付利息=10 000×104×0.35%÷360=10.11（元）。

借：吸收存款——整存整取定期储蓄存款——李伟户（本金） 10 000

  应付利息——李伟户 10.11

  贷：库存现金 10 010.11

当期利息调整参照单位定期存款的处理方法。

四、零存整取定期储蓄存款的核算

零存整取定期储蓄存款每月固定存额，5元起存，存期分1年、3年、5年三个档次。本金每月存入一次，中途如漏存一次，应在次月补存，未补存者或漏存次数在一次以上者，视同违约，对违约后存入的部分，支取时按活期存款利率计息。

（一）开户

储户办理零存整取定期储蓄存款开户时，需持本人有效身份证件，填写"零存整取定期储蓄存款凭条"，连同现金、身份证件一并提交商业银行。商业银行审查凭条、验明身份证件并点收现金无误后，登记开销户登记簿，编列账号，开立分户账和签发存折。凭印鉴或密码支取的，商业银行应在分户账上预留印鉴或密码，并在分户账和存折上注明"凭印鉴（密码）支取"字样。经复核无误后，存款凭条加盖"现金收讫"章和名章后代现金收入传票留存，分户账按所编列账号顺序排列保管。加盖业务公章和名章后的存折与身份证件一并交储户。

零存整取及整存零取的核算

其会计分录编制如下。

借：库存现金

　　贷：吸收存款——零存整取定期储蓄存款——××人户（本金）

（二）资产负债表日计提利息

资产负债表日，按摊余成本和实际利率计算确定的利息费用，借记"利息支出"科目，按合同本金和合同利率计算确定的应付未付利息，贷记"应付利息"科目，其差额，借记或贷记"吸收存款——零存整取定期储蓄存款——××人户（利息调整）"科目。实际利率与合同利率差异较小的，也可以采用合同利率计算确定利息费用。

资产负债表日计提利息费用时，应按零存整取定期储蓄存款利率档次分别逐笔计算利息费用和应付利息，并编制转账传票办理转账。计提利息的分录编制如下。

借：利息支出——零存整取定期储蓄存款利息支出　　　　　　　　　（摊余成本×实际利率）

　　贷：应付利息——××人户　（合同本金×合同利率）

　　　　吸收存款——零存整取定期储蓄存款——××人户（利息调整）　（借贷方差额，或借记）

（三）续存

储户持存折来商业银行续存时，应填写"零存整取定期储蓄存款凭条"，连同现金、存折一并提交商业银行。商业银行审查存折、凭条和点收现金无误，并核对账折相符后，登记分户账和存折。经复核无误后，存折退交储户，存款凭条加盖"现金收讫"章和名章后代现金收入传票留存。会计分录与开户的相同。

续存时中途如有漏存，以后仍可续存，但应在次月补存。未补存者，到期支取时按实存金额和实际存期计算利息。

（四）支取

1. 到期支取

零存整取定期储蓄存款到期，储户持存折支取款项时，商业银行应抽出该户卡片账与存折进行核对相符后，按规定计算利息，制作利息清单，分别在存折、分户账上填写本金、利息和本息合计数并加盖"结清"戳记，同时销记开销户登记簿。经复核无误后，按本息合计金额配款，连同一联利息清单一并交储户，以存折代现金付出传票，与另一联利息清单一并办理转账。其会计分录编制如下。

借：吸收存款——零存整取定期储蓄存款——××人户（本金）

　　应付利息——××人户

　　贷：库存现金

2. 过期支取

零存整取定期储蓄存款过期支取时，其处理手续与到期支取相同。只是在计算利息时，除了计算到期利息外，还应按规定计算过期利息。

3. 提前支取

零存整取定期储蓄存款未到期，储户如急需资金，可办理全部提前支取。零存整取定期储蓄存款不能办理部分提前支取。

储户办理零存整取定期储蓄存款全部提前支取时，应向商业银行交验本人有效身份证件。商业银行审查存折、身份证件无误后，办理提前支取手续，在存折和分户账上加盖"提前支取"戳记，按支取规定计付利息，其余处理手续与到期支取相同。若"吸收存款——零存整取定期储蓄存款——××人户（利息调整）"账户有余额，应予以转销。转销时，借记"利息支出"账户，贷记"吸收存款——零存整取定期储蓄存款——××人户（利息调整）"账户。

（五）利息计算

1. 到期支取的利息计算

零存整取定期储蓄存款到期支取时，按开户日挂牌公告的利率计付利息，存期内遇利率调整，不分段计息。其利息的计算可采用月积数计息法和固定基数计息法两种方法。

（1）月积数计息法。月积数计息法是将零存整取储蓄存款分户账中的每月存款余额乘以实存月数，计算出月积数；到期支取时，将月积数累加起来求出累计计息月积数，再乘以适用的月利率，即为所计算的到期利息。到期利息计算公式如下。

利息=累计计息月积数×月利率

（2）固定基数计息法。固定基数计息法根据固定利息基数的不同，又可分为两种计算方法。

一种是到期支取时，以每月每元存入金额的到期利息为固定利息基数。

假设1年期零存整取定期储蓄存款的年利率为1.25%，则每月存入1元，到期支取时的固定利息基数的计算如下。

固定利息基数=（1+2+3+…+12）×1.25%÷12=78×1.25%÷12=0.08 125（元）

另一种是到期支取时，以每元支取本金的到期利息为固定利息基数。

如前所述，每月存入1元，到期利息为0.08 125元，到期支取的本金金额为12元，则每元支取本金的到期利息的计算如下。

固定利息基数=0.08 125÷12=0.006 770 83（元）

需要注意的是，固定基数计息法是以每月固定存入一次、中途没有漏存为前提计算固定利息基数的。在中途有漏存，于次月补存的情况下，应采用月积数计息法计算到期利息。

【例3-18】储户李林于2019年3月8日在某商业银行开立1年期零存整取定期储蓄存款，约定每月固定存入1 000元，开户日银行挂牌公告的1年期零存整取定期储蓄存款年利率为1.25%，于2020年3月8日支取该存款。该储户零存整取定期储蓄存款分户账如表3-6所示。

表3-6　　　　　　　　　　　　零存整取定期储蓄存款分户账

户名：李林　　　　　　　　　　　　　　　　　　　　　　　　　　　　到期日：2020年03月08日
账号：2011030004　　　　　　　　　　　　　　　　　　　　　　　　　利率：1.25%

日期			次数	存入	余额	月数	积数
年	月	日					
2019	3	8	1	1 000	1 000	1	1 000
2019	4	9	2	1 000	2 000	1	2 000
2019	5	11	3	1 000	3 000	1	3 000
2019	6	13	4	1 000	4 000	1	4 000
2019	7	12	5	1 000	5 000	1	5 000
2019	8	9	6	1 000	6 000	1	6 000
2019	9	8	7	1 000	7 000	1	7 000
2019	10	11	8	1 000	8 000	1	8 000
2019	11	12	9	1 000	9 000	1	9 000
2019	12	3	10	1 000	10 000	1	10 000
2020	1	5	11	1 000	11 000	1	11 000
2020	2	6	12	1 000	12 000	1	12 000

（1）用月积数计息法计算利息。

累计计息月积数=1 000+2 000+3 000+…+12 000=78 000（元）

到期利息=78 000×1.25%÷12=81.25（元）

（2）用固定基数计息法计算利息。

储户李林每月固定存入1 000元，则到期支取时的利息计算如下。

到期利息=1 000×0.081 25=81.25（元）

储户李林每月固定存入 1 000 元，到期支取本金为 12 000 元，则到期支取时的利息计算如下。

到期利息=12 000×0.006 770 83=81.25（元）。

借：吸收存款——零存整取定期储蓄存款——李林户（本金）　　　12 000

　　应付利息——李林户　　　　　　　　　　　　　　　　　　　　81.25

　　贷：库存现金　　　　　　　　　　　　　　　　　　　　　　12 081.25

2. 提前支取的利息计算

零存整取定期储蓄存款未到期，储户全部提前支取时，应当按照实际存期计算月积数，并按支取日挂牌公告的活期存款利率计算利息。

【例3-19】接【例3-18】，假定该储户于 2019 年 8 月 30 日要求提前支取，支取日银行挂牌公告的活期存款年利率为 0.35%。

支取日应付利息 =（1 000 + 2 000 + 3 000 + 4 000 + 5 000）×0.35%÷12 = 4.38（元）

借：吸收存款——零存整取定期储蓄存款——李林户（本金）　　　6 000

　　应付利息——李林户　　　　　　　　　　　　　　　　　　　　4.38

　　贷：库存现金　　　　　　　　　　　　　　　　　　　　　　6 004.38

3. 过期支取的利息计算

零存整取定期储蓄存款过期支取时，应当分别计算到期利息和过期利息。到期利息按前述规定和方法计算，过期利息按最后余额与过期月数及支取日挂牌公告的活期存款利率计算。

采用月积数计息法计算零存整取定期储蓄存款利息时，提前支取和过期支取的存期，凡存满整月的，按对月计算，不足整月的零头天数不计利息。

【例3-20】接【例3-18】，假定该储户 2020 年 3 月 31 日来行支取款项，支取日银行挂牌公告的活期存款年利率为 0.35%。

由于逾期时间未满一个月，支取日应付的利息额为 81.25 元

账务处理参考到期支取时的账务处理。

若该客户在 2020 年 4 月 12 日来行支取，则支取时的利息计算如下。

应付利息=81.25+12 000×1×0.35%÷12=81.25+3.50=84.75（元）

账务处理参考到期支取时的账务处理。

五、整存零取定期储蓄存款的核算

整存零取定期储蓄存款 1 000 元起存，存期分 1 年、3 年、5 年三个档次，本金一次存入，由储蓄机构发给存单，储户凭存单分期支取本金，支取期分 1 个月、3 个月、6 个月 1 次，由储户与储蓄机构协商确定，利息于存款到期结清时一并计付。

（一）开户

储户办理整存零取定期储蓄存款开户时，需持本人有效身份证件，填写"整存零取定期储蓄存款凭条"，连同现金、身份证件一并提交商业银行。商业银行经审查并点收现金无误后，制作一式三联"整存零取定期储蓄存单"。第一联代现金收入传票办理收款；第二联加盖业务公章后作为存单交储户手执；第三联作为卡片账，由商业银行注明每次支取时间和金额后留存，并据以登记开销户登记簿后，按照顺序排列，专夹保管。其会计分录如下。

借：库存现金

　　贷：吸收存款——整存零取定期储蓄存款——××人户（本金）

若储户要求凭印鉴或密码支取，商业银行则应在第一联、第三联存单上预留印鉴或密码，在各

联存单上注明"凭印鉴（密码）支取"字样。

（二）资产负债表日计提利息

资产负债表日，按摊余成本和实际利率计算确定的利息费用，借记"利息支出"账户，按合同本金及合同利率计算确定的应付未付利息，贷记"应付利息"账户，其差额，借记或贷记"吸收存款——整存零取定期储蓄存款——××人户（利息调整）"账户。实际利率与合同利率差异较小的，也可以采用合同利率计算确定利息费用。

资产负债表日计提利息费用时，应按整存零取定期储蓄存款利率档次分别逐笔计算利息费用和应付利息，并编制转账传票办理转账。其会计分录编制如下。

借：利息支出——整存零取定期储蓄存款利息支出　　　　　　　（摊余成本×实际利率）

　　贷：应付利息——××人户　　　　　　　　　　　　　　　　（合同本金×合同利率）

　　　　吸收存款——整存零取定期储蓄存款——××人户（利息调整）（借贷方差额，或借记）

（三）分次支取

储户按约定时间分次来行支取本金时，应填写"整存零取定期储蓄取款凭条"，连同存单一并提交商业银行。商业银行审查无误并与账单核对相符后，登记存单和卡片账，将支取的本金和存单交储户，以取款凭条代现金付出传票入账。其会计分录编制如下。

借：吸收存款——整存零取定期储蓄存款——××人户（本金）

　　贷：库存现金

整存零取定期储蓄存款可以办理全部提前支取和部分提前支取。全部提前支取时，商业银行应按提前支取的规定计付利息；部分提前支取时，储户可提前取本 1～2 次，但应在以后取本期内停取1～2 次，其余取本日期按原定日期不变。

（四）结清

整存零取定期储蓄存款到期，储户最后一次来行取款时，商业银行除按分次支取的手续办理外，还按规定计算利息，制作利息清单，并在存单和卡片账上加盖"结清"戳记，同时销记开销户登记簿。经复核无误后，商业银行按最后一次取本金额和应付的利息付款，将一联利息清单交储户，以取款凭条代现金付出传票，将存单作为取款凭条附件，与另一联利息清单一起办理转账。其会计分录编制如下。

借：吸收存款——整存零取定期储蓄存款——××人户（本金）　　　（最后取本金额）

　　应付利息——××人户

　　贷：库存现金

整存零取定期储蓄存款过期支取时，其处理手续与到期支取的相同。只是在计算利息时，除计算到期利息外，还应按规定计算过期利息。

（五）利息计算

整存零取定期储蓄存款的利息，可参照零存整取定期储蓄存款采用的月积数计息法进行计算。到期支取时，用到期时累计计息月积数，乘以开户日挂牌公告的相应月利率计算到期利息；全部提前支取时，按实存金额、实际存期及全部提前支取日挂牌公告的活期存款利率计算利息；过期支取时，除了按规定计算到期利息外，过期部分按最后余额与过期期限及支取日挂牌公告的活期存款利率计算利息。

【例 3-21】储户张宁于 2019 年 3 月 8 日在某商业银行开立 1 年期整存零取定期储蓄存款，一次存入 6 000 元，与开户行约定每 3 个月支取一次本金。开户日银行挂牌公告的 1 年期整存零取定期储蓄存款年利率为 1.25%，该存款于 2020 年 3 月 8 日到期。该储户整存零取定期储蓄存款分户账如表 3-7 所示。

表 3-7   整存零取定期储蓄存款分户账

户名：张宁   到期日：2020 年 03 月 08 日

账号：2011030014   利率：1.25%

日期			存入	支取	余额	月数	积数
年	月	日					
2019	3	8	6 000		6 000	3	18 000
2019	6	9		1 500	4 500	3	13 500
2019	9	11		1 500	3 000	3	9 000
2019	12	13		1 500	1 500	3	4 500
2020	3	8		1 500	0		

（1）每一次支取本金的会计分录如下。

借：吸收存款——整存零取定期储蓄存款——张宁户（本金）   1 500

    贷：库存现金   1 500

（2）最后一次支取本息的会计处理如下。

累计计息月积数 = 18 000 + 13 500 + 9 000 + 4 500 = 45 000（元）。

到期利息 = 45 000×1.25%÷12 = 46.88（元）。

借：吸收存款——整存零取定期储蓄存款——张宁户（本金）   1 500

    应付利息——李林户   46.88

    贷：库存现金   1 546.88

六、存本取息定期储蓄存款的核算

存本取息定期储蓄存款 5 000 元起存，存期分 1 年、3 年、5 年三个档次，本金一次存入，由储蓄机构发给存款凭证，储户到期一次支取本金，凭存单分期支取利息，可以一个月或几个月取息一次，由储户与储蓄机构协商确定。

（一）开户

储户办理存本取息定期储蓄存款开户时，需持本人有效身份证件，填写"定期存本取息储蓄存款凭条"，注明每次取息日期。商业银行审验证件及凭条并点收现金无误后，制作一式三联"定期存本取息储蓄存单"，计算每次取息金额，填入凭证有关栏，其余处理手续与其他定期储蓄存款的相同。其会计分录编制如下。

存本取息的核算

借：库存现金

    贷：吸收存款——存本取息定期储蓄存款——××人户（本金）

（二）资产负债表日计提利息

资产负债表日，按摊余成本和实际利率计算确定的利息费用，借记"利息支出"科目，按合同本金和合同利率计算确定的应付未付利息，贷记"应付利息"科目，其差额，借记或贷记"吸收存款——存本取息定期储蓄存款——××人户（利息调整）"科目。实际利率与合同利率差异较小的，也可以采用合同利率计算确定利息费用。

资产负债表日，计提利息费用时，应按存本取息定期储蓄存款利率档次分别逐笔计算利息费用和应付利息，并编制转账传票办理转账。其会计分录编制如下。

借：利息支出——存本取息定期储蓄存款利息支出   （摊余成本×实际利率）

    贷：应付利息——××人户   （合同本金×合同利率）

        吸收存款——存本取息定期储蓄存款——××人户（利息调整）   （借贷方差额，或借记）

（三）分次支取利息

储户按约定时间分次来行支取利息时，应填写"定期存本取息储蓄取息凭条"，商业银行审查无误并核对账单相符后，登记存单和卡片账，以取息凭条作为现金付出传票入账。其会计分录编制如下。

借：应付利息——××人户

　　贷：库存现金

取息日未到，储户不得提前支取利息；取息日未取息，储户以后可以随时取息，但不计复息。

（四）支取本金

1. 到期支取本金

存本取息定期储蓄存款到期，储户来行支取本金的同时支取最后一次利息。支取最后一次利息的处理手续与前述（支取利息的核算）相同。支取本金的手续可参照整存零取定期储蓄存款到期支取办理。其会计分录编制如下。

借：吸收存款——存本取息定期储蓄存款——××人户（本金）　　　　　　（全部本金）

　　应付利息——××人户　　　　　　　　　　　　　　　　　　　　　　（最后一次利息）

　　贷：库存现金

2. 过期支取本金

存本取息定期储蓄存款过期支取时，其处理手续与到期支取相同，只是商业银行还应按规定计付过期的利息。

3. 提前支取本金

存本取息定期储蓄存款未到期，储户如需提前支取本金，可凭本人有效身份证件办理全部提前支取。存本取息定期储蓄存款不能办理部分提前支取。办理全部提前支取的手续与其他定期储蓄存款全部提前支取基本相同，只是商业银行除了按规定计算提前支取的利息外，对于已支付的利息，还应编制红字现金付出传票予以冲回。其会计分录编制如下。

借：应付利息——××人户　　　　　　　　　　　　　　　　　　　　　　　　（红字）

　　贷：库存现金　　　　　　　　　　　　　　　　　　　　　　　　　　　　（红字）

按提前支取的规定计算应付利息，并办理本息的支取手续。其会计分录编制如下。

借：吸收存款——存本取息定期储蓄存款——××人户（本金）

　　应付利息——××人户

　　贷：库存现金

若"吸收存款——存本取息定期储蓄存款——××户（利息调整）"账户有余额，应予以转销，即借记"利息支出"账户，贷记"吸收存款——存本取息定期储蓄存款——××户（利息调整）"账户。

（五）利息计算

存本取息定期储蓄存款每次取息的金额，应用在开户时按挂牌公告的利率计算出的到期应付利息总额，除以约定的取息次数计算得出。其公式如下。

每次取息额 ＝（本金×存期×利率）÷取息次数

储户提前支取全部本金时，商业银行应按支取日挂牌公告的活期储蓄存款利率计算利息，并在办理付款时，将已付给储户的利息扣回。储户过期支取本金时，其超过原定存期的部分，按支取日挂牌公告的活期储蓄存款利率计算利息。

【例3-22】储户张平于2019年3月8日在某商业银行开立1年期存本取息定期储蓄存款，一次存入100万元，与开户行约定每3个月支取一次利息。开户日银行挂牌公告的1年期存本取息定期储蓄存款年利率为2.35%，该存款于2020年3月8日到期。

（1）存入日会计分录如下。

借：库存现金　　　　　　　　　　　　　　　　　　　　　　　　　1 000 000

　　　贷：吸收存款——存本取息定期储蓄存款——张平户（本金）　 1 000 000

（2）每期支取利息额=1 000 000×1×2.35%÷4=5 875（元）。

每次支取利息的会计分录如下。

借：应付利息——张平户　　　　　　　　　　　　　　　　　　　　　5 875

　　　贷：库存现金　　　　　　　　　　　　　　　　　　　　　　　　5 875

（3）2020 年 3 月 8 日到期支取时的会计分录如下。

借：吸收存款——存本取息定期储蓄存款——张平户（本金）　　　 1 000 000

　　　应付利息——张平户　　　　　　　　　　　　　　　　　　　　　5 875

　　　贷：库存现金　　　　　　　　　　　　　　　　　　　　　　　 1 005 875

假定该储户于 2019 年 8 月 3 日要求支取该存款，支取日挂牌公告的活期储蓄存款年利率为 0.35%。则应付该储户的利息=1 000 000×148×0.35%÷360=1 438.89（元）。会计分录如下。

借：应付利息——张平户　　　　　　　　　　　　　　　　　　　　　5 875

　　　贷：库存现金　　　　　　　　　　　　　　　　　　　　　　　　5 875

借：吸收存款——存本取息定期储蓄存款——张平户（本金）　　　 1 000 000

　　　应付利息——张平户　　　　　　　　　　　　　　　　　　　 1 438.89

　　　贷：库存现金　　　　　　　　　　　　　　　　　　　　　　 1 001 438.89

七、定活两便储蓄存款的核算

定活两便储蓄存款 50 元起存，不约定存期，本金一次存入，由储蓄机构发给存单，储户凭存单可随时一次支取本息。定活两便储蓄存单分为记名和不记名两种，记名式可挂失，不记名式不办理挂失。

定活两便储蓄存款需设置"吸收存款——定活两便储蓄存款"科目进行核算，该科目下按存款人分设明细科目进行明细核算。记名式定活两便储蓄存款开户、存入和支取的手续及账务处理可参照整存整取定期储蓄存款办理。不记名式存单一般固定面额，分 50 元和 100 元两种，可以在约定范围内通存通兑。

定活两便储蓄存款的利息，应在支取时根据其实际存期确定利率进行计算。具体为：自《储蓄管理条例》执行之日起（自 1993 年 3 月 1 日起）存入的定活两便储蓄存款，存期不满 3 个月的，按实存天数计付活期利息；存期 3 个月以上（含 3 个月）不满半年的，整个存期按支取日整存整取定期储蓄存款 3 个月期利率打六折计息；存期半年以上（含半年）不满一年的，整个存期按支取日整存整取定期储蓄存款半年期利率打六折计息；存期在 1 年以上（含 1 年），无论存期多长，整个存期一律按支取日整存整取定期储蓄存款一年期利率打六折计息。

【例 3-23】储户章丽于 2019 年 7 月 28 日存入定活两便储蓄存款 10 000 元，于 2020 年 4 月 10 日全额支取。支取日商业银行挂牌公告的整存整取定期储蓄存款半年期的年利率为 1.30%。

由于该笔定活两便储蓄存款的实际存期在半年以上不满一年，整个存期应按照支取日整存整取定期储蓄存款半年期利率打六折计息。其利息计算如下。

应付利息=10 000×8×1.30%×60%÷12+10 000×13×1.30%×60%÷360 = 52 + 2.82=54.82（元）

其会计分录如下。

（1）存入时：

借：库存现金　　　　　　　　　　　　　　　　　　　　　　10 000

　　贷：吸收存款——定活两便储蓄存款——章丽户（本金）　　　　10 000

（2）支取时：

借：吸收存款——定活两便储蓄存款——章丽户（本金）　　　10 000

　　应付利息——章丽户　　　　　　　　　　　　　　　　　　54.82

　　贷：库存现金或吸收存款——活期储蓄存款——章丽户（本金）　10 054.82

八、教育储蓄存款的核算

教育储蓄存款为零存整取定期储蓄存款，每月固定存额，50 元起存。每户本金合计最高限额为 2 万元，存期分 1 年、3 年、6 年三个档次。开户时储户须与商业银行约定每月固定存入的金额，分月存入，中途如有漏存，应在次月补存，未补存者按零存整取定期储蓄存款的有关规定办理。

（一）开户与续存

教育储蓄存款的开户对象为在校小学四年级（含四年级）以上学生。开户时，储户须凭本人（学生）户口簿或居民身份证，到储蓄机构以储户本人（学生）的姓名开立教育储蓄存款账户。商业银行对储户提供的上述证明认真审验无误后，登记证件名称和号码。开户的其他手续及续存手续与零存整取定期储蓄存款相同。

（二）支取与计息

1. 到期支取

教育储蓄存款到期支取时，储户凭存折和学校提供的正在接受非义务教育的学生身份证明，一次支取本息，并享受教育储蓄存款优惠利率和免征储蓄存款利息所得税。其中，教育储蓄存款优惠利率为：1 年期、3 年期教育储蓄存款按开户日同期同档次整存整取定期储蓄存款利率计付利息；6 年期教育储蓄存款按开户日 5 年期整存整取定期储蓄存款利率计付利息。

教育储蓄存款到期支取时，储户若不能提供证明，则不能享受优惠利率，即 1 年期、3 年期按开户日同期同档次零存整取定期储蓄存款利率计付利息；6 年期按开户日 5 年期零存整取定期储蓄存款利率计付利息。

教育储蓄存款在存期内如遇利率调整，仍按开户日利率计息。

储蓄机构在支付教育储蓄存款本息后，应在证明原件上加盖"已享受教育储蓄优惠"字样的印章，每份证明只享受一次利率优惠。教育储蓄存款到期支取的手续及账务处理，可参照零存整取定期储蓄存款办理。

2. 过期支取

教育储蓄存款过期支取时，其原定存期内的部分，按前述教育储蓄存款到期支取的有关规定计付利息；超过原定存期的部分，不论是否提供证明，均按支取日挂牌公告的活期存款利率计付利息，其办理手续及账务处理与到期支取基本相同。

3. 提前支取

教育储蓄存款未到期，储户要求提前支取时，只能办理全部提前支取，而不能办理部分提前支取。全部提前支取时，储户能提供证明的，按实际存期和开户日同期同档次整存整取定期储蓄存款利率计付利息。

教育储蓄存款全部提前支取时，储户未能提供证明的，按实际存期和支取日活期存款利率计付利息。教育储蓄存款全部提前支取的手续及账务处理，可参照零存整取定期储蓄存款办理。

九、个人通知存款的核算

个人通知存款 5 万元起存，本金一次存入。储户可一次或分次支取，分次支取时，每次支取的金额应不低于个人通知存款的最低起存金额（人民币 5 万元）。个人通知存款按提前通知的期限，分为 1 天通知存款和 7 天通知存款两种。

个人通知存款在预约提款日如未及时支取，自预约提款日开始，支取部分不再计算通知存款利息；办理提款通知后，不支取或在预约提款日之前取消通知，则在通知期限（1 天或 7 天）内，不计算存款利息。储户如急需资金，可提前支取通知存款，提前支取部分按支取日挂牌公告的活期存款利率计付利息。

个人通知存款开户、支取的手续及账务处理可比照单位通知存款办理，这里不再详述。

复习与思考

一、思考题

1. 商业银行吸收的存款可以分为哪些种类？
2. 简述单位银行结算账户的种类及分别办理的业务范围。
3. 简述单位活期存款利息计算的规定与方法。
4. 单位定期存款提前支取应如何进行账务处理？
5. 简述单位定期存款利息计算的方法及有关规定。
6. 简述单位通知存款、单位协定存款的有关规定及其利息计算。
7. 储蓄存款的种类有哪些？
8. 简述活期储蓄存款利息的计算与核算。
9. 存本取息定期储蓄存款提前支取本金应如何进行账务处理？
10. 简述教育储蓄存款、个人通知存款的有关规定及其利息计算。

二、练习题

1. 某支行开户单位美颜化妆品有限公司 2020 年 2 月 29 日存款账户余额为 70 000 元，2019 年 12 月 21 日至 2020 年 2 月 29 日的累计积数为 2 566 000 元，2020 年 3 月该公司存款户发生的业务如下（本计息期内活期存款年利率为 0.35%，没有发生利率调整变化）。

（1）3 月 8 日，存入现金 15 000 元。

（2）3 月 12 日，转账存入 6 000 元。

（3）3 月 15 日，开具现金支票支取现金 10 000 元。

（4）3 月 17 日，签发转账支票支付存款 11 000 元。

（5）3 月 19 日，存入现金 7 000 元。

要求：根据上述资料，编制会计分录，同时为该公司开立单位活期存款分户账（乙种分户账），计算该公司 2020 年第一季度的利息，并做利息入账的会计分录。

2. 2020 年 3 月，某支行发生下列单位定期存款业务。

（1）2020 年 3 月 3 日，苏林集团签发转账支票存入二年期定期存款 200 000 元。

（2）2020 年 3 月 12 日，金荧宾馆一年期定期存款到期支取，本金金额 50 000 元，存入时一年期存款年利率为 1.5%。

（3）2020 年 3 月 16 日，飞鹰商场要求部分提前支取二年期定期存款 80 000 元，该存款于前一年的 6 月 25 日存入，存入金额为 200 000 元，存入时二年期定期存款年利率为 2.25%，支取时挂牌的活期存款年利率为 0.35%。

（4）2020 年 3 月 18 日，江苏飞天科技有限责任公司来行要求支取于前一年 2 月 15 日存入的一年期定期存款，金额为 100 000 元，存入时一年期定期存款年利率为 1.5%，支取日银行挂牌的活期存款年利率为 0.35%。

要求：根据上述资料，编制有关会计分录。

3. 某企业于 2020 年 1 月 3 日在某商业银行转账存入一笔通知存款，金额为 70 万元，与商业银行约定为 7 天通知存款。2020 年 4 月 12 日该企业书面通知银行其将于 2020 年 4 月 19 日支取通知存款 30 万元，2020 年 4 月 19 日该企业来行支取时，当日商业银行挂牌公告的 7 天通知存款年利率为 1.35%，存期内无利率调整。请编制相关会计分录。

4. 某支行的开户人陈伟 2019 年 11 月 30 日的活期储蓄存款账户的余额为 5 852.37 元。该支行 2019 年 12 月活期储蓄存款账户计息余额表上列示，储户陈伟至上月月底未计息积数 326 000 元。2019 年 12 月储户陈伟的活期储蓄存款账户发生了如下业务。

（1）12 月 3 日，存入现金 1 500 元。

（2）12 月 15 日，支取现金 3 000 元。

（3）12 月 19 日，支取现金 1 000 元。

（4）12 月 20 日，银行结息，当日银行挂牌的活期储蓄存款年利率为 0.35%，结计的利息于此日办理转账。

（5）12 月 27 日，储户陈伟来行要求销户，当日银行挂牌的活期储蓄存款年利率为 0.35%。

要求：根据上述资料，编制有关会计分录，同时计算本季度陈伟存款账户的利息，并做利息转账的账务处理。

5. 2020 年 3 月，某支行发生下列定期储蓄存款业务。

（1）3 月 5 日，储户章帆以现金存入三年期整存整取定期储蓄存款 20 000 元，年利率为 2.75%。

（2）3 月 10 日，储户李雅丽的半年期整存整取定期储蓄存款 10 000 元到期，储户来行办理支取手续，2019 年 9 月 10 日存入时，半年期整存整取定期储蓄存款年利率为 1.3%。

（3）3 月 18 日，储户赵磊来行要求部分提前支取两年期整存整取定期储蓄存款 8 000 元。该存款于 2018 年 12 月 21 日存入，存入本金为 30 000 元，存入时两年期整存整取定期储蓄存款年利率为 2.25%，支取日银行挂牌的活期存款年利率为 0.35%。

（4）3 月 19 日，储户刘卉来行要求支取于 2019 年 1 月 8 日存入的一年期整存整取定期储蓄存款 40 000 元，存入时一年期整存整取定期储蓄存款年利率为 1.5%，支取日银行挂牌的活期存款年利率为 0.35%。

（5）3 月 21 日，储户胡剑来行支取 2019 年 3 月 21 日存入的一年期零存整取定期储蓄存款，该存款每月固定存入本金 500 元，中途无漏存，开户时银行挂牌的一年期零存整取定期储蓄存款年利率为 1.35%。

要求：根据上述资料，编制有关会计分录。

6. 2019 年 8 月 1 日，某客户办理一笔存本取息定期存款业务，本金为 500 万元，存期一年，存入日存本取息定期储蓄存款利率为 1.50%，约定每季度支取利息一次。储户于 2020 年 3 月 18 日要求全部提前支取，支取日银行挂牌公告的活期存款年利率为 0.35%。请计算每期应支付的利息、2020 年 3 月 18 日应收回的利息、2020 年 3 月 18 日应支付客户的本息合计，并编制有关会计分录。

7. 客户张××于 2017 年 10 月 9 日，持现金 36 万元来商业银行办理三年期整存零取定期储蓄存款业务，约定每六个月取款一次，开户日银行挂牌公告的三年期整存零取定期储蓄存款年利率为 1.55%。该存款于 2020 年 10 月 9 日到期。请计算每次支取的本金额、到期日应支付客户的利息，并编制有关会计分录。

贷款业务是商业银行的重要资产业务，也是我国商业银行的传统业务之一。贷款是指商业银行将其所吸收的资金，按照约定的利率贷给客户，并约定一定期限内归还贷款本息的经济行为。商业银行发放贷款应遵循安全性、流动性和效益性原则。

第一节 贷款业务概述

一、贷款的意义和种类

贷款是商业银行对借款人提供的按约定的利率和期限还本付息的货币资金。贷款业务是商业银行的重要资产业务之一，也是商业银行资产业务的核心，同时更是商业银行取得主营业务收入（利息收入）的重要渠道。

（一）按贷款有无担保，贷款可分为信用贷款、担保贷款

信用贷款是指仅凭借款人的信誉而发放的贷款。这种贷款对于商业银行来讲，由于没有任何担保，风险较大，所以在商业银行贷款中所占比例不是太大。担保贷款是指商业银行以法律规定的担保方式作为还款保障而发放的贷款。担保贷款依担保方式的不同，又可以分为保证贷款、抵押贷款、质押贷款。

保证贷款是指按《中华人民共和国民法典》规定的保证方式，以第三人承诺在借款人不能偿还贷款时，按约定承担一般保证责任或连带责任而发放的贷款。

抵押贷款是指按《中华人民共和国民法典》规定的抵押方式，以借款人或第三人的财产作为抵押物而发放的贷款。

质押贷款是指按《中华人民共和国民法典》规定的质押方式，以借款人或第三人的动产或权利作为质押物而发放的贷款。其中，抵押贷款的担保物不用移交给债权人，一般抵押物要做抵押登记，如抵押的房产或土地要到房地产及土地管理部门进行抵押登记，从而取得他项权证；而质押贷款的担保物则要交由债权人保管。

（二）按贷款期限的不同，贷款可分为短期贷款、中期贷款和长期贷款

短期贷款是指贷款期限在 1 年以内（含 1 年）的贷款；中期贷款是指贷款期限在 1 年以上 5 年以下（含 5 年）的贷款；长期贷款是指贷款期限在 5 年以上的贷款。

（三）按贷款资金来源及贷款风险承担人的不同，贷款可分为自营贷款和委托贷款

自营贷款是指商业银行以合法方式筹集的资金自主发放的贷款，其风险由商业银行承担，并由商业银行收取本金和利息。

委托贷款是指由委托人提供资金，由商业银行（受托人）根据委托人确定的贷款对象、用途、金额、期限、利率等代为发放、监督使用并协助收回本息的贷款。贷款风险由委托人承担，商业银行只收取手续费，不承担贷款风险。

（四）按贷款用途的不同，贷款可分为流动资金贷款和固定资产贷款

流动资金贷款是指为满足借款人在生产经营过程中对短期资金的需求，保证生产经营活动而发放的贷款；固定资产贷款是指商业银行向借款人发放的，主要用于固定资产项目的建设、购置、改

造及相应配套设施建设的贷款。

（五）按照贷款对象的不同，贷款可分为单位贷款和个人贷款

单位贷款的贷款对象为单位，包括单位流动资金贷款、单位固定资产购建的项目贷款等。个人贷款的贷款对象为个人，包括个人消费贷款、个人住房贷款、助学贷款等。

（六）按贷款的风险程度的不同，贷款可分为正常贷款、关注贷款、次级贷款、可疑贷款和损失贷款

这种分类法是商业银行在进行贷款风险管理时所采用的分类方法，即贷款五级分类法，其中次级贷款、可疑贷款和损失贷款被称为不良贷款。正常贷款是指借款人能够履行合同，有充分把握按时、足额偿还本息的贷款；关注贷款是指尽管借款人目前有能力偿还本息，但是存在一些可能对偿还本息产生不利影响因素的贷款；次级贷款是指借款人的还款能力出现了明显问题，依靠其正常经营收入已无法保证足额偿还本息的贷款；可疑贷款是指借款人无法足额偿还本息，即使执行抵押或担保也会造成一定损失的贷款；损失贷款是指在采取所有可能的措施和一切必要的法律程序后，本息仍无法收回或只能收回极少部分的贷款。

二、贷款业务会计科目设置

商业银行办理贷款业务，主要应设置"贷款""拆出资金""利息收入""应收利息""贷款损失准备""信用减值损失"和"抵债资产"等科目进行核算。

（一）"贷款"科目

"贷款"科目为资产类科目，根据该科目设置的账户核算商业银行按规定发放的各种客户贷款，包括信用贷款、保证贷款、抵押贷款、质押贷款等。商业银行按规定发放的具有贷款性质的银团贷款、贸易融资、协议透支、信用卡透支、转贷款以及垫款等可在该科目核算，也可单独设置"银团贷款""贸易融资""协议透支""信用卡透支""转贷款""垫款"等科目核算。该科目可按贷款类别、客户，分"本金""利息调整""已减值"等项目进行明细核算。商业银行在发放贷款时，应按照本金及相关费用的合计成本借记"贷款——××贷款——××单位"账户，其中本金借记"贷款——××贷款——××单位（本金）"账户，而本金与实际成本之间的差额则借记或贷记"贷款——××贷款——××单位（利息调整）"账户。该账户期末余额在借方，反映商业银行按规定发放尚未收回贷款的摊余成本。

（二）"拆出资金"科目

"拆出资金"科目属于资产类科目，根据该科目设置的账户核算商业银行拆借给境内、境外其他金融企业的款项。商业银行拆出资金时，借记本账户；收回资金时，贷记本账户。期末余额在借方，反映商业银行按规定拆借给其他金融企业的款项。本科目可按拆放的金融企业进行明细核算。拆出资金涉及金融机构之间的往来核算，将在第六章介绍。

（三）"利息收入"科目

"利息收入"科目为损益类科目，根据该科目设置的账户核算商业银行确认的利息收入，包括发放的各类贷款（银团贷款、贸易融资、贴现和转贴现融出资金、协议透支、信用卡透支、转贷款、垫款等）以及与其他金融机构（中国人民银行、同业等）之间发生的资金往来业务、买入返售金融资产等实现的利息收入。该科目可按业务类别进行明细核算。

资产负债表日，商业银行应按合同本金和合同利率计算确定的应收未收利息，借记"应收利息"账户，按摊余成本和实际利率计算确定的利息收入，贷记"利息收入"账户，按其差额，借记或贷记"贷款——××贷款——××单位（利息调整）"账户。实际利率与合同利率差异较小的，可以直接采用合同利率计算确定本期的"利息收入"和"应收利息"，而不考虑利息调整问题。期末，应将该账户余额结转至"本年利润"账户，本账户期末无余额。

（四）"应收利息"科目

"应收利息"科目为资产类科目，根据该科目设置的账户核算商业银行交易性金融资产、持有至到期投资、可供出售金融资产、发放贷款、存放中央银行款项、拆出资金、买入返售金融资产等应收未收的利息。该科目可按借款人或被投资单位进行明细核算。

商业银行发放的贷款，应于资产负债表日按贷款的合同本金和合同利率计算确定的应收未收利息，借记"应收利息"账户，按贷款的摊余成本和实际利率计算确定的利息收入，贷记"利息收入"账户，按其差额，借记或贷记"贷款——××贷款——××单位（利息调整）"账户。

应收利息实际收到时，借记"吸收存款——活期存款——××单位（本金）"科目，贷记"应收利息"科目。该科目期末余额在借方，反映商业银行应收而尚未收到的利息。

（五）"贷款损失准备"科目

贷款是商业银行的重要资产，根据《企业会计准则》中不能高估资产的要求，在资产负债表日要对资产进行减值准备的计提。而在进行贷款减值准备的计提时并没有真正发生贷款的减少，因而在计提贷款减值时不能直接贷记"贷款"账户，为此设置"贷款损失准备"账户，作为"贷款"科目的调整科目。在计提贷款减值时贷记"贷款损失准备"账户，该科目与"贷款"科目一并归类为资产类科目，该科目按计提贷款损失准备的资产类别进行明细核算。

资产负债表日贷款发生减值的，按照测算的减值金额，借记"信用减值损失"账户，贷记"贷款损失准备"账户。在发生确实无法收回的贷款时，按照管理权限报经批准后予以核销，核销时应借记"贷款损失准备"账户，贷记"贷款"等资产类账户。

已计提贷款损失准备的贷款价值以后又得以恢复，已计提的贷款损失准备可以转回，可转回至"贷款损失准备"账户余额为零止。转回时借记"贷款损失准备"账户，贷记"信用减值损失"账户。该科目期末余额在贷方，反映商业银行已计提尚未转销的贷款损失准备。

（六）"信用减值损失"科目

"信用减值损失"科目为损益类科目，核算商业银行已计提金融资产减值准备所形成的损失，该科目按照金融资产减值损失的项目进行明细核算。

资产负债表日，贷款发生减值的，按照测算的减值金额，借记"信用减值损失"账户，贷记"贷款损失准备"账户。在发生确实无法收回的贷款时，按照管理权限报经批准后予以核销，核销时应借记"贷款损失准备"账户，贷记"贷款"等资产类账户。

已计提贷款损失准备的贷款价值以后又得以恢复，已计提的贷款损失准备可以转回，可转回至"贷款损失准备"账户余额为零止。转回时借记"贷款损失准备"账户，贷记"信用减值损失"账户。期末，应将该科目余额转入"本年利润"账户，结转后该科目无余额。

（七）"抵债资产"科目

"抵债资产"科目为资产类科目，核算商业银行依法取得并准备按有关规定进行处置的抵债资产，包括实物资产和非实物资产（不含股权投资）。该科目可以按照抵债资产类别及借款人进行明细核算。抵债资产持有期间有客观证据表明其发生减值的也应进行减值的计提，并设置"抵债资产跌价准备"科目进行核算，其核算方法比照"存货跌价准备"科目的核算方法。

商业银行取得的抵债资产，按抵债资产的公允价值及相关交易费用，借记"抵债资产"账户，同时冲销"贷款——××贷款（已减值）"及相关的"贷款损失准备""坏账准备"等账户，即借记"贷款损失准备""坏账准备"账户，贷记"贷款——××贷款（已减值）"账户。若发生相关的税费，还应贷记"应交税费"账户，其差额，借记"营业外支出"账户，或者贷记"信用减值损失"账户。

抵债资产持有期间取得的收入及所发生的直接费用，作为商业银行的其他业务进行核算。即发生收入时，借记"库存现金"或"存放中央银行款项"账户，贷记"其他业务收入"账户；

发生直接费用时，借记"其他业务成本"账户，贷记"库存现金"或者"存放中央银行款项"账户。

抵债资产处置时，应按实际收到的金额，借记"库存现金""存放中央银行款项"等账户，按应支付的相关税费，贷记"应交税费"账户，按其账面余额，贷记"抵债资产"账户，按其已计提的减值准备，借记"抵债资产跌价准备"账户，按其差额，借记"营业外支出"账户，或贷记"营业外收入"账户。该科目期末余额在借方，反映商业银行取得的尚未处置的抵债资产的成本。

科目取得的抵债资产若转为自用，应在办理相关手续后，按转换日抵债资产的账面价值，借记"固定资产"账户，已计提减值准备的，还应借记"抵债资产跌价准备"账户，同时贷记"抵债资产"账户。

三、贷款确认与计量

（一）贷款的初始确认与计量

根据《企业会计准则第 22 号——金融工具确认和计量》的规定，商业银行向借款人发放贷款时，应在其成为金融工具合同的一方时（当商业银行向借款人贷款并获得收取本金和利息的权利时），将贷款确认为商业银行的金融资产，归为"以摊余成本计量的金融资产"类别。将发放贷款的公允价值和相关交易费用之和作为贷款的初始确认金额。

（二）贷款的后续确认与计量

根据《企业会计准则第 22 号——金融工具确认和计量》的规定，贷款的后续计量应当采用实际利率法，按摊余成本进行计量，即按贷款的实际利率计算其摊余成本及各期利息收入。

计算公式如下。

摊余成本＝初始确认金额－已偿还的本金±采用实际利率法将该初始确认金额与到期日
　　　　金额之间的差额进行摊销形成的累计摊销额－已发生的减值损失

各期利息收入＝摊余成本×实际利率

根据《企业会计准则——基本准则》的规定，会计的确认、计量、报告的基础是权责发生制，则在贷款持有期间，商业银行应于资产负债表日，将以贷款的摊余成本和实际利率计算的金额确认为当期的利息收入。实际利率与合同利率差别较小的，也可按合同利率计算利息收入。实际利率，是指将贷款在预期存续期间或适用的更短期间内的未来现金流量，折现为该贷款当前账面价值所使用的利率。实际利率应在取得贷款时确定，在该贷款预期存续期间或适用的更短期间内保持不变。

其计算公式如下。

$$V=\frac{CF_1}{(1+IRR)^1}+\frac{CF_2}{(1+IRR)^2}+\cdots+\frac{CF_n}{(1+IRR)^n}=\sum_{t=1}^{n}\frac{CF_t}{(1+IRR)^t}$$

其中：V 表示贷款当前账面价值；

　　　IRR 表示实际利率；

　　　CF_t 表示预计未来各期的现金流量；

　　　n 表示贷款的预期存续期间或适用的更短期间。

由该公式可知，影响实际利率的因素有预期未来现金流量、贷款当前账面价值及计息期。

企业会计准则规定，将交易费用计入贷款的初始确认金额，使资产更能体现直接的相关成本；将包括交易费用在内的溢折价在存续期内按照实际利率进行摊销，使资产的期末价值更接近实际。

若有客观证据表明贷款发生减值，商业银行应当在资产负债表日对贷款的账面价值进行检查，并根据其账面价值与预计未来现金流量现值之间的差额计算确认减值损失。商业银行收回或处置贷款时，应将取得的价款与该贷款账面价值之间的差额计入当期损益。

（三）贷款的终止确认

贷款在满足以下条件之一时终止确认：①收取该贷款现金流量的合同权利终止；②该贷款已转移，且符合《企业会计准则第23号——金融资产转移》规定的金融资产终止确认条件。

（四）贷款的利息计算

1. 贷款的利息计算规定

（1）商业银行发放贷款的合同利率，应当根据中国人民银行规定的利率及浮动幅度加以确定。

（2）商业银行发放的贷款，期限在一年以内的，贷款期内按合同利率计息，遇利率调整，不分段计息。

（3）商业银行发放的贷款，期限在一年以上的，遇利率调整，从新年度开始按调整后的利率计息。

（4）商业银行发放的贷款，到期日为节假日的，若在节假日前一日归还，应在扣除归还日至到期日的天数后，按前述规定的利率计算利息；若在节假日后第一个工作日归还，应加收到期日至归还日的天数，按前述规定的利率计算利息；若在节假日后第一个工作日未归还，应从节假日后第一个工作日开始按逾期贷款利率计算利息。

2. 贷款利息的计算方法

（1）定期结息。定期结息，即按规定的结息期结计利息，一般为按月结息或按季结息。按月结息的，其结息日为每月20日；按季结息的，其结息日为每季末月20日。结计的利息于结息日次日向借款人收取。利息计算可采用余额表计息法和乙种分户账计息法。

（2）逐笔结息。逐笔结息，即利随本清，指商业银行按规定的贷款期限，在收回贷款的同时逐笔计收利息。

第二节

单位贷款业务的核算

一、信用贷款的核算

信用贷款是商业银行仅凭借款人的信誉而发放的，不需要提供担保的贷款。信用贷款适用于具有良好信用等级且具有法人资格的企业单位。其会计核算方式主要采用逐笔核贷的核算方式。

信用贷款的核算

（一）信用贷款发放的核算

借款人向商业银行申请贷款时，应向商业银行信贷部门提交相关贷款审批资料，经商业银行信贷部门审核批准后，双方商定贷款的额度、期限、用途和利率等，并签订符合《中华人民共和国民法典》的借款合同。借款合同签订后，借款人填写一式五联借款凭证。在第一联凭证上加盖预留银行印鉴，由信贷部门在借款凭证上加注贷款编号、贷款种类、贷款期限、贷款利率等项目，加盖"贷款审查发放专用章"后，送会计部门凭以办理贷款的发放手续。

凭证各联用途为：第一联是借据，由会计部门留存，按贷款种类、到期日的先后顺序排列保管；第二联是代转账借方传票；第三联是代转账贷方传票；第四联是回单，加盖转讫章后退还客户；第五联加盖转讫章后由信贷部门留存备查。

会计部门收到借款凭证后，应认真审查各栏填写是否正确、完整，大小写金额是否一致，印鉴是否相符，有无信贷部门审批意见等。经审查无误后，开立贷款账户，编列账号，将贷款转入借款人单位存款账户，并根据凭证登记其存、贷款分户账。

商业银行按当前市场条件发放的贷款，应按发放贷款的本金和相关交易费用之和作为初始确认金额。其会计分录编制如下。

借：贷款——信用贷款——××单位户（本金）　　　　　　　　　　　　　（贷款的合同本金）

　　贷款——信用贷款——××单位户（利息调整）　　　　　　　　　　　（借方、贷方差额，或贷记）

　　贷：吸收存款——活期存款——××单位户（本金）　　　　　　　　　（实际支付的金额）

【例 4-1】2019 年 2 月 10 日，某商业银行某支行向其开户单位港华燃气公司发放一年期贷款，合同本金 300 万元，合同年利率 12%，每季度收息一次，并于 2020 年 2 月 10 日到期收回本金。

2019 年 2 月 10 日发放贷款时的会计分录如下。

借：贷款——信用贷款——港华燃气公司户（本金）　　　　3 000 000

　　贷：吸收存款——活期存款——港华燃气公司户（本金）　　3 000 000

【例 4-2】接【例 4-1】，若在考察该公司过程中，聘请中介机构对该公司的信用等级及偿债能力进行评价，为此支付也在本行开户的××中介机构咨询费 50 000 元，则 2019 年 2 月 10 日发放贷款时的会计分录如下。

借：贷款——信用贷款——港华燃气公司户（本金）　　　　3 000 000

　　贷款——信用贷款——港华燃气公司户（利息调整）　　　50 000

　　贷：吸收存款——活期存款——港华燃气公司户（本金）　　3 000 000

　　　　吸收存款——活期存款——××中介机构户（本金）　　50 000

【例 4-3】接【例 4-1】，若在对该公司发放贷款的过程中，为公司提供了财务方面的支持，向公司收取了 10 万元的财务顾问费。则 2019 年 2 月 10 日发放贷款时的会计分录如下。

借：贷款——信用贷款——港华燃气公司户（本金）　　　　3 000 000

　　贷：吸收存款——活期存款——港华燃气公司户（本金）　　2 900 000

　　　　贷款——信用贷款——港华燃气公司户（利息调整）　　100 000

（二）信用贷款的期末计提利息、收取利息的核算

资产负债表日，根据下列公式计算当期的利息收入。

摊余成本=初始确认金额-已偿还的本金±采用实际利率法将该初始确认金额与到期日金额之间的差额进行摊销形成的累计摊销额-已发生的减值损失

各期利息收入=摊余成本×实际利率

根据合同本金和合同利率计算确定当期应收未收利息。

应收利息=合同本金×合同利率

两者的差额记入"贷款——信用贷款——××单位（利息调整）"科目。

采用实际利率法确定企业当期利息收入，实际上是通过差异摊销对贷款的名义利息进行调整。其会计分录编制如下。

借：应收利息——××单位户

　　贷款——信用贷款——××单位户（利息调整）　　　　　　　　　　（或贷记）

　　贷：利息收入——发放贷款及垫款

　　　　应交税费——应交增值税

实际利率与合同利率差异较小的，也可以采用合同利率计算确定当期利息收入。其会计分录编制如下。

借：应收利息——××单位户

　　贷：利息收入——发放贷款及垫款

　　　　应交税费——应交增值税

结息日次日商业银行收取利息时，编制"利息结算单"，从企业账户上收取。

其会计分录如下。

借：吸收存款——活期存款——××单位户（本金）

　　贷：应收利息——××单位户

若收息日贷款利息因借款人账户无足够金额支付，而不能按时收取时，商业银行将利息记入表内"应收利息"科目或表外"应收未收利息"科目，同时向借款人发出欠息通知单。

在正常贷款期内不能按期支付的应收利息和应收未收利息按贷款合同利率计收复息，贷款逾期后上述利息改按罚息利率计收复息。若贷款利息逾期90天以上（不含90天），则无论该贷款本金是否逾期，新发生的应收未收利息不再计入当期损益，直接在表外核算，实际收回时再计入损益。

【例4-4】接【例4-1】，2019年2月10日，某商业银行某支行向其开户单位港华燃气公司发放一年期贷款，合同本金为300万元，合同年利率为12%，每季度收息一次，于2020年2月10日到期收回本金。假定实际利率与合同利率差异较小。

（1）2019年2月28日，确认利息收入，2月为28天，则本月计算利息的天数为19天（28-9）。

本期利息收入=3 000 000×19×12%÷360=19 000（元）。

借：应收利息——港华燃气公司户　　　　　　　　　　　19 000

　　贷：利息收入——发放贷款及垫款　　　　（19 000÷1.06）17 924.53

　　　　应交税费——应交增值税　　　　　　　　　　　1 075.47

（2）2019年3月31日至2020年1月31日（1月末）每月月末确认利息收入：

利息收入=3 000 000×1×12%÷12=30 000（元）。

借：应收利息——港华燃气公司户　　　　　　　　　　　30 000

　　贷：利息收入——发放贷款及垫款　　　　（30 000÷1.06）28 301.89

　　　　应交税费——应交增值税　　　　　　　　　　　1 698.11

其中，

① 3月21日收取利息。

应收的利息=3 000 000×39×12%÷360=39 000（元）。

借：吸收存款——活期存款——港华燃气公司户（本金）　39 000

　　贷：应收利息——港华燃气公司户　　　　　　　　　39 000

② 6月21日收取利息。

应收的利息=3 000 000×92×12%÷360=92 000（元）。

借：吸收存款——活期存款——港华燃气公司户（本金）　92 000

　　贷：应收利息——港华燃气公司户　　　　　　　　　92 000

③ 9月21日收取利息。

应收的利息=3 000 000×92×12%÷360=92 000（元）。

借：吸收存款——活期存款——港华燃气公司户（本金）　92 000

　　贷：应收利息——港华燃气公司户　　　　　　　　　92 000

④ 12月21日收取利息。

应收的利息=3 000 000×91×12%÷360=91 000（元）。

借：吸收存款——活期存款——港华燃气公司户（本金）　91 000

　　贷：应收利息——港华燃气公司户　　　　　　　　　91 000

注意：2020年2月10日贷款到期时，已计提的利息为349 000元（19 000＋11×30 000）；2020年2月10日贷款到期日，已收取的利息为314 000元（39 000＋92 000＋92 000＋91 000），则"应收利息"科目借方余额为35 000元。

（三）信用贷款收回的核算

1. 贷款到期正常收回的核算

在商业银行开立存款账户的借款人在贷款到期日或提前，以其存款户资金主动归还到期贷款，归还贷款时，应填写一式四联的还款凭证。其收款单位栏写开户银行名称，金额栏内填写归还贷款的金额，用途栏注明"归还×××年××月××日××贷款"字样。

会计部门收到借款人的还款凭证，应重点审查还款凭证的内容是否正确、完整，印章是否与预留印鉴相符，款项用途是否注明"还借款"字样等。经审核无误后，还款凭证第二联作借方传票；还款凭证第三联作为贷方传票，办理转账。其会计分录编制如下。

借：吸收存款——活期存款——××单位户（本金）　　　　　　（客户归还的金额）
　　贷：应收利息——××单位户　　　　　　　　　　　　　　（收回的应收利息金额）
　　　　贷款——信用贷款——××单位户（本金）　　　　　　（客户归还的贷款本金）
　　　　利息收入——发放贷款及垫款　　　　　　　　　　　（应确认为当期的利息收入）
　　　　应交税费——应交增值税　　　　　　　　　　　　　　（应缴纳的增值税）

如存在利息调整余额，还应同时予以结转。

转账后应注销借据，将还款凭证第四联代付款通知退给借款人。如借款人分次归还贷款，则应在借据上登记本次还款金额，并结计未归还余额，借据继续保管，待最后一次还清余款时，再将借据注销，退给借款人。

若贷款到期，借款人未主动还款，商业银行应按有关规定主动从借款人存款账户中扣收，并填制两借一贷特种转账传票办理转账。其处理手续同上。

【例4-5】接【例4-4】，2020年2月10日到期收回本金时，利息计算如下。

全部应收利息=3 000 000×12%×1=360 000（元）。

已计提的利息=19 000+11×30 000=349 000（元）。

已收取的利息=39 000+92 000+92 000+91 000=314 000（元）。

还应补收的利息=360 000-314 000=46 000（元）。

会计分录编制如下。

借：吸收存款——活期存款——港华燃气公司户（本金）　　　3 046 000
　　贷：贷款——信用贷款——港华燃气公司户（本金）　　　　3 000 000
　　　　应收利息——港华燃气公司户　　　　　　　　　　　　　35 000
　　　　利息收入——发放贷款及垫款　　　　　　　　　　　　10 377.36
　　　　应交税费——应交增值税　　　　　　　　　　　　　　　622.64

2. 贷款展期的核算

借款人因故不能按期归还贷款时，短期贷款必须在到期日之前，中长期贷款必须在到期日前一个月，由借款人填具一式三联"贷款展期申请书"，向信贷部门提出展期申请。每笔贷款只能展期一次，贷款展期不得超过原贷款的期限，而且原贷款期限与展期期限累加后不能超过该类贷款所规定的最长期限。展期后的利率必须执行原期限与展期期限累加后的贷款期限对应的利率。展期申请经信贷部门审查同意后，商业银行应在展期申请书上签注意见，一联留存备查，其余两联作为贷款展期通知交会计部门办理贷款展期手续。

会计部门接到贷款展期申请书后，应对以下内容进行审查：信贷部门的批准意见及签章；展期贷款金额与借款凭证上的金额是否一致；展期时间是否超过规定期限，是否第一次展期；展期利率的确定是否正确。审查无误后，在贷款分户账及借据上注明展期还款日期及利率，同时，将一联贷款展期申请书加盖业务公章后退给借款人，将另一联贷款展期申请书附在原借据之后，按展期后的还款日期排列保管，无须办理转账手续。

3. 逾期贷款的核算

贷款到期，借款单位事先未向商业银行申请办理展期手续，或申请展期未获得批准，或者已经办理展期，但展期到期日仍未归还贷款的，即作为逾期贷款。商业银行应将该贷款转入该单位逾期贷款户，商业银行会计部门与信贷部门联系后，根据原借据，分别编制特种转账借方传票和特种转账贷方传票各两联，凭特种转账借方传票和贷方传票各一联办理转账。会计分录编制如下。

借：贷款——逾期贷款——××单位户

或者，借：贷款——逾期贷款——××单位户　　（蓝字）

借：贷款——信用贷款——××单位户　　（红字）

贷：贷款——信用贷款——××单位户

转账后，将另两联特种转账借方传票、贷方传票作为收、支款通知，加盖转讫章和经办人章后交借款单位。同时，在原借据上批注"××××年××月××日转入逾期贷款"的字样后，另行保管。待借款单位存款账户有款项支付时，一次或分次扣收，并从逾期之日起至款项还清前一日止，除按规定利率计息外，还应按实际逾期天数和中国人民银行规定的罚息率计收罚息。

逾期贷款利息的计算公式如下。

逾期贷款利息=逾期贷款本息×逾期天数×规定的利率×（1+加息率）

【例4-6】接【例4-1】，2019年2月10日，某商业银行某支行向其开户单位港华燃气公司发放一年期贷款，合同本金为300万元，合同年利率为12%，每季度收息一次，于2020年2月10日到期收回本金。假设该公司在到期日归还了所欠的利息，而无力归还贷款本金，到2020年2月29日（月末）该公司账户有款，并归还应付该支行的本息，逾期贷款的加息率为20%。

（1）2020年2月10日该公司应归还该支行的本金为300万元，利息=360 000-314 000＝46 000（元）。

借：贷款——逾期贷款——港华燃气公司户　　　　　　　　　3 000 000

贷：贷款——信用贷款——港华燃气公司户　　　　　　　　　　　　3 000 000

或者，借：贷款——逾期贷款——港华燃气公司户　　　　　　　3 000 000

借：贷款——信用贷款——港华燃气公司户　　　　　　　3 000 000

借：吸收存款——活期存款——港华燃气公司户　　　　　46 000

贷：应收利息——港华燃气公司户　　　　　　　　　　　　35 000

利息收入——发放贷款及垫款　　　　　　　　　　10 377.36

应交税费——应交增值税　　　　　　　　　　　　622.64

（2）2020年2月29日，根据公式：逾期贷款利息＝逾期贷款本息×逾期天数×规定的利率×（1＋加息率），逾期贷款利息＝3 000 000×19×12%÷360×（1＋20%）＝22 800（元）。

借：吸收存款——活期存款——港华燃气公司户　　　　　　　3 022 800

贷：贷款——逾期贷款——港华燃气公司户　　　　　　　　　3 000 000

利息收入——发放贷款及垫款　　　　　　　　　　21 509

应交税费——应交增值税　　　　　　　　　　　　1 291

假定该公司由于财务困难，到期日无力归还所欠贷款本金和利息，至3月31日才归还本息。

（1）2020年2月10日，账务处理如下。

借：贷款——逾期贷款——港华燃气公司户　　　　　　　　　3 000 000

贷：贷款——信用贷款——港华燃气公司户　　　　　　　　　　　　3 000 000

或者，借：贷款——逾期贷款——港华燃气公司户　　　　　　　3 000 000

借：贷款——信用贷款——港华燃气公司户　　　　　　　3 000 000

借：应收利息——港华燃气公司户　　　　　　　　　　11 000

贷：利息收入——发放贷款及垫款　　　　　　　　　　10 377.36

应交税费——应交增值税　　　　　　　　　　　　622.64

（2）2月29日，账务处理如下。逾期利息＝（3 000 000＋46 000）×20×12%÷360×（1＋20%）＝24 368（元）。

借：应收利息——港华燃气公司户   24 368

    贷：利息收入——发放贷款及垫款   22 989

      应交税费——应交增值税   1 379

（3）3月31日（还款日），账务处理如下。逾期利息＝（3 000 000＋46 000＋24 368）×30×12%÷360×（1＋20%）＝36 844.42（元）。

借：吸收存款——活期存款——港华燃气公司户   3 107 212.42

    贷：贷款——逾期贷款——港华燃气公司户   3 000 000

      应收利息——港华燃气公司户   70 368

      利息收入——发放贷款及垫款   34 759

      应交税费——应交增值税   2 085.53

【例4-7】2019年12月31日，工商银行新街口支行向其开户单位光明科技有限公司发放一年期贷款，合同本金为100万元，合同年利率为12%，到期一次还本付息。在考察该公司过程中，银行聘请××咨询有限公司对该公司的信用等级及偿债能力进行评价，为此支付也在本行开户的××咨询有限公司咨询费10 000元。工商银行新街口支行于每月月末计提利息，并于2020年12月31日到期收回本息。假设不考虑其他因素。

贷款初始确认金额＝1 000 000＋10 000＝1 010 000（元）。

设贷款的实际利率为 IRR，根据公式：

$$V=\frac{CF_1}{(1+IRR)^1}+\frac{CF_2}{(1+IRR)^2}+\cdots+\frac{CF_n}{(1+IRR)^n}=\sum_{t=1}^{n}\frac{CF_t}{(1+IRR)^t}$$

可得：

$$1010000=\frac{1000000\times(1+12\%)}{(1+IRR)^{12}}$$

$IRR=0.865\,2\%$

由计算结果可知，实际月利率为0.865 2%，与合同月利率1%（12%÷12）不相等。由于贷款发放时发生了交易费用1万元，实际付息周期（按年）与计息周期（按月）也不相同，所以其实际利率与合同利率不相等。

采用实际利率法计算利息收入和贷款摊余成本的数据如表4-1所示。

表4-1   采用实际利率法计算利息收入和贷款摊余成本   单位：元

时间	期初摊余成本	利息收入（实际月利率为0.865 2%）	现金流入	期末摊余成本
2020年1月31日	1 010 000	8 739	0	1 018 739
2020年2月29日	1 018 739	8 814	0	1 027 553
2020年3月31日	1 027 553	8 890	0	1 036 443
2020年4月30日	1 036 443	8 968	0	1 045 411
2020年5月31日	1 045 411	9 045	0	1 054 456
2020年6月30日	1 054 456	9 123	0	1 063 579
2020年7月31日	1 063 579	9 202	0	1 072 781
2020年8月31日	1 072 781	9 282	0	1 082 063
2020年9月30日	1 082 063	9 362	0	1 091 425
2020年10月31日	1 091 425	9 443	0	1 100 868

续表

时间	期初摊余成本	利息收入（实际月利率为 0.865 2%）	现金流入	期末摊余成本
2020 年 11 月 30 日	1 100 868	9 525	0	1 110 393
2020 年 12 月 31 日	1 110 393	9 607	1 120 000	0
合计	—	110 000	—	—

根据表 4-1 的数据，工商银行新街口支行的有关账务处理如下。

（1）2019 年 12 月 31 日，发放贷款时，编制如下会计分录。

借：贷款——信用贷款——光明科技有限公司户（本金）　　　　1 000 000

　　贷款——信用贷款——光明科技有限公司户（利息调整）　　　　10 000

　　贷：吸收存款——活期存款——光明科技有限公司户　　　　1 000 000

　　　　吸收存款——活期存款——××咨询有限公司户　　　　10 000

（2）2020 年 1 月 31 日确认利息收入时，编制如下会计分录。

借：应收利息——光明科技有限公司户　　　　10 000

　　贷：利息收入——发放贷款及垫款　　　　8 244.34

　　　　应交税费——应交增值税　　　　494.66

　　　　贷款——信用贷款——光明科技有限公司户（利息调整）　　　　1 261

（3）2020 年 2 月 29 日确认利息收入时，编制如下会计分录。

借：应收利息——光明科技有限公司户　　　　10 000

　　贷：利息收入——发放贷款及垫款　　　　8 315.09

　　　　应交税费——应交增值税　　　　498.91

　　　　贷款——信用贷款——光明科技有限公司户（利息调整）　　　　1 186

（4）2020 年 3 月 31 日确认利息收入时，编制如下会计分录。

借：应收利息——光明科技有限公司户　　　　10 000

　　贷：利息收入——发放贷款及垫款　　　　8 386.79

　　　　应交税费——应交增值税　　　　503.21

　　　　贷款——信用贷款——光明科技有限公司户（利息调整）　　　　1 110

（5）2020 年 4 月 30 日确认利息收入时，编制如下会计分录。

借：应收利息——光明科技有限公司户　　　　10 000

　　贷：利息收入——发放贷款及垫款　　　　8 460.38

　　　　应交税费——应交增值税　　　　507.62

　　　　贷款——信用贷款——光明科技有限公司户（利息调整）　　　　1 032

（6）2020 年 5 月 31 日确认利息收入时，编制如下会计分录。

借：应收利息——光明科技有限公司户　　　　10 000

　　贷：利息收入——发放贷款及垫款　　　　8 533.02

　　　　应交税费——应交增值税　　　　511.98

　　　　贷款——信用贷款——光明科技有限公司户（利息调整）　　　　955

（7）2020 年 6 月 30 日确认利息收入时，编制如下会计分录。

借：应收利息——光明科技有限公司户　　　　10 000

　　贷：利息收入——发放贷款及垫款　　　　8 606.60

　　　　应交税费——应交增值税　　　　516.40

　　　　贷款——信用贷款——光明科技有限公司户（利息调整）　　　　877

（8）2020 年 7 月 31 日确认利息收入时，编制如下会计分录。

借：应收利息——光明科技有限公司户 10 000
　　贷：利息收入——发放贷款及垫款 8 681.13
　　　　应交税费——应交增值税 520.87
　　　　贷款——信用贷款——光明科技有限公司户（利息调整） 798

（9）2020 年 8 月 31 日确认利息收入时，编制如下会计分录。

借：应收利息——光明科技有限公司户 10 000
　　贷：利息收入——发放贷款及垫款 8 756.60
　　　　应交税费——应交增值税 525.40
　　　　贷款——信用贷款——光明科技有限公司户（利息调整） 718

（10）2020 年 9 月 30 日确认利息收入时，编制如下会计分录。

借：应收利息——光明科技有限公司户 10 000
　　贷：利息收入——发放贷款及垫款 8 832.08
　　　　应交税费——应交增值税 529.92
　　　　贷款——信用贷款——光明科技有限公司户（利息调整） 638

（11）2020 年 10 月 31 日确认利息收入时，编制如下会计分录。

借：应收利息——光明科技有限公司户 10 000
　　贷：利息收入——发放贷款及垫款 8 908.49
　　　　应交税费——应交增值税 534.51
　　　　贷款——信用贷款——光明科技有限公司户（利息调整） 557

（12）2020 年 11 月 30 日确认利息收入时，编制如下会计分录。

借：应收利息——光明科技有限公司户 10 000
　　贷：利息收入——发放贷款及垫款 8 985.85
　　　　应交税费——应交增值税 539.15
　　　　贷款——信用贷款——光明科技有限公司户（利息调整） 475

（13）2020 年 12 月 31 日确认利息收入时，编制如下会计分录。

借：应收利息——光明科技有限公司户 10 000
　　贷：利息收入——发放贷款及垫款 9 063.21
　　　　应交税费——应交增值税 543.79
　　　　贷款——信用贷款——光明科技有限公司户（利息调整） 393

（14）2020 年 12 月 31 日，收回贷款本息时，编制如下会计分录。

借：吸收存款——活期存款——光明科技有限公司户 1 120 000
　　贷：贷款——信用贷款——光明科技有限公司户（本金） 1 000 000
　　　　应收利息——光明科技有限公司户 120 000

二、担保贷款的核算

担保贷款是指银行以法律规定的担保方式作为还款保障而发放的贷款。担保贷款依担保方式的不同，又可以分为保证贷款、抵押贷款和质押贷款。

担保贷款的核算

（一）保证贷款的核算

保证贷款是指按《中华人民共和国民法典》规定的保证方式，以第三人承诺在借款人不能偿还贷款时，按约定承担一般保证责任或连带责任而发放的贷款。借款人申请保证贷款，应提交借款申请书和商业银行要求的其他相关资料，同时还应向商业银行提供保证人情况及保证人同意保证的有关证明文件，担保人承担了保证偿还借款的责任后，还应开具"贷款担保意向书"。

商业银行信贷部门要对保证人的资格和经济担保能力进行认真的审查核实。重点审核保证人的法人资格、经济效益和信用履历情况，从而避免因担保人无力担保或无意承担担保责任而使贷款产生损失。审核符合出贷要求后，商业银行要同借款人（被担保人）、担保人签订合法完整的借款合同、担保合同，明确各方责任。保证贷款出贷后，商业银行和保证人应共同监督借款人按合同规定使用贷款和按期偿还贷款。保证贷款到期后，如果借款人按时还本付息，借款合同和担保合同随即解除，如果借款人无力偿还贷款本息，商业银行可通知担保人代偿。保证贷款发放与收回的核算手续与信用贷款的基本相同。

（二）抵押贷款的核算

抵押贷款是指按《中华人民共和国民法典》规定的抵押方式，以借款人或第三人的财产作为抵押物而发放的贷款。借款人若到期不能偿还贷款本息，商业银行有权依法处置其抵押品，并从所得价款中优先收回贷款本息。抵押贷款中可以作为抵押物的财产如下。

（1）抵押人所有的房屋和其他地上定着物。

（2）抵押人所有的机器、交通运输工具和其他财产。

（3）抵押人依法有权处分的国有土地使用权、房屋和其他地上定着物。

（4）抵押人依法有权处分的国有机器、交通运输工具和其他财产。

（5）抵押人依法承包并经发包方同意抵押的荒山、荒沟、荒丘、荒滩等荒地的土地使用权。

（6）抵押人依法可以抵押的其他财产。

抵押贷款中流动资金贷款最长不超过 1 年，固定资产贷款一般为 1～3 年（最长不超过 5 年）。抵押贷款不是按抵押物价值金额予以发放，而是按一定比例进行折扣，一般按抵押物现值的 50%～70%确定贷款金额。抵押贷款应到期归还，一般不得展期。

1. 抵押贷款发放的核算

抵押贷款由借款人提出申请，并向商业银行提交"抵押贷款申请书"，写明借款用途、金额，还款日期，抵押物名称、数量、价值、存放地点等有关事项。信贷部门审批同意后，双方签订抵押贷款合同，同时，借款人应将抵押物产权证明、抵押物的估价报告等提交商业银行。由商业银行提交相关部门进行抵押登记，待办妥抵押登记，取得他项权证，并经商业银行审查无误后，商业银行信贷部门应填制一式五联借款凭证，送会计部门凭以办理贷款的发放手续。会计部门收到借款凭证，审核无误后进行账务处理。

商业银行按当前市场条件发放的贷款，应按发放贷款的本金和相关交易费用之和作为初始确认金额。其会计分录编制如下。

借：贷款——抵押贷款——××单位户（本金）　　　　　　　　（贷款的合同本金）
　　贷款——抵押贷款——××单位户（利息调整）　　　（借方、贷方差额，或贷记）
　　贷：吸收存款——活期存款——××单位户　　　　　　　（实际支付的金额）

同时，对抵押物进行详细登记，并列入表外科目核算，其会计分录编制如下。

收入：待处理抵押品——××单位户

2. 抵押贷款的后续计量与核算

抵押贷款的后续计量，应当采用实际利率法，按摊余成本进行计量。在抵押贷款持有期间，商业银行应于资产负债表日，按抵押贷款的合同本金和合同利率计算确定的应收未收利息，借记"应收利息"科目，按抵押贷款的摊余成本和实际利率计算确定的利息收入，贷记"利息收入"科目，按其差额，借记或贷记"贷款——利息调整"科目。实际利率与合同利率差异较小的，也可以采用合同利率计算确定利息收入。其会计分录编制如下。

借：应收利息——××单位户

　　贷款——抵押贷款——××单位户（利息调整）　　　　　　　　（或贷记）

　　贷：利息收入——发放贷款及垫款

　　　　应交税费——应交增值税

3. 抵押贷款到期收回的核算

抵押贷款到期，借款人应主动提交放款收回凭证或转账支票到商业银行办理还款手续。会计处理与信用贷款相同。其会计分录编制如下。

借：吸收存款——活期存款——××单位户　　　　　　　　（客户归还的金额）

　　贷：应收利息——××单位户　　　　　　　　　　　　（收回的应收利息金额）

　　　　贷款——抵押贷款——××单位户（本金）　　　　（客户归还的贷款本金）

　　　　利息收入——发放贷款及垫款　　　　　　　（应确认为当期的利息收入）

　　　　应交税费——应交增值税　　　　　　　　　　　（应缴纳的增值税）

如存在利息调整余额，还应同时予以结转。

抵押贷款本息全部收回后，商业银行会计部门应编制表外科目付出传票，会计分录编制如下。

付出：待处理抵押品——××单位户

信贷部门应及时到有关部门解除抵押登记。

（三）质押贷款的核算

质押贷款是指按《中华人民共和国民法典》规定的质押方式，以借款人或第三人的动产或权利作为质物而发放的贷款。质押贷款的发放，必须以质物为基础。质物可以是出质人的动产，也可以是出质人的权利。

以动产做质押的，必须将动产移交发放贷款的商业银行，并订立质押合同。可以作为质押的权利包括：汇票、支票、本票、债券、存款单、仓单和提货单；依法可转让的股份、股票；依法可转让的商标专用权、专利权、著作权中的财产权及可质押的其他权利。其中：以汇票、支票、本票、债券、存款单、仓单和提货单做质物的，应当在合同约定的期限内将权利凭证交付发放贷款的商业银行；以依法可以转让的股票做质物的，应向证券登记机构办理出质登记；以依法可以转让的商标专用权、专利权、著作权中的财产权做质物的，应向其管理部门办理出质登记。

以依法可以转让的商标专用权、专利权、著作权中的财产权做质物的，出质后，只有经出质人与质权人协商同意，才可以转让或许可他人使用，并且出质人所得的转让费、许可费，应当向质权人提前清偿所担保的债权，或向与质权人约定的第三人提存。

质押贷款发放和收回的处理与抵押贷款的基本相同。质押贷款到期，若借款人不能归还贷款，商业银行可以处置质物所得的价款收回贷款本息。

第三节　个人贷款业务的核算

个人贷款是商业银行向个人客户发放的贷款，也是采用逐笔核贷方式，经商业银行信贷部门逐笔审核，一次发放，约定期限，一次或分次归还的一种贷款。发放时，贷款应一次转入借款人的个人结算账户，若是个人住房贷款，则转入收款人基本存款账户。转账后才能使用，不能在贷款账户中直接支付；在约定的收本息的时间，由商业银行直接从借款人结算账户收取本息，贷款利息一般由商业银行定期结息，个别为利随本清。

（一）个人贷款发放的核算

借款人向商业银行申请贷款时，应向商业银行信贷部门提交相关贷款审批资料，经商业银行信贷部门审核批准后，双方商定贷款的额度、期限、用途和利率等，并签订符合《中华人民共和国民法典》的借款合同。借款合同签订后，借款人填写一式五联借款凭证，在第一联凭证上加盖预留银行印鉴，信贷部门在借款凭证上加注贷款编号、贷款种类、贷款期限、贷款利率等项目，加盖"贷款审查发放专用章"后，送会计部门凭以办理贷款的发放手续。

凭证各联用途为：第一联借据，由会计部门留存，按贷款种类、到期日的先后顺序排列保管；第二联代转账借方传票；第三联代转账贷方传票；第四联回单，退还借款人；第五联由信贷部门留存备查。

会计部门收到借款凭证后，应认真审查各栏填写是否正确、完整，大小写金额是否一致，签章是否为本人签章，有无信贷部门审批意见等。经审查无误后，会计部门开立贷款账户，编列账号，将贷款转入借款人个人结算账户或其指定的收款人基本存款账户，并根据凭证登记其存、贷款分户账。第四联回单加盖转讫章后，交给借款人，作为其存款账户的收账通知；第五联加盖转讫章后，送信贷部门留存备查；第一联借据由会计部门留存保管。商业银行发放个人贷款也是按照有无担保设置二级科目（信用贷款、保证贷款、抵押贷款和质押贷款）。

商业银行按当前市场条件发放的贷款，应按发放贷款的本金和相关交易费用之和作为初始确认金额。若实际利率与名义利率相差不大，可不考虑利息调整，其会计分录编制如下。

借：贷款——信用（或保证、抵押、质押）贷款——××人户（本金）
　　贷款——信用（或保证、抵押、质押）贷款——××人户（利息调整）　　　（或贷记）
　　贷：吸收存款——活期储蓄存款——××人户（本金）[或：吸收存款——
　　　　活期存款——××房地产企业户（本金）]

若为抵押、质押贷款的，还应编制表外科目的会计分录，具体如下。

收入：待处理抵押品——××人户

【例4-8】2020年2月10日，客户王平向中南房地产公司购买住房，总房款为300万元，按照总房款的30%支付首付90万元，其余款项向民生银行申请贷款，贷款年限30年，贷款年利率按照4.9%的9折计算，贷款采用等额本息的方式按月归还。假定无其他费用。

2020年2月10日会计分录如下。

借：贷款——抵押贷款——王平户（本金）　　　　　2 100 000
　　贷：吸收存款——活期存款——中南房地产公司户（本金）　　2 100 000
收入：待处理抵押品——王平户　　　　　3 000 000

（二）个人贷款的期末计提利息、收取利息的核算

资产负债表日，根据下列公式计算当期的利息收入。

摊余成本=初始确认金额-已偿还的本金采用实际利率法将该初始确认金额与到期日金额
　　　　之间的差额进行摊销形成的累计摊销额-已发生的减值损失

各期利息收入=摊余成本×实际利率

根据合同本金和合同利率计算确定当期应收未收利息。

应收利息=合同本金×合同利率

两者的差额记入"贷款——信用（或保证、抵押、质押）贷款——××人户（利息调整）"科目。

采用实际利率法确定企业当期利息收入，实际上是通过差异摊销对贷款的名义利息进行调整。其会计分录编制如下。

借：应收利息——××人户
　　贷款——信用（或保证、抵押、质押）贷款——××人户（利息调整）　　　（或贷记）
　　贷：利息收入——发放贷款及垫款
　　　　应交税费——应交增值税

实际利率与合同利率差异较小的，也可以采用合同利率计算确定当期利息收入。其会计分录编制如下。

借：应收利息——××人户

贷：利息收入——发放贷款及垫款

应交税费——应交增值税

结息日次日商业银行收取利息时，编制"利息结算单"，从借款人账户上收取利息，其会计分录如下。

借：吸收存款——活期储蓄存款——××人户（本金）

贷：应收利息——××人户

若收息日贷款利息因借款人账户无足够金额支付，而不能按时收取时，商业银行将利息记入表内"应收利息"科目或表外"应收未收利息"科目，同时向借款人发出欠息通知单。

在正常贷款期内不能按期支付的应收利息和应收未收利息按贷款合同利率计收复息，贷款逾期后上述利息改按罚息利率计收复息。若贷款利息逾期90天以上（不含90天），则无论该贷款本金是否逾期，新发生的应收未收利息不再计入当期损益，直接在表外核算，实际收回时再计入损益。

【例4-9】2020年2月10日，客户王平向中南房地产公司购买住房，总房款300万元，按照总房款的30%支付首付90万元，其余款项向民生银行申请贷款，贷款年限30年，贷款年利率按照4.9%的9折计算，贷款采用等额本息的方式按月归还。假定无其他费用。

（1）2月29日，确认利息收入，2月为29天，则本月计算利息的天数为20天（29-9）。

本期利息收入 = 2 100 000×20×4.9%×90%÷360 = 5 145（元）。

借：应收利息——王平户   5 145

贷：利息收入——发放贷款及垫款   4 853.77

应交税费——应交增值税   291.23

（2）2020年3月31日至2050年1月31日每月月末确认利息收入。

利息收入 = 2 100 000×1×4.9%×90%÷12 = 7 717.50（元）。

借：应收利息——王平户   7 717.50

贷：利息收入——发放贷款及垫款   7 280.66

应交税费——应交增值税   436.84

（3）计算每月收取本息额。

每月收取本息额 = （2 100 000 + 2 100 000×30×4.9%×90%）÷360 = 13 550.83（元）。

民生银行每月按约定的时间从客户个人结算账户扣款，收取本息时的会计分录如下。

借：吸收存款——活期储蓄存款——王平户（本金）   13 550.83

贷：应收利息——王平户   7 717.50

贷款——抵押贷款——王平户（本金）   5 833.33

（三）个人贷款到期的核算

1. 贷款正常到期的核算

在商业银行开立存款账户的借款人在贷款到期日或提前，以其存款户资金主动归还到期贷款，归还贷款时，应填写一式四联的还款凭证。其收款单位栏写开户银行名称，金额栏内填写归还贷款的金额，用途栏注明"归还××××年××月××日××贷款"字样。

会计部门收到借款人的还款凭证，应重点审查还款凭证的内容是否正确、完整，印章是否为本人签章，款项用途栏是否注明"还借款"字样等。经审核无误后，还款凭证第二联作为借方传票，还款凭证第三联作为贷方传票，办理转账。其会计分录编制如下。

借：吸收存款——活期储蓄存款——××人户（本金）　　　　　　　　（客户归还的金额）

　　贷：应收利息——××人户　（收回的应收利息金额）

　　　　贷款——信用（或保证、抵押、质押）贷款——××人户（本金）

　　　　　　　　　　　　　　　　　　　　　　　　　　　　　　（客户归还的贷款本金）

　　　　利息收入——发放贷款及垫款　　　　　　　　　（应确认为当期利息收入）

　　　　应交税费——应交增值税　　　　　　　　　　　（应缴纳的增值税）

如存在利息调整余额，还应同时予以结转。

转账后应注销借据，将还款凭证第四联代付款通知，退给借款人。如借款人分次归还贷款，则商业银行应在借据上登记本次还款金额，并结计未归还余额，继续保管借据，待最后一次还清余款时，再将借据注销，退给借款人。

若贷款到期，借款人未主动还款，商业银行应按有关规定主动从借款人存款账户中扣收，并填制两借一贷特种转账传票办理转账。其处理手续同上。

【例 4-10】接【例 4-9】，2050 年 2 月 10 日，民生银行到期收回最后一期本息时，会计分录编制如下。

借：吸收存款——活期储蓄存款——王平户（本金）　　　13 550.83

　　贷：应收利息——王平户　　　　　　　　　　　　　7 717.50

　　　　贷款——抵押贷款——王平户（本金）　　　　　5 833.33

付出：待处理抵押品——王平户　　　　　　　　　3 000 000

2. 贷款展期、缩期与顺延的核算

借款人因故不能按期归还贷款或提前还款时，借款人应在贷款到期前向信贷部门提出展期、缩期、顺延申请。信贷部门审查同意后，书面通知会计部门办理相关业务。

会计部门接到贷款展期、缩期与顺延通知后，应对以下内容进行审查：展期、缩期与顺延申请书的要素是否齐全，是否经有权人审批，展期、缩期与顺延利率及期限的确定是否正确。审查无误后，同时还要对抵（质）押品、保证文书做延期处理。

3. 逾期贷款的核算

贷款到期，若借款人事先未向商业银行申请办理展期、顺延手续，或申请展期、顺延未获得批准，或者已经办理展期、顺延，但展期、顺延到期日仍未归还贷款，即作为逾期贷款。商业银行应将该贷款转入逾期贷款户，商业银行会计部门与信贷部门联系后，根据原借据，分别编制特种转账借方传票和特种转账贷方传票各两联，凭特种转账借方传票和贷方传票各一联办理转账。会计分录编制如下。

借：贷款——逾期贷款——××人户

或者，借：贷款——逾期贷款——××人户（蓝字）

借：贷款——信用（或保证、抵押、质押）贷款——××人户　（红字）

　　贷：贷款——信用（或保证、抵押、质押）贷款——××人户

转账后，将另两联特种转账借方、贷方传票作为收、支款通知，加盖转讫章和经办人章后交给借款人。同时，商业银行在原借据上批注"××××年××月××日转入逾期贷款"的字样后，另行保管。待借款人存款账户有款支付时，一次或分次扣收，并从逾期之日起至款项还清前一日止，除按规定利率计息外，还应按实际逾期天数和中国人民银行规定的罚息率计收罚息。

逾期贷款利息的计算公式如下。

逾期贷款利息 = 逾期贷款本息 × 逾期天数 × 规定的利率 × (1 + 加息率)

第四节 | 贷款的减值

为了提高商业银行防范和抵御风险的能力，正确核算其经营损益，各商业银行应当按照谨慎性原则的要求，在资产负债表日，对各项贷款的账面价值进行检查。如有客观证据表明该贷款发生减值的，应当计提减值准备。

商业银行按规定对发生减值的贷款计提的减值准备，应通过"贷款损失准备"科目进行核算。

一、贷款损失准备的计提范围

计提贷款损失准备的资产是指商业银行承担风险和损失的资产，具体包括贴现资产、拆出资金、客户贷款、银团贷款、贸易融资、协议透支、信用卡透支、转贷款和垫款（如银行承兑汇票垫款、担保垫款、信用证垫款）等。商业银行对不承担风险的委托贷款等，不计提贷款损失准备。

贷款损失准备的
计提

二、贷款减值损失的确认与计量

贷款是否发生减值，要有贷款确已发生减值的客观证据，即贷款初始确认后实际发生的、对该贷款的预计未来现金流量有影响，且商业银行能够对该影响进行可靠计量的事项。客观证据主要包括：债务人发生严重财务困难；债务人违反了合同条款，如偿付利息或本金发生违约或逾期等；债权人出于经济或法律等方面因素的考虑，对发生财务困难的债务人做出让步；债务人很可能倒闭或进行其他财务重组；其他表明贷款发生减值的客观证据等。通常情况下，商业银行难以找到某一单独的客观证据表明贷款可能发生减值，因此应当在综合考虑上述各种因素的基础上进行分析和判断。

资产负债表日，对于单独进行减值测试的贷款，商业银行应采用现金流折现模型进行减值测试。即预计资产负债表日后的与该贷款相关的未来现金流量（包括借款人或保证人用来还款的经营现金流量和特定现金流量、处置抵押物或质押权利取得的净收入等），按照初始确认时确定的实际利率将预计未来现金流量折现至资产负债表日，得到预计未来现金流量现值。若预计未来现金流量现值低于该贷款的账面价值（即摊余成本），则表明该贷款发生了减值，应当将预计未来现金流量现值低于该贷款账面价值的差额确认为贷款减值损失，计入当期损益，即记入"信用减值损失"科目。对于已单项确认减值损失的贷款，不应包括在具有类似信用风险特征的贷款组合中进行减值测试。资产负债表日，对于采用组合方式进行减值测试的贷款，商业银行可以根据自身风险管理模式和数据支持程度，选择合理的方法确认和计量贷款减值损失。通常可采用概率统计的方法进行组合评估计量减值。概率统计的方法是在具有类似信用风险特征的贷款中，分析其在特定时间风险分类的变动，测算每一类别贷款发生损失的概率，将当期资产负债表日相同类别贷款余额与损失率相乘，得到预计的损失金额的方法，该预计的损失金额即为贷款减值损失。

三、贷款发生减值的核算

资产负债表日，商业银行确定贷款发生减值的，应当将该贷款的账面价值减去预计未来现金流量（包括尚未发生的未来信用损失）现值的差额确认为信用减值损失，计入当期损益。即按应减记的金额，借记"信用减值损失"账户，贷记"贷款损失准备"账户。同时，应将"贷款——××贷款——××户（本金）""贷款——××贷款——××户（利息调整）"账户余额转入"贷款——××贷款——××户（已减值）"账户，借记"贷款——××贷款——××户（已减值）"账户，贷记"贷款——××贷款——××户（本金）"，借记或贷记"贷款——××贷款——××户（利息调整）"账户。其会计分录编制如下。

  借：信用减值损失——贷款损失准备
   贷：贷款损失准备——客户贷款户
  借：贷款——××贷款——××户（已减值）
   贷：贷款——××贷款——××户（本金）
    贷款——××贷款——××户（利息调整）   （或借记）

其中，预计未来现金流量现值，应当按照该贷款的原实际利率折现确定，并考虑相关担保物价值（取得和出售该担保物发生的费用应当予以扣除）。

四、计提减值贷款利息的核算

由于减值贷款仍然具有时间价值，并且还要在期末继续接受减值测试，所以，对减值贷款仍应继续确认利息收入。考虑到减值贷款的利息收入难以实现，在确认时，以冲销已计提的贷款损失准备的方式进行，将应收利息纳入表外科目核算。资产负债表日，应按减值贷款的摊余成本和实际利率计算确定的利息收入，借记"贷款损失准备"账户，贷记"利息收入"账户。同时，将按合同本金和合同利率计算确定的应收利息金额进行表外登记。其会计分录编制如下。

  借：贷款损失准备——客户贷款户
   贷：利息收入——发放贷款及垫款
    应交税费——应交增值税
  收入：应收未收利息——××户

其中，计算确定利息收入的实际利率，应为确定减值损失时对未来现金流量进行折现所采用的折现率。

已发生减值的贷款如以后又收到利息，则于收到时，按实际收到的金额编制如下会计分录。

  借：吸收存款——活期存款——××户
   贷：贷款——××贷款——××户（已减值）

五、减值贷款价值恢复的核算

已计提贷款损失准备的贷款，如有客观证据表明该贷款的价值已恢复，且客观上与确认该减值损失时发生的事项有关（如债务人的信用评级已提高等），应在原已计提的贷款损失准备金额内，按恢复增加的金额，借记"贷款损失准备"账户，贷记"信用减值损失"账户。其会计分录编制如下。

  借：贷款损失准备——客户贷款户
   贷：信用减值损失——贷款损失准备

在转回该贷款原确认的减值损失时，转回后该贷款的账面价值不应当超过假定不计提贷款损失准备情况下该贷款在转回日的摊余成本。

六、收回减值贷款的核算

收回减值贷款时，应按实际收到的金额，借记"吸收存款"账户，按相关贷款损失准备余额，借记"贷款损失准备"账户，按相关贷款余额，贷记"贷款——××贷款——××户（已减值）"账户，按其差额，贷记"信用减值损失"账户。其会计分录编制如下。

借：吸收存款——活期存款——××户

贷款损失准备——客户贷款户

贷：贷款——××贷款——××户（已减值）

信用减值损失——贷款损失准备

同时，销记表外登记的应收未收利息，其会计分录如下。

付出：应收未收利息——××户

如债务人无法用货币资金偿还债务，商业银行依法行使债权和担保物权而取得抵债资产的，按抵债资产的公允价值，借记"抵债资产"账户，按相关贷款已计提的减值准备，借记"贷款损失准备"账户，按相关贷款的账面余额，贷记"贷款——××贷款——××户（已减值）"账户，按应支付的相关税费（取得抵债资产支付的相关税费是指商业银行在收取抵债资产过程中所缴纳的契税、车船使用税、印花税、房产税等税金，以及所支出的过户费、土地出让金、土地转让费、水利建设基金、交易管理费、资产评估费等直接费用）贷记"应交税费"账户，按其差额，借记"营业外支出"账户或贷记"信用减值损失"账户。其会计分录编制如下。

（1）借方差额。

借：抵债资产

贷款损失准备——客户贷款户

营业外支出

贷：贷款——××贷款——××户（已减值）

应交税费

（2）贷方差额。

借：抵债资产

贷款损失准备——客户贷款户

贷：贷款——××贷款——××户（已减值）

应交税费

信用减值损失——贷款损失准备

同时，销记表外登记的应收未收利息，其会计分录编制如下。

付出：应收未收利息——××户

需要注意的是，如抵债资产原为贷款抵押品、质押品的，将其转为抵债资产核算时，还应销记原已登记的表外科目和担保物登记簿，会计分录编制如下。

付出：待处理抵押（质押）品——××户

七、转销呆账贷款的核算

商业银行对于确实无法收回的贷款，应按规定的条件和管理权限报经批准后，作为呆账予以转销。凡符合下列条件之一的，造成商业银行不能按期收回的贷款，可以被确认为呆账。

（1）借款人和担保人依法被宣告破产，经法定清偿后仍未还清的贷款。

（2）借款人死亡，或依照《中华人民共和国民法典》的规定，宣告失踪或死亡，以其财产或遗产清偿后未能还清的贷款。

（3）借款人遭受重大自然灾害或意外事故，损失巨大且不能获得保险赔款，确实不能偿还的部分或全部贷款，或经保险赔偿清偿后未能还清的贷款。

（4）借款人依法处置抵押物所得价款不足以补偿的贷款部分。

（5）经中华人民共和国国务院专案批准核销的贷款。

各级银行机构对借款人有经济偿还能力但因某些原因不能按期偿还的贷款，不得列作呆账，应积极组织催收。商业银行工作人员因渎职或其他违法行为造成贷款无法收回的，不得列作呆账，除追究有关责任人的责任外，应在商业银行的利润留成中逐年冲销。

对于需要转销的呆账贷款，商业银行要按规定的程序办理，申请转销呆账贷款时，应填报"核销呆账损失申报表"并附详细说明，按规定的转销权限逐级报上级行审查。上级行收到"核销呆账损失申报表"后，应组织信贷、法规、会计、稽核部门进行审查并签署意见。如符合规定条件，可以冲减贷款损失准备。

（按法定程序核销呆账损失时，会计分录编制如下。）

借：贷款损失准备——客户贷款户

　　贷：贷款——××贷款——××户（已减值）

按管理权限报经批准后转销表外应收未收利息，减少表外"应收未收利息"科目金额。其会计分录编制如下。

付出：应收未收利息——××户

八、已转销的贷款又收回的核算

已确认并转销的贷款以后又收回的，按原转销的已减值贷款余额，借记"贷款——××贷款——××户（已减值）"科目，贷记"贷款损失准备"科目。按实际收到的金额，借记"吸收存款"科目，按原转销的已减值贷款余额，贷记"贷款——××贷款——××户（已减值）"科目，按其差额，贷记"信用减值损失"科目。其会计分录编制如下。

借：贷款——××贷款——××户（已减值）

　　贷：贷款损失准备——客户贷款户

同时，

借：吸收存款——活期存款——××户

　　贷：贷款——××贷款——××户（已减值）

　　　　信用减值损失——贷款损失准备

【例 4-11】2018 年 10 月 31 日，某商业银行支行向其开户单位中盛公司发放一年期贷款，合同本金 300 万元，合同年利率 12%，到期一次还本付息，该商业银行支行于每月月末计提利息。2019 年 3 月 31 日，有客观证据表明中盛公司发生严重财务困难，该商业银行支行据此认定对中盛公司的贷款发生了减值，并预期将于 2020 年 3 月 31 日收到现金 200 万元。假定 2020 年 3 月 31 日，该商业银行支行与中盛公司结算贷款，实际收到现金 250 万元。假设实际利率与名义利率相差不大且不考虑其他因素。

（1）2018 年 10 月 31 日，发放贷款，编制如下会计分录。

借：贷款——信用贷款——中盛公司户（本金）　　　　　　　3 000 000

　　贷：吸收存款——活期存款——中盛公司户（本金）　　　　　3 000 000

（2）2018 年 11 月 30 日至 2019 年 3 月 31 日确认利息收入，进行如下会计处理。

利息收入 = 3 000 000×1×12%÷12 = 30 000（元）。

借：应收利息——中盛公司户　　　　　　　　　　　　　　　　30 000

　　贷：利息收入——发放贷款及垫款　　　　　　　　　　　　28 301.89

　　　　应交税费——应交增值税　　　　　　　　　　　　　　1 698.11

（3）2019 年 3 月 31 日，未确认减值损失前贷款的摊余成本为 3 000 000 元。

2019 年 3 月 31 日，预计未来现金流量现值=2 000 000×（1＋1%）$^{-12}$=1 774 000（元）。

2019 年 3 月 31 日，该商业银行支行应确认的贷款减值损失＝未确认减值损失前贷款的摊余成本－预计未来现金流量现值=3 000 000－1 774 000＝1 226 000（元）。

　　借：信用减值损失——贷款损失准备　　　　　　　　　　　　　　1 226 000
　　　　贷：贷款损失准备——中盛公司户　　　　　　　　　　　　　　　1 226 000
　　借：贷款——信用贷款——中盛公司户（已减值）　　　　　　　　3 000 000
　　　　贷：贷款——信用贷款——中盛公司户（本金）　　　　　　　　　3 000 000

（4）2019 年 4 月 30 日至 2020 年 3 月 31 日确认减值贷款利息收入，账务处理如下。

4 月末：减值贷款利息收入＝贷款摊余成本×实际利率=1 774 000×1%＝17 740（元）。

　　借：贷款损失准备——中盛公司户　　　　　　　　　　　　　　　　17 740
　　　　贷：利息收入——发放贷款及垫款　　　　　　　　　　　　　　　16 735.85
　　　　　　应交税费——应交增值税　　　　　　　　　　　　　　　　　 1 004.15
收入：应收未收利息　　　　　　　　　　　　　　　　　　　　　　　　30 000

5 月末：减值贷款利息收入＝贷款摊余成本×实际利率=（1 774 000+17 740）×1%＝17 917.40（元）。

以后月份如此类推。

（5）2020 年 3 月 31 日，该商业银行支行与中盛公司结算贷款，账务处理如下。

　　借：吸收存款——活期存款——中盛公司户　　　　　　　　　　　2 500 000
　　　　贷款损失准备——中盛公司户　　　　　　　　　　　　　　　1 000 000
　　　　贷：贷款——信用贷款——中盛公司户（已减值）　　　　　　　3 000 000
　　　　　　信用减值损失——贷款损失准备　　　　　　　　　　　　　　500 000
付出：应收未收利息　　　　　　　　　　　　　　　　　　　　　　　 360 000

【例 4-12】2017 年 12 月 31 日，工商银行洪山支行向其开户单位中华公司发放一年期贷款，合同本金 100 万元，合同年利率 12%，到期一次还本付息，同时发生交易费用 1 万元，支付给在本行开户的 M 咨询公司。工商银行洪山支行于每月月末计提利息。2018 年 8 月 31 日，有客观证据表明中华公司发生严重财务困难，工商银行洪山支行据此认定对中华公司的贷款发生了减值，并预期将于 2019 年 8 月 31 日收到现金 60 万元。2019 年 8 月 31 日，工商银行洪山支行与中华公司结算贷款，实际收到现金 80 万元。假设不考虑其他因素。

贷款初始确认金额＝1 000 000＋10 000＝1 010 000（元）。

设贷款的实际利率为 IRR，根据公式：

$$V=\frac{CF_1}{(1+IRR)^1}+\frac{CF_2}{(1+IRR)^2}+\cdots+\frac{CF_n}{(1+IRR)^n}=\sum_{t=1}^{n}\frac{CF_t}{(1+IRR)^t}$$

可得：

$$1010\,000=\frac{1\,000\,000\times(1+12\%)}{(1+IRR)^{12}}$$

$IRR=0.865\,2\%$

采用实际利率法计算利息收入和贷款摊余成本的数据如表 4-2 所示。

表 4-2　　　　　　　　采用实际利率法计算利息收入和贷款摊余成本　　　　　　　　单位：元

时间	期初摊余成本①	利息收入（实际月利率为0.8652%）②	现金流入③	贷款减值损失④	期末摊余成本⑤＝①＋②－③－④
2018 年 1 月 31 日	1 010 000	8 739	0		1 018 739
2018 年 2 月 29 日	1 018 739	8 814	0		1 027 553

时间	期初摊余成本①	利息收入（实际月利率为0.8652%）②	现金流入③	贷款减值损失④	期末摊余成本⑤＝①+②－③－④
2018 年 3 月 31 日	1 027 553	8 890	0		1 036 443
2018 年 4 月 30 日	1 036 443	8 967	0		1 045 410
2018 年 5 月 31 日	1 045 410	9 045	0		1 054 455
2018 年 6 月 30 日	1 054 455	9 123	0		1 063 578
2018 年 7 月 31 日	1 063 578	9 202	0		1 072 780
2018 年 8 月 31 日	1 072 780	9 282	0	540 990	541 072
2018 年 9 月 30 日	541 072	4 681	0		545 753
2018 年 10 月 31 日	545 753	4 722	0		550 475
2018 年 11 月 30 日	550 475	4 763	0		555 238
2018 年 12 月 31 日	555 238	4 804	0		560 042
2019 年 1 月 31 日	560 042	4 845	0		564 887
2019 年 2 月 28 日	564 887	4 887	0		569 774
2019 年 3 月 31 日	569 774	4 930	0		574 704
2019 年 4 月 30 日	574 704	4 972	0		579 676
2019 年 5 月 31 日	579 676	5 015	0		584 691
2019 年 6 月 30 日	584 691	5 059	0		589 750
2019 年 7 月 31 日	589 750	5 103	0		594 853
2019 年 8 月 31 日	594 853	5 147	600 000		0
合计	—	130 990	—	540 990	—

根据表 4-2 的数据，工商银行洪山支行的有关账务处理如下。

（1）2017 年 12 月 31 日，发放贷款，编制如下会计分录。

借：贷款——信用贷款——中华公司户（本金）　　　　　　　10 000 000

　　贷款——信用贷款——中华公司户（利息调整）　　　　　　10 000

　　贷：吸收存款——活期存款——中华公司户　　　　　　　　　　1 000 000

　　　　吸收存款——活期存款——M 咨询公司户　　　　　　　　　10 000

（2）2018 年 1 月 31 日确认利息收入，编制如下会计分录。

借：应收利息——中华公司户　　　　　　　　　　　　　　　10 000

　　贷：利息收入——发放贷款及垫款　　　　　　　　　　　　　8 244.34

　　　　应交税费——应交增值税　　　　　　　　　　　　　　　494.66

　　　　贷款——信用贷款——中华公司户（利息调整）　　　　　1 261

（3）2018 年 2 月 29 日确认利息收入，编制如下会计分录。

借：应收利息——中华公司户　　　　　　　　　　　　　　　10 000

　　贷：利息收入——发放贷款及垫款　　　　　　　　　　　　　8 315.09

　　　　应交税费——应交增值税　　　　　　　　　　　　　　　498.91

　　　　贷款——信用贷款——中华公司户（利息调整）　　　　　1 186

（4）2018 年 3 月 31 日确认利息收入，编制如下会计分录。

借：应收利息——中华公司户   10 000

    贷：利息收入——发放贷款及垫款   8 386.79

          应交税费——应交增值税   503.21

          贷款——信用贷款——中华公司户（利息调整）   1 110

（5）2018 年 4 月 30 日确认利息收入，编制如下会计分录。

借：应收利息——中华公司户   10 000

    贷：利息收入——发放贷款及垫款   8 459.43

          应交税费——应交增值税   507.57

          贷款——信用贷款——中华公司户（利息调整）   1 033

（6）2018 年 5 月 31 日确认利息收入，编制如下会计分录。

借：应收利息——中华公司户   10 000

    贷：利息收入——发放贷款及垫款   8 533.02

          应交税费——应交增值税   511.98

          贷款——信用贷款——中华公司户（利息调整）   955

（7）2018 年 6 月 30 日确认利息收入，编制如下会计分录。

借：应收利息——中华公司户   10 000

    贷：利息收入——发放贷款及垫款   8 606.60

          应交税费——应交增值税   516.40

          贷款——信用贷款——中华公司户（利息调整）   877

（8）2018 年 7 月 31 日确认利息收入，编制如下会计分录。

借：应收利息——中华公司户   10 000

    贷：利息收入——发放贷款及垫款   8 681.13

          应交税费——应交增值税   520.87

          贷款——信用贷款——中华公司户（利息调整）   798

（9）2018 年 8 月 31 日确认利息收入，编制如下会计分录。

借：应收利息——中华公司户   10 000

    贷：利息收入——发放贷款及垫款   8 756.60

          应交税费——应交增值税   525.40

          贷款——信用贷款——中华公司户（利息调整）   718

（10）2018 年 8 月 31 日确认贷款减值损失，账务处理如下。

2018 年 8 月 31 日，未确认减值损失前贷款的摊余成本 = 1 072 780 + 9 282 = 1 082 062（元）。

2018 年 8 月 31 日，新预计未来现金流量现值 = 600 000×（1 + 0.865 2%）$^{-12}$ = 541 072（元）。

2018 年 8 月 31 日，工商银行洪山支行应确认的贷款减值损失 = 未确认减值损失前贷款的摊余成本 − 新预计未来现金流量现值 = 1 082 062 − 541 072 = 540 990（元）。

借：信用减值损失——贷款损失准备   540 990

    贷：贷款损失准备——中华公司户   540 990

借：贷款——信用贷款——中华公司户（已减值）   1 002 062

    贷：贷款——信用贷款——中华公司户（本金）   1 000 000

          贷款——信用贷款——中华公司户（利息调整）   2 062

（11）2018 年 9 月 30 日确认减值贷款利息收入，账务处理如下。

减值贷款利息收入 = 贷款摊余成本×实际利率 = 541 072×0.865 2% = 4 681（元）。

借：贷款损失准备——中华公司户   4 681

    贷：利息收入——发放贷款及垫款   4 416.04

        应交税费——应交增值税   264.96

收入：应收未收利息   10 000

（12）2018 年 10 月 31 日确认减值贷款利息收入，账务处理如下。

减值贷款利息收入 = 贷款摊余成本×实际利率 = 545 753×0.865 2% = 4 722（元）。

借：贷款损失准备——中华公司户   4 722

    贷：利息收入——发放贷款及垫款   4 454.72

        应交税费——应交增值税   267.28

收入：应收未收利息   10 000

（13）2018 年 11 月 30 日确认减值贷款利息收入，账务处理如下。

减值贷款利息收入 = 贷款摊余成本×实际利率 = 550 475×0.865 2% = 4 763（元）。

借：贷款损失准备——中华公司户   4 763

    贷：利息收入——发放贷款及垫款   4 493.40

         269.60

收入：应交税费——应交增值税利息   10 000

（14）2018 年 12 月 31 日确认减值贷款利息收入，账务处理如下。

减值贷款利息收入 = 贷款摊余成本×实际利率 = 555 238×0.865 2% = 4 804（元）。

借：贷款损失准备——中华公司户   4 804

    贷：利息收入——发放贷款及垫款   4 532.08

        应交税费——应交增值税   271.92

收入：应收未收利息   10 000

（15）2019 年 1 月 31 日确认减值贷款利息收入，账务处理如下。

减值贷款利息收入 = 贷款摊余成本×实际利率 = 560 042×0.865 2% = 4 845（元）。

借：贷款损失准备——中华公司户   4 845

    贷：利息收入——发放贷款及垫款   4 570.75

        应交税费——应交增值税   274.25

收入：应收未收利息   10 000

（16）2019 年 2 月 28 日确认减值贷款利息收入，账务处理如下。

减值贷款利息收入 = 贷款摊余成本×实际利率 = 564 887×0.865 2% = 4 887（元）。

借：贷款损失准备——中华公司户   4 887

    贷：利息收入——发放贷款及垫款   4 610.38

        应交税费——应交增值税   276.62

收入：应收未收利息   10 000

（17）2019 年 3 月 31 日确认减值贷款利息收入，账务处理如下。

减值贷款利息收入 = 贷款摊余成本×实际利率 = 569 774×0.865 2% = 4 930（元）。

借：贷款损失准备——中华公司户   4 930

    贷：利息收入——发放贷款及垫款   4 650.94

        应交税费——应交增值税   279.06

收入：应收未收利息   10 000

（18）2019 年 4 月 30 日确认减值贷款利息收入，账务处理如下。

减值贷款利息收入 = 贷款摊余成本×实际利率 = 574 704×0.865 2% = 4 972（元）。

借：贷款损失准备——中华公司户　　　　　　　　　　　　　　　　4 972

　　贷：利息收入——发放贷款及垫款　　　　　　　　　　　　　　　　4 690.57

　　　　应交税费——应交增值税　　　　　　　　　　　　　　　　　　281.43

收入：应收未收利息　　　　　　　　　　　　　　　　　　　　　　　10 000

（19）2019 年 5 月 31 日确认减值贷款利息收入，账务处理如下。

减值贷款利息收入 = 贷款摊余成本×实际利率 = 579 676×0.865 2% = 5 015（元）。

借：贷款损失准备——中华公司户　　　　　　　　　　　　　　　　5 015

　　贷：利息收入——发放贷款及垫款　　　　　　　　　　　　　　　　4 731.13

　　　　应交税费——应交增值税　　　　　　　　　　　　　　　　　　283.87

收入：应收未收利息　　　　　　　　　　　　　　　　　　　　　　　10 000

（20）2019 年 6 月 30 日确认减值贷款利息收入，账务处理如下。

减值贷款利息收入 = 贷款摊余成本×实际利率 = 584 691×0.865 2% = 5 059（元）。

借：贷款损失准备——中华公司户　　　　　　　　　　　　　　　　5 059

　　贷：利息收入——发放贷款及垫款　　　　　　　　　　　　　　　　4 772.64

　　　　应交税费——应交增值税　　　　　　　　　　　　　　　　　　286.36

收入：应收未收利息　　　　　　　　　　　　　　　　　　　　　　　10 000

（21）2019 年 7 月 31 日确认减值贷款利息收入，账务处理如下。

减值贷款利息收入 = 贷款摊余成本×实际利率 = 589 750×0.865 2% = 5 103（元）。

借：贷款损失准备——中华公司户　　　　　　　　　　　　　　　　5 103

　　贷：利息收入——发放贷款及垫款　　　　　　　　　　　　　　　　4 814.15

　　　　应交税费——应交增值税　　　　　　　　　　　　　　　　　　288.85

收入：应收未收利息　　　　　　　　　　　　　　　　　　　　　　　10 000

（22）2019 年 8 月 31 日确认减值贷款利息收入，账务处理如下。

减值贷款利息收入 = 贷款摊余成本×实际利率 = 594 853×0.865 2% = 5 147（元）。

借：贷款损失准备——中华公司户　　　　　　　　　　　　　　　　5 147

　　贷：利息收入——发放贷款及垫款　　　　　　　　　　　　　　　　4 855.66

　　　　应交税费——应交增值税　　　　　　　　　　　　　　　　　　291.34

收入：应收未收利息　　　　　　　　　　　　　　　　　　　　　　　10 000

（23）2019 年 8 月 31 日，工商银行洪山支行与中华公司结算贷款，账务处理如下。

借：吸收存款——活期存款——中华公司户　　　　　　　　　　　　800 000

　　贷款损失准备——中华公司户　　　　　　　　　　　　　　　　402 062

　　贷：贷款——信用贷款——中华公司户（已减值）　　　　　　　1 002 062

　　　　信用减值损失——贷款损失准备　　　　　　　　　　　　　　200 000

付出：应收未收利息　　　　　　　　　　　　　　　　　　　　　　120 000

复习与思考

一、思考题

1. 贷款的种类有哪些？

2. 商业银行的哪些资产应计提贷款损失准备？

3. 贷款发生减值的客观证据有哪些？

4. 资产负债表日已减值贷款的利息应如何核算?

5. 简述贷款利息计算的规定及方法。

二、练习题

1. 某企业于 2019 年 3 月 21 日向某银行申请抵押贷款 40 万元，期限为 1 年，年利率为 6%，抵押品公允价值为 60 万元。采用按季度收取利息的方式收息，每季度末月 21 日收取利息。要求：编写该行发放贷款、计提利息、收取本息时的会计分录。

2. 2020 年 1 月 3 日，客户张平向某民生银行申请个人住房贷款 100 万元，贷款年利率为 4.41%，贷款期限为 20 年，抵押品公允价值为 150 万元，采用等额本金的还款方式按月还款，假定该行每月 15 日收取贷款本息。要求：计算每期还本额，2020 年 2 月 15 日和 2020 年 3 月 15 日应收利息额。并编制该银行发放贷款、2 月 15 日收取本息和归还贷款时的表内和表外会计分录。

3. 华能公司因采购资金不足，向交通银行南京分行申请半年期信用贷款，经审核后同意贷款，交通银行于 2020 年 1 月 10 日向其发放贷款 30 万元，约定的贷款年利率为 8%，采用利随本清方式支付利息。要求：编写交通银行南京分行发放贷款、计提利息、收取本息时的会计分录。

4. 华能公司因采购资金不足，向交通银行南京分行申请半年期信用贷款，交通银行经审核后同意于 2020 年 1 月 10 日向其发放贷款 30 万元，约定的贷款年利率为 8%，采用利随本清方式支付利息。假如该公司在 2020 年 7 月 10 日款项到期时，由于资金紧张，只能支付贷款利息 12 000 元，未能支付贷款本金，逾期至 9 月末归还所欠本息。要求：编写交通银行南京分行发放贷款、计提利息、2020 年 7 月 10 日收取利息、逾期利息计提及逾期贷款收回时的会计分录。

第五章 | 支付结算业务的核算

各企业单位之间经济往来的款项，除少数按照国家现金管理制度的规定可以使用现金结算外，其余都必须通过银行办理转账结算。这不仅有利于企业提高资金使用效益，促进各项经济活动的开展，而且有利于银行集聚资金，稳定和扩大信贷资金来源，充分发挥其作为支付中介、资金清算中介的职能。此外，银行有效地组织支付结算，在节约现金使用、减少货币发行、调节货币流通等方面也有着重要的意义。

第一节 | 支付结算业务概述

一、支付结算的概念

支付结算又称转账结算，是指单位、个人在社会经济活动中使用票据、信用卡和汇兑、托收承付、委托收款等结算方式进行货币给付及资金清算的行为。其主要功能是完成资金从一方当事人向另一方当事人的转移。

二、支付结算的原则

支付结算原则是银行和客户在办理结算时必须遵守的基本原则，主要包括以下内容。

（一）恪守信用，履约付款

"恪守信用，履约付款"这条原则是对办理支付结算业务的双方当事人的约束，是维护经济合同秩序和保障当事人权利的重要原则。

（二）谁的钱进谁的账，由谁支配

"谁的钱进谁的账，由谁支配"这条原则是在支付结算过程中维护存款人权益的具体体现。银行作为资金清算的中介在办理结算时必须按照委托人的要求收款和付款。存款人的资金，除国家法律另有规定外，必须由存款人自己支配，其他任何单位、个人及银行本身都不得对其资金进行干预和侵犯。

（三）银行不垫款

"银行不垫款"这条原则旨在划清银行资金和存款人资金的界限，保证银行资金的安全。银行在支付结算活动中处于中介地位，只是接受客户的委托进行资金的划拨，而不承担垫款的责任。

三、支付结算的纪律

支付结算纪律是国家财经纪律的重要组成部分，也是支付结算业务正常进行的保证，对维护社会经济秩序，正确处理各部门、企事业的经济关系具有重要意义。它包括客户应遵守的支付结算纪律和银行应遵守的支付结算纪律两个方面。

（一）客户应遵守的支付结算纪律

办理结算的单位和个人，必须重合同、守信用，并严格执行《中华人民共和国票据法》《中国人民银行支付结算办法》和账户管理的规定。不准签发没有资金保证的票据或远期支票，套取银行信用；不准签发、取得和转让没有真实交易和债权债务的票据，套取银行和他人资金；不准无理拒绝付款，任意占用他人资金；不准违反规定开立和使用账户；不准出租出借账户或将账户转让他人使用；不准利用多头开户转移资金以逃避支付结算的债务。

（二）银行应遵守的支付结算纪律

银行要履行"清算中介"的职责，就必须严格执行《中华人民共和国票据法》和《中国人民银行支付结算办法》。不准以任何理由压票、任意退票、截留挪用客户和他行资金；不准无理拒绝支付应由银行支付的票据款项；不准受理无理由拒付、不扣或少扣滞纳金；不准违章签发、承兑、贴现票据，套取银行资金；不准签发空头银行汇票、银行本票和办理空头汇款；不准在支付结算制度之外规定附加条件，影响汇路畅通；不准违反规定为单位和个人开立账户；不准拒绝受理、代理他行正常结算业务；不准放弃对企事业单位和个人违反结算纪律的制裁；不准逃避向中国人民银行转汇大额汇划款项。

四、支付结算的种类

（一）按照是否使用票据作为结算工具，支付结算可分为票据结算方式和非票据结算方式

票据结算方式具体有：支票、银行本票、银行汇票、商业汇票。非票据结算方式具体有：汇兑、委托收款、托收承付、信用卡。

（二）按照适用区域，支付结算可分为同城结算和异地结算

只能在同城（同一票据交换区域）范围内结算的方式有支票、银行本票。只能在异地（非同一票据交换区域）结算的方式有汇兑、托收承付。同城异地均可使用的结算方式包括商业汇票、委托收款、信用卡等。

第二节 支票的核算

支票是由出票人签发的，委托办理支票存款业务的银行或其他金融机构在见票时无条件支付确定的金额给收款人或者持票人的票据。支票适用于单位和个人在同一票据交换区域的各种款项的结算。2007 年，全国支票影像交换系统建成运行后，支票全国通用。

支票可分为现金支票、转账支票、普通支票三种。票面印有"现金"字样的为现金支票，现金支票只能用于支取现金；票面印有"转账"字样的为转账支票，转账支票只能用于转账业务；票面未印有"现金"或"转账"字样的为普通支票，普通支票可以用于支取现金，也可以用于转账；在普通支票左上角画两条平行线的支票，为划线支票，划线支票只能用于转账，不能支取现金。现金支票票样和转账支票票样分别如图 5-1 和图 5-2 所示。

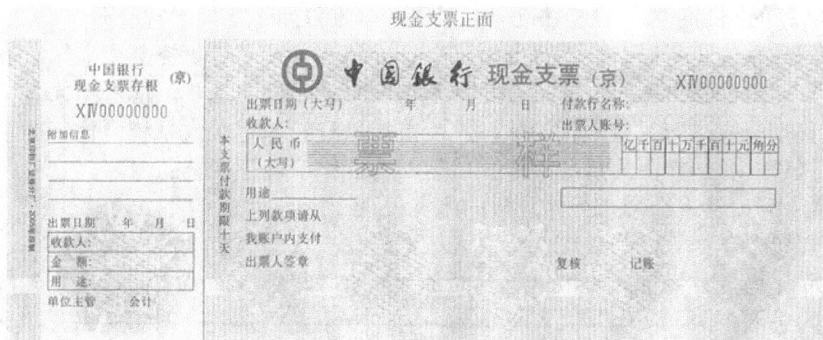

图 5-1　现金支票

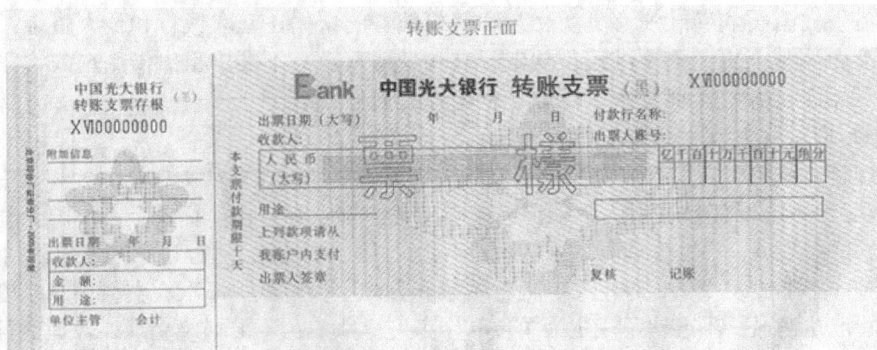

图 5-2　转账支票

一、支票的基本规定

（1）支票的出票人，为在经中国人民银行当地分支行批准办理支票业务的银行机构开立可以使用支票存款账户的单位和个人。

（2）支票的金额、收款人名称可以由出票人授权补记。未补记前不得背书转让和提示付款。

（3）签发支票应使用碳素墨水或墨汁填写。大小写金额、日期和收款人不能更改，否则支票无效。对于票据上的其他事项，原记载人可以更改，但必须签章证明。

（4）支票金额无起点限制，提示付款期为 10 天，自出票之日算起，到期日遇节假日顺延。

（5）出票人签发空头支票、签章与预留银行签章不符的支票、支付密码错误的支票，银行应予以退票，并按票面金额处以 5%但不低于 1 000 元的罚款；持票人有权要求出票人赔偿支票金额 2%的赔偿金。对屡次签发的，银行应停止其签发支票。

（6）持票人可以委托开户银行收款或直接向付款人提示付款。转账支票持票人可以委托开户行收款（称为顺进账）或直接向付款人提示付款（称为倒进账）。现金支票持票人只能直接向付款人提示付款。

（7）转账支票可以背书转让，已背书转让的支票，背书应当连续。

（8）支票可以挂失止付，失票人可以到付款行申请挂失。挂失前已经支付的，银行不予受理。

二、转账支票的核算

由于现金支票已在第三章介绍过，本节介绍转账支票的核算。转账支票自 2007 年后在全国使用，非同一票据交换区域的核算，可通过系统内账务处理系统处理，此处重点讲解在同一票据交换区域使用的转账支票的核算。在同一票据交换区域中，办理转账结算的收、付款人可能在同一行处开户，也可能不在同一行处开户，甚至可能不在同一系统，所以商业银行的每一个行处都要开设"清算资金往来"

转账支票的核算

账户和"待清算辖内往来"账户。这两个账户是资产负债共同类账户，前者用来登记本行应收跨系统他行的款项和本行应付跨系统他行的款项，后者用来登记本行应收系统内他行的款项和本行应付系统内他行的款项，并结算出最后的差额，以便在营业终了进行资金的清算。

（一）持票人与出票人在同一行处开户的账务处理

使用转账支票办理结算，一般应由持票人根据转账支票的内容填制二联进账单，第一联作为收账通知，第二联作为贷方凭证。进账单与支票一并提交开户银行。商业银行在接到持票人送来的支票和一式二联的进账单时，应当认真审核下列内容：支票是否是统一印制的凭证；支票是否真实；提示付款期是否超过；支票填列的持票人是否在本行开户；持票人的名称是否为该持票人，与进账单上的名称是否一致；出票人账户是否有足够支付的款项；出票人的签章是否符合规定，与预留银行的签章是否相符；使用支付密码的，其密码是否正确；支票的大小写金额是否一致，与进账单的金额是否相符；支票必须记载的事项是否齐全，出票金额、出票日期、收款人名称是否更改，其他记载事项的更改是否由原出票人签章证明；背书使用粘单的是否按规定在粘单处签章；持票人是否在支票的背面做委托收款背书。

经审查无误后，以支票作为借方凭证，第二联进账单作为贷方凭证，办理转账。其会计分录编制如下。

借：吸收存款——××存款——出票人户

贷：吸收存款——××存款——持票人户

第一联进账单加盖转讫章作为收账通知交持票人（收款人）。

【例 5-1】工商银行某支行收到开户单位盛天科技开发公司提交的转账支票及进账单，该转账支票由在该行开户的城光机械厂签发，金额为 20 000 元。该行经审查无误后，予以转账。

借：吸收存款——活期存款——城光机械厂户   20 000

贷：吸收存款——活期存款——盛天科技开发公司户   20 000

若银行接到出票人提交的相关凭证，则应要求客户提交支票以及根据支票填写的一式三联的进账单，同时应认真审核，其审核内容与持票人提交支票等凭证的审核内容基本一致。

经审查无误后，以支票作为借方凭证，第二联进账单作为贷方凭证，办理转账。其会计分录编制如下。

借：吸收存款——××存款——出票人户

贷：吸收存款——××存款——持票人户

第一联加盖转讫章作为回单交给出票人，第三联进账单加盖转讫章作为收账通知交持票人（收款人）。

【例 5-2】工商银行某支行收到开户单位城光机械厂提交的转账支票及进账单，该转账支票上填列的收款人为盛天科技开发公司，盛天科技开发公司也在该行开户，金额为 20 000 元。该行经审查无误后，予以转账。

借：吸收存款——活期存款——城光机械厂户   20 000

贷：吸收存款——活期存款——盛天科技开发公司户   20 000

（二）持票人与出票人不在同一行处开户的账务处理

1. 持票人开户行受理持票人提交支票的账务处理

持票人开户行在接到持票人送来的支票和一式二联的进账单时，应当认真审核，经审查无误后，在第二联进账单上按票据交换场次加盖"收妥后入账"的戳记，将进账单第一联加盖转讫章交给持票人。按照交换的规定及时提出交换。待退票时间过后，以进账单第二联作为贷方凭证办理转账。

提出交换前，会计分录编制如下。

借：清算资金往来——同城票据清算（或待清算辖内往来——××行）

贷：其他应付款——××单位户

待退票期过后入账，会计分录编制如下。

借：其他应付款——××单位户

贷：吸收存款——活期存款——收款人户

2. 出票人开户行通过票据交换提回票据的账务处理

出票人开户行在收到交换提入的支票后，应当审核支票填列的出票人是否在本行开户；出票人账户是否有足够支付的款项；出票人的签章是否符合规定、与预留银行的签章是否相符；使用支付密码的，其密码是否正确。经审查无误后，以支票作为借方凭证，办理转账。其会计分录编制如下。

借：吸收存款——活期存款——付款人户

贷：清算资金往来——同城票据清算（若为本系统往来或待清算辖内往来——××行）（下同）

【例5-3】5月16日，交通银行新安支行收到开户单位南北商场提交的转账支票和进账单，金额为70 000元，该支票的签发人（光明科技有限公司）在同城建设银行某支行开户。交通银行新安支行审查无误后，将转账支票提出交换，超过退票时间未收到退票通知。

交通银行新安支行编制的会计分录如下。

（1）提出交换支票前。

借：清算资金往来——同城票据清算   70 000

  贷：其他应付款——南北商场户   70 000

（2）超过退票时间未发生退票时。

借：其他应付款——南北商场户   70 000

  贷：吸收存款——活期存款——南北商场户   70 000

建设银行某支行编制的会计分录如下。

借：吸收存款——活期存款——光明科技有限公司户   70 000

  贷：清算资金往来——同城票据清算   70 000

【例5-4】接【例5-3】，假定该支票的签发人（光明科技有限公司）在同城交通银行城南支行开户。交通银行新安支行审查无误后，将转账支票提出交换，超过退票时间未收到退票通知。

交通银行新安支行编制的会计分录如下。

（1）提出交换支票前。

借：待清算辖内往来——城南支行   70 000

  贷：其他应付款——南北商场户   70 000

（2）超过退票时间未发生退票时。

借：其他应付款——南北商场户   70 000

  贷：吸收存款——活期存款——南北商场户   70 000

交通银行城南支行编制的会计分录如下。

借：吸收存款——活期存款——光明科技有限公司户   70 000

  贷：待清算辖内往来——新安支行   70 000

若出票人签发空头支票、签章与预留银行签章不符的支票、支付密码错误的支票，银行应予以退票并对出票人予以罚款，其会计分录如下。

（1）借：其他应收款——××单位户

      贷：清算资金往来——同城票据清算（或待清算辖内往来——××行）

（2）借：吸收存款——××存款——出票人户

      贷：营业外收入——结算罚金收入

（3）借：清算资金往来——同城票据清算（或待清算辖内往来——××行）

      贷：其他应收款——××单位户

【例5-5】第一场交换提回时，工商银行某支行对开户单位申兴开发公司签发的一张金额为8 500元的转账支票，因存款余额不足做退票处理，计收罚金1 000元，并于下场交换提出退票，该票据为跨系统他行提出的票据。

借：其他应收款——申兴开发公司户   8 500

  贷：清算资金往来——同城票据清算   8 500

借：吸收存款——活期存款——申兴开发公司户   1 000

  贷：营业外收入——结算罚金收入   1 000

借：清算资金往来——同城票据清算　　　　　　　　　　　　　　　　8 500

　　贷：其他应收款——申兴开发公司户　　　　　　　　　　　　　　　　　8 500

（三）出票人开户行受理出票人提交支票的账务处理

出票人开户行受理出票人提交的支票及一式三联的进账单后，应当认真审核出票人是否在本行开户、出票人账户是否有足够支付的款项、出票人的签章是否符合规定、与预留银行的签章是否相符，使用支付密码的，其密码是否正确。经审查无误后，以支票作为借方凭证，办理转账。其会计分录编制如下。

借：吸收存款——××存款——出票人户

　　贷：清算资金往来——同城票据清算（或待清算辖内往来——××行）

进账单第一联加盖转讫章作为回单交给出票人，进账单第二联加盖业务公章连同进账单第三联按照交换规定及时提出交换。收款人开户行从票据交换场提回进账单第二联和第三联，经审核无误后，将第二联加盖转讫章作为贷方传票，办理转账，第三联作为收账通知交给收款人。会计分录编制如下。

借：清算资金往来——同城票据清算（或待清算辖内往来——××行）

　　贷：吸收存款——××存款——收款人户

【例5-6】 交通银行某支行收到开户单位甲公司签发的转账支票及进账单，甲公司要求将15 000元款项付给在同城建设银行某支行开户的收款人丙公司。

（1）交通银行某支行的会计分录如下。

借：吸收存款——活期存款——甲公司户　　　　　　　　　　　　　　15 000

　　贷：清算资金往来——同城票据清算　　　　　　　　　　　　　　　　15 000

（2）建设银行某支行的会计分录如下。

借：清算资金往来——同城票据清算　　　　　　　　　　　　　　　　15 000

　　贷：吸收存款——活期存款——丙公司户　　　　　　　　　　　　　　15 000

第三节　银行本票的核算

银行本票是由商业银行签发的，承诺在见票时无条件支付确定的金额给收款人或者持票人的票据。由于银行本票是商业银行签发的，商业银行在办理转账结算时，能保证见票即付。相对于支票而言，收款人更希望收到银行本票。在同一票据交换区域内的单位和个人需要支付各种款项，均可以使用银行本票。银行本票票样如图5-3所示。

银行本票的核算

图5-3　银行本票票样

一、银行本票的基本规定

（1）银行本票的出票人，为经中国人民银行当地分支机构批准办理银行本票业务的商业银行机构。

（2）银行本票为不定额本票，无金额起点限制。

（3）银行本票的提示付款期限自出票日起最长不得超过 2 个月，否则代理付款人不予受理。代理付款人是指代理出票行审核支付银行本票的银行。

（4）银行本票见票即付，但注明"现金"字样的银行本票，持票人只能到出票行支取现金。注明"转账"字样的银行本票可以背书转让。申请人和收款人均为个人的，可以签发现金银行本票；申请人或收款人为单位的，不得签发现金银行本票。

（5）在银行开立账户的收款人或持票人向开户银行提示付款时，应在银行本票背面签章，签章须与预留银行印鉴相符。

（6）银行本票丧失，失票人可以在提示付款期满后 1 个月确未被冒领时，凭法院出具的其享有票据权利的证明，向出票银行请求付款或退款。

二、银行本票的会计核算

（一）银行本票流转程序图

银行本票流转程序如图 5-4 所示。

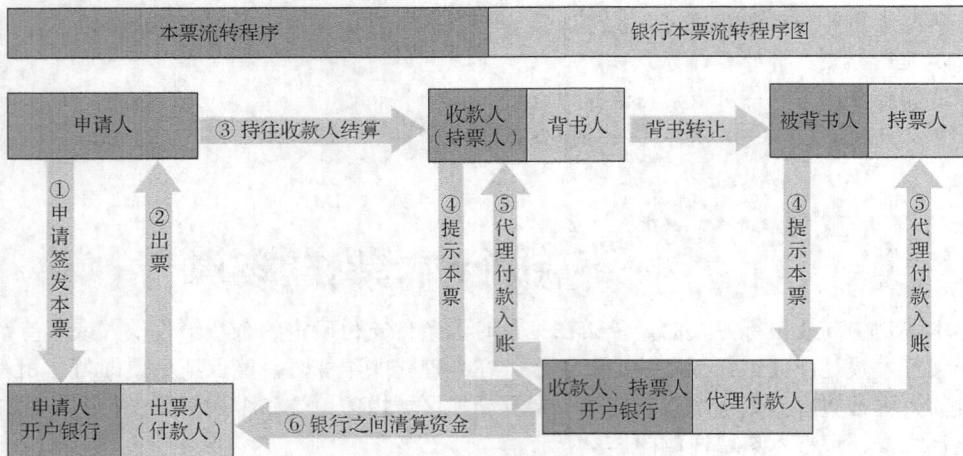

图 5-4　银行本票流转程序

（二）银行本票的核算

1. 出票行签发银行本票的处理

申请商业银行为其签发银行本票的客户，应填写"银行本票申请书"。该申请书应填写收款人名称、申请人名称、支付金额、申请日期等事项并签章。申请人和收款人均为个人，且需要支取现金的，应在填写大写金额之前先填写"现金"字样，将填写无误的"银行本票申请书"提交商业银行。

银行本票申请书一式三联：第一联为存根；第二联为借方凭证；第三联为贷方凭证。若交现金要求签发本票的，第二联注销。

出票银行受理"银行本票申请书"后，要认真审查客户填写的内容是否齐全、清晰、准确；银行本票申请书上注明现金的，还要认真审查其申请人和收款人是否均为个人。经审核无误后，收妥款项签发银行本票。用于转账的，在本票上划去"现金"字样；用于支取现金的，在本票上划去"转账"字样。未划去"现金"或"转账"字样的，一律按转账办理。出票行在本票上压印出票金额并签章后，将本票交给申请人。

申请人转账交存票款时，会计分录编制如下。

借：吸收存款——××存款——申请人户

　　贷：吸收存款——本票

申请人以现金交存票款时，会计分录编制如下。

借：库存现金

　　贷：吸收存款——本票

2. 银行本票的兑付的处理

（1）代理付款行兑付银行本票的核算。

代理付款行接到在本行开立账户的持票人交来的本票和一式二联的进账单时，应当认真审查本票是否真实、是否超过提示付款期、与进账单上的内容是否相符等，审核无误后，将进账单的第二联作为贷方凭证入账。其会计分录编制如下。

借：清算资金往来——同城票据清算（或待清算辖内往来——××行）

　　贷：吸收存款——××存款——持票人户

将进账单的第一联加盖转讫章作为收账通知交持票人，本票加盖转讫章，通过票据交换向出票行提出交换。

（2）出票行兑付本行签发的银行本票的核算。

① 出票行兑付本行签发的转账本票的核算。出票行受理本行签发的转账本票时，除不需要提出票据交换外，其审查内容同上，经审核无误后，办理转账。其会计分录编制如下。

借：吸收存款——本票

　　贷：吸收存款——××存款——持票人户

② 出票行兑付本行签发的有"现金"字样的银行本票的核算。按规定，填写"现金"字样的银行本票，在提示付款时只能到出票行办理；出票行受理收款人交来的注明"现金"字样的银行本票时，应抽出原专夹保管的银行本票存根，核对是否确属本行签发的，同时审核银行本票上填写的申请人和收款人是否均为个人，还要查验收款人的身份证件并留下复印件。出票行审核无误后，以银行本票作为借方凭证，以银行本票存根联作为附件，办理付款。会计分录如下。

借：吸收存款——本票

　　贷：库存现金

出票行兑付本行签发的银行本票，亦即结清银行本票。

3. 银行本票结清的处理

出票行收到交换提入的本行签发的他行付款的银行本票，审核无误后，以本票作为借方凭证，以本票卡片或存根联作为附件，办理转账。会计分录如下。

借：吸收存款——本票

　　贷：清算资金往来——同城票据清算（或待清算辖内往来——××行）

4. 银行本票退款和超过提示付款期付款的处理

（1）银行本票退款的处理。申请人因银行本票超过付款期限或其他原因要求退款时，应将本票、进账单（现金本票退款免填）及有关证明提交出票行。出票行审核无误后，以进账单作为贷方传票，以本票作为借方传票，以本票卡片或存根联作为附件，办理退款。会计分录如下。

借：吸收存款——本票

　　贷：吸收存款——××存款——申请人户　　　　　　　　　　　　　　（转账退付时）

　　　　库存现金　　　　　　　　　　　　　　　　　　　　　　　　　（退付现金时）

（2）超过提示付款期付款的处理。持票人超过提示付款期限不获付款的，应在票据权利时效内将本票提交出票行。出票行审核无误后，办理付款手续。持票人在本行开户的，应填制二联进账单（现金本票免填）。出票行以第二联进账单作为贷方传票，以本票作为借方传票，以本票卡片或存根联作为附件，办理付款。会计分录如下。

借：吸收存款——本票
　　贷：吸收存款——××存款——持票人户　　　　　　　　　　　　　　（转账付款时）
　　　　库存现金　　　　　　　　　　　　　　　　　　　　　　　　　　（支付现金时）

持票人未在本行开户的，应填制三联进账单。出票行将第二联、第三联进账单提出交换给持票人开户行，以第一联进账单作为回单退持票人。会计分录编制如下。

借：吸收存款——本票
　　贷：清算资金往来——同城票据清算（或待清算辖内往来——××行）

持票人开户行收到交换提入的进账单，以第二联进账单作为贷方传票，办理收账，以第三联进账单作为收账通知交持票人。会计分录编制如下。

借：清算资金往来——同城票据清算（或待清算辖内往来——××行）
　　贷：吸收存款——××存款——持票人户

【例5-7】 开户单位佳佳公司填写"银行本票申请书"，要求本行为其签发金额为30 000元的银行本票一份。本行经审核无误，当即予以办理。

借：吸收存款——活期存款——佳佳公司户　　　　　　　　　　30 000
　　贷：吸收存款——本票　　　　　　　　　　　　　　　　　　　　　30 000

【例5-8】 开户单位兴旺开发公司持本系统其他机构签发的本票一张，金额为25 000元，随进账单要求入账。本行经审核无误后，当即予以办理。

借：待清算辖内往来——××行　　　　　　　　　　　　　　25 000
　　贷：吸收存款——活期存款——兴旺开发公司户　　　　　　　　　　25 000

【例5-9】 系统内交换提回本行签发的本票一份，金额为20 000元，系本行于两天前签发的，经审核无误后，当即予以办理。

借：吸收存款——本票　　　　　　　　　　　　　　　　　　20 000
　　贷：待清算辖内往来——××行　　　　　　　　　　　　　　　　　20 000

【例5-10】 开户单位远足鞋业公司由于交易未成功，持其之前要求本行签发的银行本票一份，金额为40 000元，来行要求退款。本行经审核无误后，当即予以办理。

借：吸收存款——本票　　　　　　　　　　　　　　　　　　40 000
　　贷：吸收存款——活期存款——远足鞋业公司户　　　　　　　　　　40 000

第四节　银行汇票的核算

银行汇票是出票银行签发的，由其在见票时，按照实际结算金额无条件支付给收款人或者持票人的票据。银行汇票的出票银行为银行汇票的付款人。银行汇票可用于转账，注明"现金"字样的银行汇票可支取现金。

银行汇票适用范围广泛，单位和个人需要在异地支付的各种款项均可使用银行汇票。商业银行签发的银行汇票一般交由申请人自行带到异地，票随人到，使用灵活。银行汇票票样如图5-5所示。

银行汇票的核算

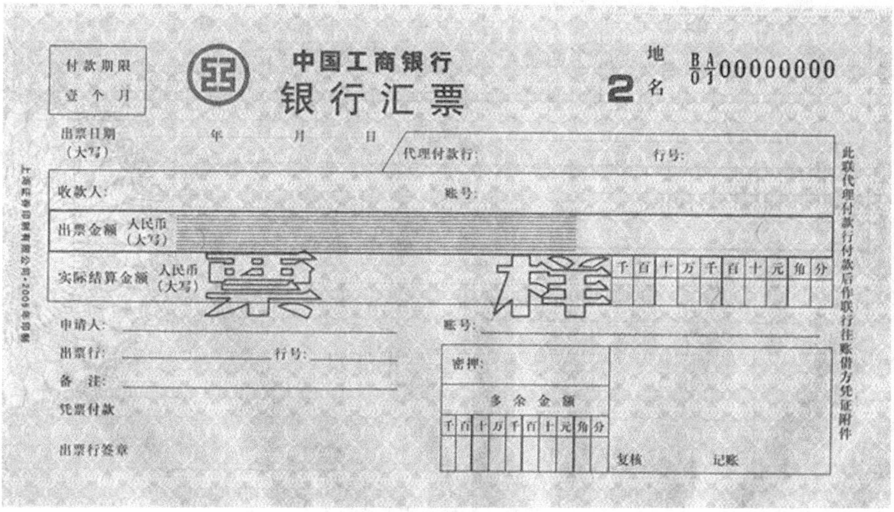

图 5-5　银行汇票票样

一、银行汇票的基本规定

（1）银行汇票的出票和付款，仅限于中国人民银行和各商业银行参加"全国联行往来"的银行机构办理。跨系统银行签发的转账银行汇票的付款，应通过同城票据交换将银行汇票和解讫通知提交同城有关银行审核支付后抵用，代理兑付行不得受理未在本行开户的单位持票人直接提交的银行汇票。

（2）银行汇票的提示付款期限自出票日起 1 个月。持票人超过提示付款期的，代理付款行不予受理。但持票人在票据权利时效内（自出票日起 2 年）向出票行做出说明，并提供本人有效身份证件或服务证明，持银行汇票和解讫通知可以向出票行请求付款。

（3）银行汇票的实际结算金额不得更改，否则银行汇票无效。

（4）现金汇票的签发，申请人和收款人必须均为个人，银行不得为单位签发现金汇票。

（5）银行汇票允许背书转让，但仅限于转账银行汇票。

（6）银行汇票丧失，失票人可凭人民法院出具的其享有票据权利的证明，向出票银行请求付款或退款。

（7）银行汇票实际结算金额低于出票金额的，多余金额由出票银行退回申请人。

二、银行汇票的会计核算

（一）银行汇票流程

银行汇票流程如图 5-6 所示。

（二）银行汇票的账务处理

1. 出票行签发银行汇票的处理

申请人申请银行为其签发银行汇票时，应向银行提交一式三联的"银行汇票申请书"（第一联是存根；第二联是借方凭证；第三联是贷方凭证）。申请人和收款人均为个人的，需要使用银行汇票向汇票代理人提取现金的申请人在"银行汇票申请书"上要填明代理付款人名称，在"汇票金额（大写）"栏先填写"现金"字样，然后再填写汇票的大写金额。申请人或收款人为单位的，不得在"银行汇票申请书"上填写"现金"字样。

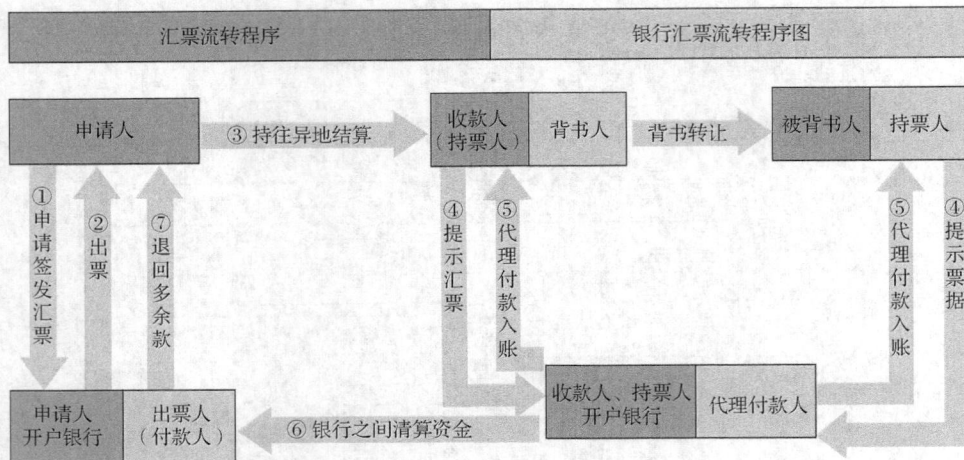

图 5-6　银行汇票流程

出票行在受理"银行汇票申请书"时，应认真审核其内容是否填写完整，字迹是否清晰，其签章是否与预留银行的印鉴相符；银行汇票申请书上填明"现金"字样的，还要审核其申请人和收款人是否均为个人。

审核无误后，转账交付的以第二联申请书作为借方凭证，以第三联申请书作为贷方凭证，办理转账。会计分录编制如下。

借：吸收存款——活期存款——申请人户

　　贷：吸收存款——汇出汇款

现金交付的，以第三联申请书作为贷方凭证，即代现金收入传票入账，第二联申请书注销。会计分录编制如下。

借：库存现金

　　贷：吸收存款——汇出汇款

出票行在办理转账或收妥现金后，签发银行汇票。银行汇票必须记载的事项：表明"银行汇票"的字样，无条件支付的承诺，出票金额，付款人名称，收款人名称，出票日期，出票人签章。对于出票金额需要特别说明的有：要在"实际结算金额"栏的小写金额上端用总行统一制作的压数机压印出票金额；对需要支取现金的银行汇票，在"出票金额"栏大写金额前写明"现金"字样。银行汇票一式四联：第一联为汇出汇款卡片；第二联为银行汇票联；第三联为汇款解讫通知；第四联为多余款收账通知。

填写的银行汇票经复核无误后，银行在第二联上加盖银行汇票专用章并由授权的经办人签名或盖章，然后将银行汇票第二联和银行汇票第三联（解讫通知书）一并交给申请人带往兑付地；在第一联上加盖经办、复核名章，再在"汇出汇款登记簿"逐笔登记并注明银行汇票号码后，连同第四联专夹保管。

2. 代理付款行兑付银行汇票款的处理

（1）持票人在代理付款行开立账户的核算。

收款人受理申请人交付的银行汇票时，应在出票金额以内，根据实际需要的款项办理结算，并将实际结算金额和多余金额准确、清晰地填入银行汇票和解讫通知的有关栏内，未填明实际结算金额和多余款金额或实际结算金额超过出票金额的，银行不予受理。

持票人向银行提示付款时，必须同时提交银行汇票第二联和第三联（解讫通知），缺少任何一联，银行不予受理；注明"现金"字样的银行汇票的持票人，只能向银行汇票上注明的代理付款人提示付款。

代理付款行接到持票人交来的银行汇票、解讫通知和一式两联进账单时，应认真审查下列内容：银行汇票是否真实，是否超过提示付款期；银行汇票填明的持票人是否在本行开户，持票人名称是否为该持票人，与进账单上的名称是否相符；使用密押的，密押是否正确；压数机压印的金额是否由统一制作的压数机压印，与大写的出票金额是否一致；银行汇票的实际结算金额大小写是否一致，是否在出票金额以内，与进账单所填金额是否一致，多余金额结计是否正确；如果全额进账，银行汇票和解讫通知的实际结算金额栏内是否填入全部的金额，多余金额栏是否填入"0"；持票人是否在银行汇票背面"持票人向银行提示付款签章"处签章；背书转让的银行汇票是否按规定的范围转让，其背书是否连续，背书使用粘单的是否按规定在粘接处签章。审查无误后，代理付款行以银行汇票作为借方凭证，解讫通知作为借方凭证附件，第二联进账单为贷方凭证，第一联进账单交持票人。会计分录编制如下。

借：待清算辖内往来——××行　　　　　　　　　　　　　（实际结算金额）
　　贷：吸收存款——××存款——持票人户　　　　　　　（实际结算金额）

（2）持票人未在代理付款行开立账户的核算。

代理付款行接到未在本行开户的个人持票人交来的银行汇票、解讫通知和一式两联进账单时，除按上述有关规定认真审核外，还要认真审核持票人的身份证件，并将身份证复印件留存备查。填有"现金"字样的银行汇票可以委托他人向银行提示付款，代理付款行收到持票人委托他人向银行提交填有"现金"字样的银行汇票时，代理付款行要查验持票人和被委托人的身份证件，审查银行汇票的背面是否记载"委托收款"字样，被委托人姓名，背书日期以及委托人身份证件名称、号码、发证机关。代理付款行还应要求提交持票人和被委托人身份证件复印件，以便银行留存备查。审查无误后，代理付款人以持票人姓名开立应解汇款账户，以银行汇票作为借方凭证，解讫通知作为借方凭证附件，第二联进账单作为贷方凭证，第一联进账单交持票人。会计分录编制如下。

借：待清算辖内往来——××行
　　贷：吸收存款——应解汇款——持票人户

持票人需要一次或分次办理转账支付的，应填制支付凭证，并向银行交验本人有效身份证件。会计分录编制如下。

借：吸收存款——应解汇款——持票人户
　　贷：吸收存款——活期存款——收款人户

持票人要求支取现金的，代理付款行经审查汇票上填写的申请人和收款人确为个人并按规定填写有"现金"字样，以及填写的代理付款行名确为本行的，可一次办理现金支付；未填明"现金"字样，需要支取现金的，由代理付款行按照现金规定审查支付，其会计分录编制如下。

借：吸收存款——应解汇款——持票人户
　　贷：库存现金

持票人需要转汇时，在办理解付后，可以委托兑付行办理电汇、信汇结算或重新签发银行汇票。其会计分录编制如下。

借：吸收存款——应解汇款——持票人户
　　贷：吸收存款——汇出汇款（或待清算辖内往来——××行，清算资金往来——同城票据清算）

3. 出票行结清银行汇票的处理

出票行收到代理付款行寄来的联行报单及解讫通知时，应抽出原专夹保管的银行汇票的汇票卡片，经核对属本行出票的，分别按以下不同情况进行处理。

（1）汇票全额付款的，出票行应在银行汇票的汇票卡片的实际结算金额栏填入全部金额，在多余款收账通知的多余金额栏填写"0"，以汇票卡片作为借方凭证，多余款收账通知作为借方凭证附件。其会计分录编制如下。

借：吸收存款——汇出汇款
　　贷：待清算辖内往来——××行

（2）汇票有多余款的，出票行应在汇票卡片和多余款收账通知上填写实际结算金额，结出多余金额，以汇票卡片作为借方凭证，多余款收账通知交申请人。其会计分录编制如下。

借：吸收存款——汇出汇款　　　　　　　　　　　　　　　　　　　（出票金额）
　　贷：待清算辖内往来——××行　　　　　　　　　　　　　　　（实际结算金额）
　　　　吸收存款——××存款——原申请人户　　　　　　　　　　　（余款金额）

同时注销"汇出汇款登记簿"，在多余款收账通知上，加盖转讫章，通知原申请人。

申请人未在银行开立账户的，其会计分录编制如下。

借：吸收存款——汇出汇款
　　贷：待清算辖内往来——××行
　　　　其他应付款——原申请人户

同时通知原申请人持申请书存根及本人有效身份证件来行取款。取款时的会计分录编制如下。

借：其他应付款——原申请人户
　　贷：库存现金

4. 银行汇票退款和超过提示付款期付款的处理

（1）退款的处理。申请人因银行汇票超过提示付款期限或其他原因要求退款时，应将银行汇票联、解讫通知联及有关证明提交出票行。出票行审核无误后，以汇票第一联作为借方传票，汇票作为附件，解讫通知作为贷方传票（若退付现金，则作为借方凭证附件），办理退款。会计分录如下。

借：吸收存款——汇出汇款
　　贷：吸收存款——××存款——申请人户（或库存现金）　　　　（转账退付时）

（2）超过提示付款期付款的处理。持票人超过提示付款期限不获付款的，应在票据权利时效内将银行汇票提交出票行。出票行审核无误后，办理付款手续。持票人在出票行开户的，应填制二联进账单（现金本票免填）。出票行以第二联进账单作为贷方传票，银行汇票作为借方传票，本票卡片或存根联作为附件，办理付款。会计分录如下。

借：吸收存款——汇出汇款
　　贷：吸收存款——××存款——持票人户（或库存现金）　　　　（转账付款时）

持票人未在出票行开户的，应填制三联进账单。出票行将第二联、第三联进账单提出交换给持票人开户行，第一联进账单作为回单退给持票人。会计分录编制如下。

借：吸收存款——汇出汇款
　　贷：清算资金往来——同城票据清算（或待清算辖内往来——××行）

持票人开户行收到交换提入的进账单，以第二联进账单作为贷方传票，办理收账，以第三联进账单作为收账通知交持票人。会计分录编制如下。

借：清算资金往来——同城票据清算（或待清算辖内往来——××行）
　　贷：吸收存款——××存款——持票人户

5. 银行汇票转汇的处理

持票人若要求转汇，应在票据的提示付款期内将汇票和解讫通知提交兑付行或出票行。银行审核无误后，一律通过"吸收存款——应解汇款"科目核算。

（1）提交出票行的处理。出票行以汇票卡片作为借方传票，解讫通知作为贷方传票，多余款收账通知作为贷方传票附件，办理转账。会计分录如下。

借：吸收存款——汇出汇款

贷：吸收存款——应解汇款——持票人户

同时，由持票人填写银行汇票申请书或电（信）汇凭证，委托银行签发银行汇票或办理汇款。会计分录编制如下。

借：吸收存款——应解汇款——持票人户

贷：吸收存款——汇出汇款（或待清算辖内往来——××行）

若持票人提交的是现金汇票，其处理与上述相同，只是持票人在填写汇票申请书和汇兑凭证时应注明"现金"字样。

（2）提交兑付行的处理。会计分录如下。

借：待清算辖内往来——××行

贷：吸收存款——应解汇款——持票人户

借：吸收存款——应解汇款——持票人户

贷：吸收存款——汇出汇款（或待清算辖内往来——××行）

【例5-11】本行收到开户单位佳佳公司提交的"银行汇票申请书"，金额为184 000元，其要求签发银行汇票。经审查无误后立即办理。

借：吸收存款——活期存款——佳佳公司户　　　　　　184 000

贷：吸收存款——汇出汇款　　　　　　　　　　　　184 000

【例5-12】本行收到开户单位印刷厂提交的进账单及第二联、第三联银行汇票，其汇款金额为20 000元，进账单及实际结算金额为18 500元，其票据的出票行为本系统他行。经审查无误后立即办理。

借：待清算辖内往来——××行　　　　　　　　　　18 500

贷：吸收存款——活期存款——印刷厂户　　　　　　18 500

【例5-13】本行（南京）收到本系统天津某支行填发的往来信息凭证及银行汇票解讫通知，其结算金额为15 200元，原银行汇票出票金额为15 500元，经审查该银行汇票系本行签发，原汇款单位是在本行开户的印刷厂。经审查无误后立即办理。

借：吸收存款——汇出汇款　　　　　　　　　　　　15 500

贷：待清算辖内往来——××行　　　　　　　　　　15 200

吸收存款——活期存款——印刷厂户　　　　　　300

第五节 商业汇票的承兑、收款及贴现

商业汇票是出票人签发的、委托付款人在指定日期无条件支付确定的金额给收款人或者持票人的票据。商业汇票签发后，必须经过承兑。承兑就是承兑人同意按汇票载明事项到期付款而在票据上做文字记载或签章的票据行为。商业汇票的付款人为承兑人。商业汇票按承兑人的不同可分为商业承兑汇票和银行承兑汇票。

商业承兑汇票由银行以外的付款人承兑。商业承兑汇票票样如图5-7所示。

银行承兑汇票由银行承兑。银行承兑汇票票样如图5-8所示。

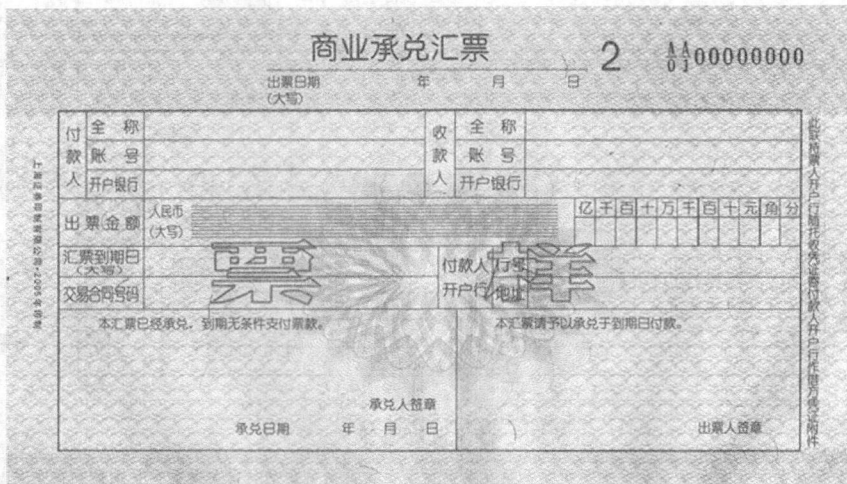

图 5-7　商业承兑汇票

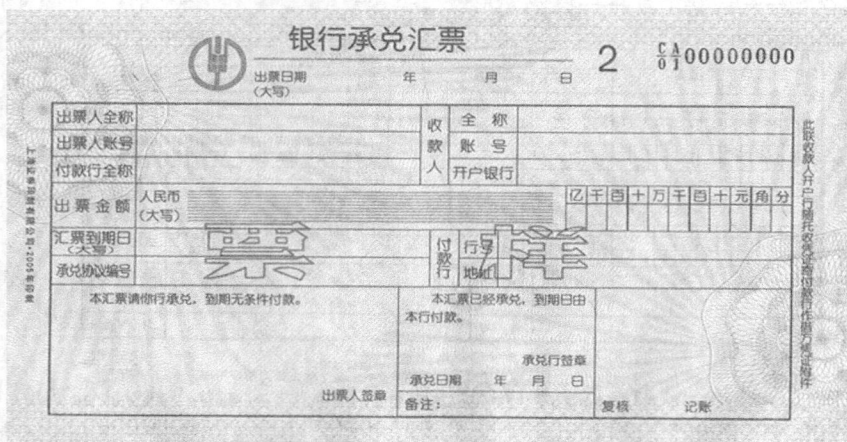

图 5-8　银行承兑汇票

一、商业汇票的基本规定

（1）在银行开立存款账户的法人以及其他组织之间，必须具有真实的交易关系或债权债务关系，才能使用商业汇票。禁止签发无商品交易的商业汇票。

（2）商业汇票的付款期限，最长不得超过 6 个月。

（3）商业汇票的提示付款期限，自汇票到期日起 10 日。

（4）银行承兑汇票在承兑行承兑时，应按票面金额向出票人收取万分之五的手续费。

（5）银行承兑汇票的出票人于汇票到期日未能足额交存票款时，承兑银行除凭票向持票人无条件付款外，对出票人尚未支付的汇票金额每天按照逾期贷款规定利率计收利息。

（6）商业汇票允许贴现，并允许背书转让。

二、商业汇票承兑的核算

商业承兑汇票的承兑人为商业银行以外的付款人，则承兑业务不引起商业银

商业汇票的核算

行的资金变动，商业银行无须进行任何账务处理。

银行承兑汇票签发完毕，由出票人或持票人持票向汇票上记载的付款行（一般为出票人的开户行）申请承兑，银行信贷部门按照有关规定审查同意后，与出票人签署"银行承兑协议"。银行信贷部门将协议一联留存，另一联及其副本和第一联、第二联银行承兑汇票一并交本行会计部门。会计部门收到并按有关规定认真审核无误后，在第一联、第二联银行承兑汇票上注明承兑协议编号，并在第二联银行承兑汇票"承兑人签章"处加盖汇票专用章，并由授权的经办人签名或盖章。同时，按票面金额的万分之五向出票人收取承兑手续费。承兑银行根据第一联汇票卡片填制银行承兑汇票表外科目收入凭证，登记表外科目登记簿，并将第一联汇票卡片和承兑协议副本专夹保管。其会计分录编制如下。

借：吸收存款——××存款——承兑申请人户
　　贷：手续费及佣金收入
　　　　应交税费——应交增值税
收入：银行承兑汇票应付款

商业汇票一经承兑，承兑人负有到期无条件付款的责任，商业银行与客户签订的"银行承兑协议"要求银行承兑汇票的承兑申请人应于汇票到期前将票款足额交存其承兑银行。承兑银行应每日查看银行承兑汇票的到期情况，对到期的银行承兑汇票，应于到期日（法定节假日顺延）根据以下承兑申请人账户存款情况分别处理。

1. 承兑申请人账户有足够款项支付的处理

承兑申请人账户有足够的款项支付时，承兑银行填制二联特种转账借方传票、一联特种转账贷方传票，并在"转账原因"栏注明"根据××号银行承兑汇票划转票款"。其会计分录编制如下。

借：吸收存款——××存款——承兑申请人户
　　贷：吸收存款——应解汇款——承兑申请人户
付出：银行承兑汇票应付款

另一联特种转账借方传票加盖转讫章后，作为支款通知交给出票人。

2. 承兑申请人账户不足支付的处理

承兑申请人账户无足够的款项支付时，承兑银行应填制四联特种转账借方传票、一联特种转账贷方传票，在"转账原因"栏注明"根据××号银行承兑汇票划转部分票款"。其会计分录编制如下。

借：吸收存款——××存款承兑申请人户
　　贷款——逾期贷款承兑申请人户
　　贷：吸收存款——应解汇款承兑申请人户
付出：银行承兑汇票应付款

两联特种转账借方传票加盖转讫章后，作为支款通知和逾期贷款通知交给出票人。

【例5-14】2020年3月8日，中山宾馆向农业银行某支行提交银行承兑汇票一份，要求该支行为其承兑，该汇票面额为67 000元。农业银行某支行经审核后同意承兑，收取票面金额万分之五的手续费；该银行承兑汇票的到期日为2020年7月8日，到期前该支行收取票款，中山宾馆的活期存款账户有款。要求：编制3月8日和7月8日农业银行某支行的会计分录。

（1）3月8日，账务处理如下。

应收的手续费 = 67 000×0.5‰ = 33.5（元）。

借：吸收存款——活期存款——中山宾馆户　　　　　　　　33.5
　　贷：手续费及佣金收入　　　　　　　　　　（33.5÷1.06）31.6
　　　　应交税费——应交增值税　　　　　　　　　　　　　1.9
收入：银行承兑汇票应付款　　　　　　　　　　　　　　67 000

（2）7月8日，编制如下会计分录。

借：吸收存款——活期存款——中山宾馆户　　　　　　　　　　67 000

　　贷：吸收存款——应解汇款——中山宾馆户　　　　　　　　　67 000

付出：银行承兑汇票应付款　　　　　　　　　　　　　　　　　67 000

【例5-15】开户单位甲公司为承兑申请人的银行承兑汇票的面额为160 000元，本日到期。开户行从其账户收取票款，由于存款余额不足，开户行只收取了150 000元（承兑时未收取保证金），其余作为逾期贷款。要求：编制开户行的会计分录。

借：吸收存款——活期存款——甲公司户　　　　　　　　　　150 000

　　贷款——逾期贷款——甲公司户　　　　　　　　　　　　　10 000

　　贷：吸收存款——应解汇款——甲公司户　　　　　　　　　160 000

付出：银行承兑汇票应付款　　　　　　　　　　　　　　　　160 000

三、商业汇票收款的核算

（一）商业承兑汇票收款的核算

使用商业承兑汇票结算的交易双方按合同约定，由收款人或付款人出票，由银行以外的付款人承兑。该票据一式三联：第一联为卡片，由承兑人留存；第二联为汇票，由持票人保管；第三联为存根，由出票人存查。商业承兑汇票到期时，持票人填写委托收款凭证，以商业承兑汇票作为附件，采用委托收款方式委托开户行收款。

商业承兑汇票流转程序如图5-9所示。

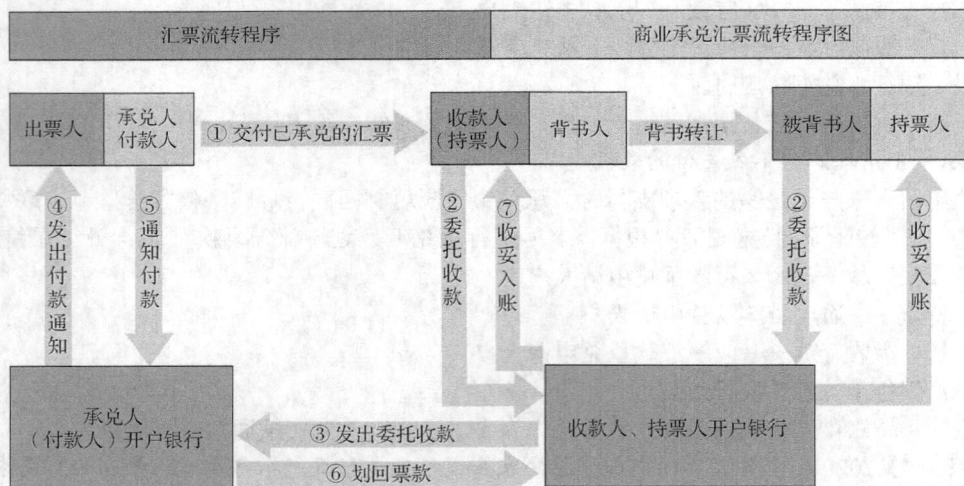

图5-9　商业承兑汇票流转程序

1. 持票人开户行受理商业承兑汇票托收的处理

持票人于汇票到期日前匡算邮程（如承兑人在同城，收款人应于汇票到期日通过开户行委托收款），填制委托收款凭证，并在"委托收款凭据名称"栏注明"商业承兑汇票"及汇票号码，连同汇票一并交开户银行。开户银行按有关规定审核无误后，在委托收款凭证各联加盖"商业承兑汇票"戳记。第一联委托收款凭证加盖业务公章作为回单交给持票人；第二联委托收款凭证登记"发出委托收款凭证登记簿"后，专夹保管；第三联加盖结算专用章连同第四联、第五联委托收款凭证和商业承兑汇票邮寄至付款人开户行。

表外分录如下。

收入：发出委托收款凭证

2. 付款人开户行收到托收商业承兑汇票票款的处理

商业承兑汇票的付款人开户银行收到托收行交换提入或寄来的委托收款凭证及商业承兑汇票，按有关规定审查无误后，将第三联、第四联委托收款凭证登记"收到委托收款凭证登记簿"后，专夹保管；将商业承兑汇票留存，第五联委托收款凭证交给付款人并签收。

表外分录如下。

收入：收到委托收款凭证

付款人收到开户银行的付款通知，应在当日通知银行付款。付款人在接到通知日的次日起3日内（遇法定节假日顺延）未通知银行付款的，视同付款人承诺付款，银行应于付款人接到通知日的次日起第4日（法定节假日顺延）上午开始营业时，将票款划给持票人。付款人若提前收到由其承兑的商业汇票，并同意付款，银行应于汇票到期日将票款划给持票人。

（1）付款人账户有足够款项支付的处理。

付款人开户银行划款时，以第三联委托收款凭证作为借方凭证，商业承兑汇票、第四联委托收款凭证（同城票据交换时需提出）作为附件，销记"收到委托收款凭证登记簿"。其会计分录编制如下。

借：吸收存款——××存款——付款人户

　　贷：待清算辖内往来——××行（或清算资金往来——同城票据清算）

付出：收到委托收款凭证

（2）付款人账户无款支付或不足支付的处理。

付款人在接到银行付款通知次日起3日内没有任何异议，但其银行账户内无款支付或不足支付的，银行应在委托收款凭证和"收到委托收款凭证登记簿"上注明退回日期和"无款支付"字样；并填制一式三联"付款人未付款项通知书"（可用异地结算通知书代替），将第一联通知书和第三联委托收款凭证留存备查，将第二联、第三联通知书，第四联委托收款凭证连同商业承兑汇票一起邮寄至收款人开户行。

表外分录如下。

付出：收到委托收款凭证

（3）付款人拒绝支付票款的处理。

付款人对已承兑的商业汇票，如果存在合法抗辩事由，应自接到通知的次日起3日内向银行提交拒付理由书，连同委托收款凭证第五联一起交开户行。

银行收到付款人的拒绝付款理由书，经审核无误后，在委托收款凭证和"收到委托收款凭证登记簿"备注栏注明"拒绝付款"字样，然后将有关拒付证明连同委托收款凭证及商业承兑汇票一并邮寄至持票人开户行，由开户行转交持票人。

表外分录如下。

付出：收到委托收款凭证

3. 持票人开户行收到划回款项或退回凭证的处理

持票人开户行收到划回的款项，将打印的来账专用凭证或通过同城票据交换提入的第四联委托收款凭证，与留存的第二联委托收款凭证进行核对，无误后，注明转账日期，办理转账。其会计分录编制如下。

借：待清算辖内往来——××行（或清算资金往来——同城票据清算）

　　贷：吸收存款——××存款——收款人户

付出：发出委托收款凭证

然后通知收款人，并销记"发出委托收款凭证登记簿"。

持票人开户行接到付款人开户行发来的"付款人未付款项通知书"或拒绝付款证明和商业承兑汇票及委托收款凭证，抽出留存的第二联凭证核对无误后，在该凭证备注栏及"发出委托收款凭证登记簿"上做相应记载后，将委托收款凭证、商业承兑汇票及未付票款通知书或拒绝付款证明退给持票人，并由持票人签收。交易纠纷由持票人与付款人自行解决。

表外分录如下。

付出：发出委托收款凭证

（二）银行承兑汇票收款的核算

银行承兑汇票由在承兑银行开户的存款人签发。该汇票一式三联：第一联汇票卡片，由承兑行留存备查；第二联汇票联，由收款人持有，待到期时交开户行办理托收；第三联存根，由出票人存查。

银行承兑汇票流转程序如图 5-10 所示。

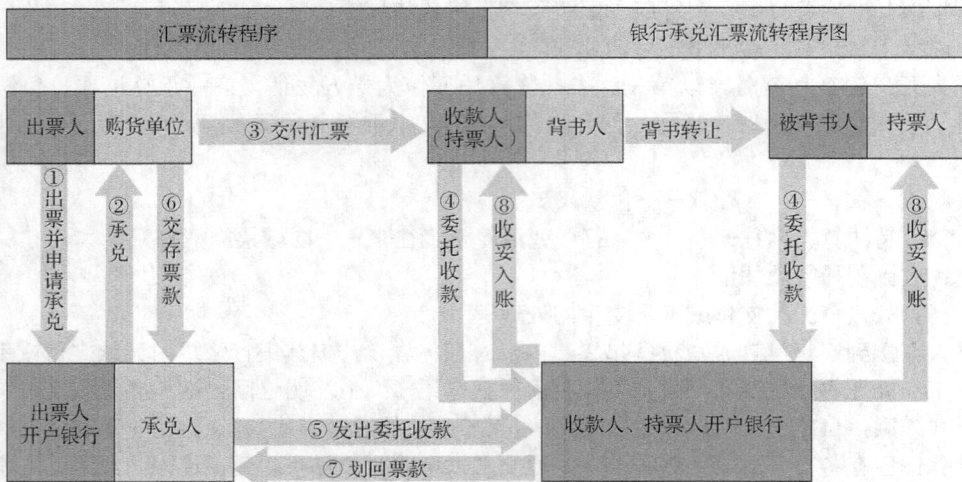

图 5-10　银行承兑汇票流转程序

1. 持票人开户行受理汇票的处理

持票人凭银行承兑汇票委托开户行向承兑银行收取票款时，应填制委托收款凭证（并选择邮划或电划），在"委托收款凭据名称"栏注明"银行承兑汇票"及其汇票号码，连同银行承兑汇票一并送交开户行。

持票人开户行按有关规定审查无误后，在委托收款凭证各联上加盖"银行承兑汇票"戳记。第一联委托收款凭证加盖业务公章作为回单给持票人；第二联委托收款凭证登记"发出委托收款凭证登记簿"后，专夹保管；第三联委托收款凭证加盖结算专用章，连同第四联、第五联委托收款凭证和银行承兑汇票邮寄至承兑银行。

表外分录如下。

收入：发出委托收款凭证

【例 5-16】接【例 5-14】，2020 年 3 月 8 日，开户单位中山宾馆提交银行承兑汇票一份，要求农业银行某支行为其承兑，该汇票面额为 67 000 元，该行经审核后同意承兑，收取票面金额万分之五的手续费；该银行承兑汇票的到期日为 7 月 8 日，持票人为本系统异地某甲支行的开户单位天成股份有限公司，7 月 8 日，该银行承兑汇票到期，天成股份有限公司来甲支行办理托收业务。请编制农业银行某支行的表外会计分录。

收入：发出委托收款凭证　　　　　　　　　　　　　　　　　　67 000

2. 承兑银行支付票款的处理

承兑银行接到持票人开户行寄来的委托收款凭证及银行承兑汇票，应抽出专夹保管的银行承兑汇票卡片和承兑协议副本，按有关规定认真审核无误后，应于汇票到期日或到期日之后的见票当日，按照委托收款付款的手续处理。其会计分录编制如下。

借：吸收存款——应解汇款——承兑申请人户
　　贷：待清算辖内往来——××行（或清算资金往来——同城票据清算）

【例 5-17】接【例 5-14】，承兑行（农业银行某支行）收到本系统异地甲支行寄来的委托收款凭证及银行承兑汇票，要求划出由本行承兑的银行承兑汇票票款 67 000 元。农业银行某支行经审查无误后划款。要求：编制农业银行某支行上述业务的会计分录。

借：吸收存款——应解汇款——中山宾馆户　　　　　　　　　67 000
　　贷：待清算辖内往来——甲支行　　　　　　　　　　　　　　67 000

3. 持票人开户行收到划回款项的处理

持票人开户行收到划回的款项，应将打印的来账专用凭证或通过同城票据交换提入的第四联委托收款凭证，与留存的第二联委托收款凭证进行核对，无误后，注明转账日期，办理转账。其会计分录编制如下。

借：待清算辖内往来——××行（或清算资金往来——同城票据清算）
　　贷：吸收存款——××存款——收款人户
付出：发出委托收款凭证

然后通知收款人，并销记"发出委托收款凭证登记簿"。

【例 5-18】接【例 5-14】，农业银行某支行收到本系统异地甲支行寄回的委托收款凭证（第四联），经审查无误后为委托人入账。

借：待清算辖内往来——甲支行　　　　　　　　　　　　　　67 000
　　贷：吸收存款——活期存款——中山宾馆　　　　　　　　　　67 000
付出：发出委托收款凭证　　　　　　　　　　　　　　　　　　67 000

四、商业汇票贴现的核算

票据贴现是商业汇票的持票人在票据到期前，为取得资金，向银行贴付利息而将票据转让给银行，以此融通资金的行为。通过票据贴现，持票人可提前收回垫支于商业信用的资金，贴现银行通过买入未到期票据的债权，使商业信用转化为银行信用。除另有规定外，商业汇票的贴现银行必须是贴现申请人的开户银行。

票据贴现的核算

贴现是商业银行的融出资金的业务，它与商业银行的贷款业务一样，属于资产业务。虽然贴现业务与一般贷款都是商业银行的资产业务，是借款人的融资方式，都要计收利息，但两者还是存在着以下明显的区别。首先，资金投放的对象不同。贴现贷款以持票人（债权人）为放款对象；一般贷款以借款人（债务人）为对象。其次，体现的信用关系不同。贴现贷款体现的是银行与持票人、出票人、承兑人及背书人之间的信用关系；一般贷款体现的是银行与借款人、担保人之间的信用关系。再次，计息的时间不同。贴现贷款在放款时就扣收利息；一般贷款则是到期或定期计收利息。最后，资金的流动性不同。贴现贷款可以通过再贴现和转贴现提前收回资金；一般贷款只有到期才能收回资金。

（一）会计科目的设置

商业银行办理票据贴现业务，应设置"贴现资产"科目进行核算。"贴现资产"为资产类科目，核算商业银行办理商业票据的贴现、转贴现等业务所融出的资金，商业银行买入的即期外币票据，也通过该科目核算。该科目可按贴现类别和贴现申请人，分"面值""利息调整"项目进行明细核算。

商业银行办理贴现时，按贴现票面金额，借记"贴现资产——××贴现户——面值"账户，按实际支付的金额，贷记"吸收存款"等账户，按其差额，贷记"贴现资产——××贴现户——利息调整"账户。

资产负债表日，商业银行按计算确定的贴现利息收入，借记"贴现资产——××贴现户——利息调整"账户，贷记"利息收入"和"应交税费——应交增值税"账户。

贴现票据到期，应按实际收到的金额，借记"吸收存款"等账户，按贴现的票面金额，贷记"贴现资产——××贴现户——面值"科目，按其差额，贷记"利息收入"和"应交税费——应交增值税"账户。存在利息调整余额的，也应同时予以结转。

该科目期末余额在借方，反映商业银行办理的贴现、转贴现等业务融出的资金。

（二）贴现银行办理贴现的核算

持票人持未到期的商业汇票向开户银行申请贴现时，应填制一式五联贴现凭证。第一联作为贴现借方凭证，第二联作为收款户贷方凭证，第三联作为利息收入贷方凭证，第四联作为收账通知，第五联作为票据贴现到期卡。持票人在第一联上加盖预留印鉴后，连同商业汇票送交开户银行。

银行信贷部门对其进行审查，若符合贴现条件，则在贴现凭证"银行审批"栏签注"同意"字样，加盖有关人员印章后，送交会计部门。

会计部门接到汇票和贴现凭证后，经审核无误，按规定的贴现利率计算贴现利息和实付贴现金额。相关计算公式如下。

$$汇票到期值 = 汇票票面金额×（1 + 汇票到期天数×年利率÷360）$$
$$= 汇票票面金额×（1 + 汇票到期月数×年利率÷12）$$
$$贴现利息 = 汇票到期值×贴现天数×（月贴现率÷30）$$
$$实付贴现金额 = 汇票到期值 - 贴现利息$$

公式中的"贴现天数"一般按实际天数计算，即从贴现之日起算至商业汇票到期的前一日止。对于无息汇票而言，汇票到期值即为其面值。

将贴现率及计算的贴现利息和实付贴现金额填写在贴现凭证的有关栏目后，以贴现凭证第一联作为转账借方传票，第二联、第三联作为转账贷方传票，办理转账。其会计分录编制如下。

借：贴现资产——××贴现户——面值（贴现票面金额）
　　贷：吸收存款——活期存款——××户（实际支付的金额）
　　　　贴现资产——××贴现户——利息调整（借方、贷方差额）

资产负债表日，按计算确定的贴现利息收入，编制如下会计分录。

借：贴现资产——××贴现户——利息调整
　　贷：利息收入——发放贷款及垫款
　　　　应交税费——应交增值税

【例 5-19】2020 年 3 月 21 日，交通银行的开户单位丙企业持一张 2020 年 3 月 11 日签发并承兑的，于 8 月 11 日到期的银行承兑汇票办理贴现。该银行承兑汇票的承兑银行为本城建设银行，承兑申请人为丙企业，金额为 3 600 000 元，交通银行经审核受理了该笔业务（贴现率为 4.5%），并在到期前办理了委托收款。要求编制贴现时交通银行的会计分录。

贴现利息 = 3 600 000×143×4.5%÷360 = 64 350（元）。

实付金额 = 3 600 000 - 64 350 = 3 535 650（元）。

借：贴现资产——丙企业户——面值　　　　　　　　　　　3 600 000
　　贷：吸收存款——活期存款——丙企业户　　　　　　　3 535 650
　　　　贴现资产——丙企业户——利息调整　　　　　　　　　64 350

【例 5-20】接【例 5-19】，假定该银行承兑汇票的票面年利率为 5%。其他条件同上。要求编制贴现时交通银行的会计分录。

票据到期值 = 3 600 000 + 3 600 000×5×5%÷12 = 3 675 000（元）。

贴现利息 = 3 675 000×143×4.5%÷360 = 65 690.63（元）。

实付金额 = 3 675 000 – 65 690.63 = 3 609 309.37（元）。

借：贴现资产——丙企业户——面值 　　　　　　　　　　　3 600 000

　　贴现资产——丙企业户——利息调整 　　　　　　　　　9 309.37

　　贷：吸收存款——活期存款——丙企业户 　　　　　　　3 609 309.37

（三）贴现汇票到期银行收回票款的核算

对到期的贴现汇票，贴现银行应及时收回票款，分以下两种情况进行处理。

1．商业承兑汇票贴现到期收回的核算

商业承兑汇票贴现到期收回是通过委托收款方式进行的。贴现银行作为收款人，应于汇票到期前估算邮程，提前填制委托收款凭证，连同汇票向付款人开户行收取票款。

付款人开户行收到委托收款凭证和汇票后，应于汇票到期日将票款从付款人账户划出。其会计分录编制如下。

借：吸收存款——活期存款——××户

　　贷：待清算辖内往来——××行（或清算资金往来——同城票据清算）

付款人存款账户无款支付或不足支付的，付款人开户行应将汇票和凭证退回贴现银行。若付款人拒绝付款，付款人开户行应将拒付理由书、汇票和凭证退回贴现银行。

（1）贴现银行收到划回的票款时，其会计分录编制如下。

借：待清算辖内往来——××行（或清算资金往来——同城票据清算）（实际收到的金额）

　　贷：贴现资产——××贴现户——面值 　　　　　　　　（贴现票面金额）

　　　　利息收入——发放贷款及垫款 　　　　　　　　　　（借方、贷方差额）

　　　　应交税费——应交增值税

存在利息调整余额的，也应同时予以结转。

（2）贴现银行收到付款人开户行退回的委托收款凭证和汇票时，对已贴现的金额应从贴现申请人账户中收取。其会计分录编制如下。

借：吸收存款——活期存款——××户

　　贷：贴现资产——××贴现户——面值

　　　　利息收入——发放贷款及垫款

　　　　应交税费——应交增值税

存在利息调整余额的，也应同时予以结转。

如贴现申请人存款账户不足支付票款，则不足部分作为逾期贷款。其会计分录编制如下。

借：吸收存款——活期存款——××户

　　贷款——逾期贷款——××户

　　贷：贴现资产——××贴现户——面值

　　　　利息收入——发放贷款及垫款

　　　　应交税费——应交增值税

存在利息调整余额的，也应同时予以结转。

【例5-21】2020年3月21日，交通银行的开户单位丙企业持一张2020年3月11日签发，8月11日到期的商业承兑汇票办理贴现。该笔商业承兑汇票的承兑人为胜利公司，该商业承兑汇票的票面金额为480 000元，票面年利率为5%。交通银行经审核受理了该笔业务（贴现率为4.5%），贴现行在到期前办理了委托收款，由于胜利公司账户余额不足，未能收回票款，贴现行向原贴现申请人

（丙企业）收取票款。假定丙企业账户余额不足，贴现行只能从其账户上划款 400 000 元，其余款转入该企业的逾期贷款户。要求编制贴现行的会计分录。

（1）贴现时的会计处理如下。

票据到期值 = 480 000 + 480 000×5×5%÷12 = 490 000（元）

贴现利息 = 490 000×143×4.5%÷360 = 8 758.75（元）

实付金额 = 490 000 − 8 758.75 = 481 241.25（元）

借：贴现资产——丙企业户——面值   480 000

  贴现资产——丙企业户——利息调整   1 241.25

  贷：吸收存款——活期存款——丙企业   481 241.25

（2）3 月末会计分录如下。

借：利息收入——发放贷款及垫款   1 170.99

  应交税费——应交增值税   70.26

  贷：贴现资产——丙企业户——利息调整   1 241.25

（3）贴现行收款时，编制的会计分录如下。

借：吸收存款——活期存款——丙企业户   400 000

  贷款——逾期贷款——丙企业户   90 000

  贷：贴现资产——丙企业户——面值   480 000

    利息收入——发放贷款及垫款   9 433.96

    应交税费——应交增值税   566.04

2. 银行承兑汇票贴现到期收回的核算

承兑银行于汇票到期日，应向承兑申请人收取票款并专户储存。其会计分录编制如下。

借：吸收存款——活期存款——××户

  贷：吸收存款——应解汇款——××户

如承兑申请人账户不足支付，则不足部分作为逾期贷款。其会计分录编制如下。

借：吸收存款——活期存款——××户

  贷款——逾期贷款——××户

  贷：吸收存款——应解汇款——××户

承兑银行收到贴现银行寄来的汇票和凭证，应于汇票到期日或到期日后的见票当日，将票款划出。其会计分录编制如下。

借：吸收存款——应解汇款——××户

  贷：待清算辖内往来——××行（或清算资金往来——同城票据清算）

贴现银行收到划回的票款，办理转账，其会计分录编制如下。

借：待清算辖内往来——××行（或清算资金往来——同城票据清算）

  贷：贴现资产——××贴现户——面值

    利息收入——发放贷款及垫款

    应交税费——应交增值税

存在利息调整余额的，也应同时予以结转。

第六节 汇兑的核算

汇兑是汇款人委托银行将其款项支付给异地收款人的结算方式。单位和个人的各种款项结算，均可使用汇兑结算方式。这种结算方式便于汇款人向收款人主动付款，分为电汇和信汇两种。

一、汇兑的基本规定

（1）汇兑无金额起点限制，单位和个人异地结算各种款项，均可使用汇兑结算方式。

（2）汇款人填制汇兑凭证必须记载下列事项：标明"信汇"或"电汇"字样；无条件支付的委托；确定的金额；收款人名称；汇款人名称；汇入地点，汇入行名称；汇出地点，汇出行名称；委托日期；汇款人签章。汇兑凭证上欠缺记载上列事项之一的，银行不予受理。汇兑凭证记载的汇款人名称、收款人名称，其在银行开立存款账户的，必须记载其账号，欠缺记载的，银行不予受理。

（3）汇兑凭证上记载的收款人为个人的，收款人需要到汇入银行领取汇款，汇款人应在汇兑凭证上注明"留行待取"字样。需要指定单位的收款人领取汇款的，应注明收款人的单位名称；信汇凭证收款人需签章支取的，应在信汇凭证上预留其签章。

（4）汇款人和收款人均为个人，需要在汇入银行支取现金的，汇款人应在汇兑凭证的"汇款金额"大写栏，先填写"现金"字样，后填写汇款金额。未填明"现金"字样需要支取现金的，由汇入银行按照国家现金管理的规定审查支付。

（5）汇款人确定不得转汇的，应在汇兑凭证备注栏注明"不得转汇"字样。

（6）未在银行开立存款账户的收款人，凭信汇、电汇的取款通知或"留行待取"的，向汇入银行支取款项时，必须交验本人的身份证件，在信汇、电汇凭证上注明证件名称、号码及发证机关，并在"收款人签章"处签章。信汇凭证签章支取的，收款人的签章须与预留信汇凭证上的签章相符。银行审核无误后，以收款人名义开立应解汇款及临时存款账户，该账户只付不收，付完清户，不计利息。

（7）汇款人对汇出银行尚未汇出的款项可以申请撤销。汇出银行查明确未汇出款项的，方可办理撤销。

（8）汇款人对汇出银行已经汇出的款项可以申请退汇。对在汇入银行开立存款账户的收款人，由汇款人与收款人自行联系退汇；对未在汇入银行开立存款账户的收款人，由汇出银行通知汇入银行，经汇入银行核实汇款确未支付，并将款项汇回汇出银行，方可办理退汇。

（9）汇入银行对收款人拒绝接受的汇款，应立即办理退汇；对向收款人发出取款通知，经过 2 个月无法交付的汇款，应主动办理退汇。

二、电汇的核算

电汇是汇款人委托银行以发送电子汇划信息的方式，通知汇入行解付汇款的一种结算方式。电汇凭证如图 5-11 所示。

（一）汇出行汇出汇款的处理

汇款人委托银行办理电汇时，应填制一式三联电汇凭证。汇出行接到电汇凭证，按规定审核无误后，将第一联电汇凭证加盖转讫章退给汇款人，第二联作为借方凭证，第三联作为资金汇划依据。

转账汇款时，会计分录编制如下。

借：吸收存款——××存款——汇款人户
　　贷：待清算辖内往来——××行

现金汇款时，会计分录编制如下。

借：库存现金
　　贷：吸收存款——应解汇款——汇款人户

××银行　　电汇凭证（借方凭证）　　2

□普通　□加急　　委托日期　　年　　月　　日

汇款人	全　称		收款人	全　称	
	账　号			账　号	
	汇出地点	省　　市/县		汇入地点	省　　市/县
汇出行名称			汇入行名称		
金额	人民币（大写）				亿 千 百 十 万 千 百 十 元 角 分
此汇款支付给收款人。 汇款人签章			支付密码		
			附加信息及用途： 复核　　记账		

此联汇出行做借方凭证

图 5-11　电汇凭证

借：吸收存款——应解汇款——汇款人户

　　贷：待清算辖内往来——××行

（二）汇入行解付汇款的处理

汇入行收到汇出行发来的支付信息，经审核无误后，打印来账凭证，分别按以下不同情况进行账务处理。

（1）收款人在汇入行开有账户的处理。收款人在汇入行开有存款账户的，汇入行应将款项直接转入收款人账户。会计分录编制如下。

借：待清算辖内往来——××行

　　贷：吸收存款——××存款——收款人户

转账后，将来账凭证收账通知联交给收款人。

（2）收款人未在汇入行开立账户的处理。收款人未在汇入行开立存款账户的情况一般属于个人收款或留行待取等，汇入行应将款项解入以收款人姓名开立的应解汇款账户。会计分录编制如下。

借：待清算辖内往来——××行

　　贷：吸收存款——应解汇款——收款人户

收款人来行取款时，根据以下不同情况办理付款手续。

① 需要支取现金的，若汇入行按规定审核予以支付，应一次办理现金支付手续。会计分录编制如下。

借：吸收存款——应解汇款——收款人户

　　贷：库存现金

② 需要分次转账支付的，由原收款人填制支款单，并由本人交验身份证件在其应解汇款账户中办理分次转账支付手续。

③ 需要转汇的，由原收款人填制汇兑凭证，并由本人交验其身份证件重新办理汇款手续。转汇的收款人必须是原收款人，原汇入行必须在汇兑凭证上加盖“转汇”戳记。汇入行对收到的来账信息注明“不得转汇”的，不予办理转汇。转汇的会计分录编制如下。

借：吸收存款——应解汇款——收款人户

　　贷：待清算辖内往来——××行

三、信汇的核算

信汇是汇款人委托银行以邮寄凭证的方式，通知汇入行解付汇款的一种结算方式。与电汇相比，信汇结算方式手续费低，但汇款到账速度慢，现在实务中较少采用。信汇凭证如图 5-12 所示。

××银行 信汇凭证 (借方凭证)		2

图 5-12　信汇凭证

汇款人委托银行办理信汇时，应填制一式四联信汇凭证。第一联为回单；第二联为借方凭证，汇出行凭以办理信汇转账付款；第三联为贷方凭证，汇入行凭以将汇款收入收款人账户；第四联为收账通知或代取款收据，即汇入行直接记入收款人账户后通知收款人的收款通知，或不直接记入收款人账户时收款人凭以领取款项的取款收据。汇款人需派人到汇入行领取汇款的，应在信汇凭证各联的"收款人账号或住址"栏注明"留行待取"字样。凭签章支取的，应在第四联凭证上加盖预留的收款人签章。汇出行审核无误后，办理汇款手续。

汇入行接到汇出行寄来的第三联、第四联信汇凭证时，若收款人在本行开有账户，汇入行直接为收款人入账；收款人未在本行开立账户，持便条来行取款或留行待取的，汇入行抽出第四联信汇凭证，审查收款人的身份证件等内容，凭签章付款的，收款人签章必须同预留签章相符。汇入行审核无误后，办理付款手续。账务处理同电汇。

四、退汇的核算

退汇的原因主要有：汇款人因故退汇、收款人拒收汇款以及超过规定的期限无法支付汇款。

（一）汇款人要求退汇的处理

汇款人要求退汇，只限于收款人未在汇入行开立账户的情况，对收款人在汇入行开有账户的，由汇款人与收款人自行联系退汇。

对收款人未在汇入行开立账户的，汇款人因故要求退汇时，应备函或本人身份证，连同原汇兑凭证回单交汇出行。汇出行收到且审核无误后，向汇入行发出退汇请求。汇入行经核实汇款确未支付的，向汇出行发出退汇答复，并做汇款退回处理。汇入行的会计分录编制如下。

借：吸收存款——应解汇款——收款人户

　　贷：待清算辖内往来——××行

汇出行收到汇入行划来的退汇款，审核无误后办理转账，并通知原汇款人。汇出行的会计分录编制如下。

借：待清算辖内往来——××行

　　贷：吸收存款——××存款——原汇款人户（或其他应付款——原汇款人户）

（汇款人未在汇出行开立账户）

汇出行通知原汇款人，待原汇款人来行取款时，审核有关证件，予以付款。其会计分录编制如下。

借：其他应付款——原汇款人户

　　贷：库存现金

（二）汇入行主动退汇的处理

汇入行对收款人拒绝接收的汇款，应立即办理退汇；对向收款人发出取款通知，经过 2 个月无法交付的汇款，应主动办理退汇。汇入行主动办理退汇的核算同上。

第七节 托收承付的核算

托收承付是收款人根据购销合同发货后，委托银行向异地付款人收取款项，付款人验单或者验货后，向银行承认付款的结算方式。托收承付按款项划回方式的不同，分为邮划和电划；按承付货款的方式不同，分为验单付款和验货付款。托收承付的具体方式由收付款双方协商选用。托收承付凭证格式如图 5-13 所示。

托收承付的核算

托收凭证（贷方凭证）　　　　2

委托日期　　年　　月　　日

业务类型	委托收款（□邮划、□电划）　　托收承付（□邮划、□电划）			

付款人	全 称		收款人	全 称	
	账 号			账 号	
	地 址	省　　市县　开户行		地 址	省　　市县　开户行

金额	人民币（大写）		亿 千 百 十 万 千 百 十 元 角 分

款项内容		托收凭据名称		附寄单证张数	

商品发运情况		合同名称号码	

备注：	上列款项随附有关债务证明，请予办理。

收款人开户银行收到日期　　年　　月　　日	收款人签章	复核　　　记账

此联收款人开户银行做贷方凭证

图 5-13　托收承付凭证

一、托收承付的基本规定

（1）使用托收承付结算方式的收付款单位，必须是国有企业、供销合作社以及经营管理较好，并经开户银行审查同意的城乡集体所有制工业企业。

（2）办理托收承付结算的款项，必须是商品交易，以及因商品交易而产生的劳务供应的款项。

代销、寄销、赊销商品的款项，不得办理托收承付结算。

（3）收付双方使用托收承付结算必须签有符合《合同法》的购销合同，并在合同中写明采用"托收承付"结算方式。

（4）托收承付结算每笔金额起点为 1 万元。新华书店系统每笔金额起点为 1 000 元。

（5）收款人办理托收，必须具有商品确已发运的证件，没有发运证件的，应按规定凭其他有关证件办理托收。

二、托收承付的会计核算

（一）托收承付流程

托收承付流程如图 5-14 所示。

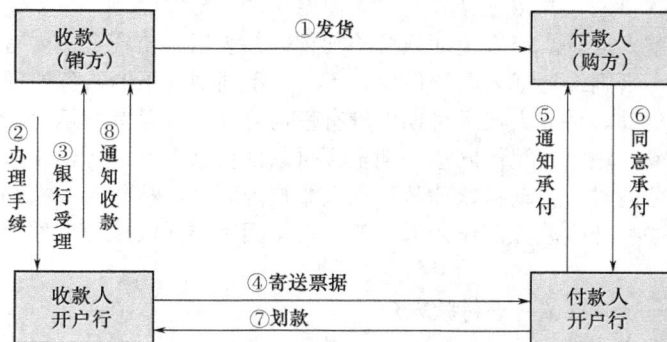

图 5-14　托收承付流程

（二）托收承付的核算

1. 收款人开户行受理托收承付的处理

收款人办理托收，应填制一式五联委托收款凭证，并在业务类型一栏内的托收承付的邮划或电划前的方框中打"√"。第一联为回单，是银行作为受理该项业务的回单；第二联为贷方凭证，由收款人开户行留存保管，待款项收回后，作为贷方凭证；第三联为借方凭证；第四联为收账通知（电划第四联为发电依据）；第五联为承付通知。

收款人在第二联委托收款凭证上加盖单位印章后，将委托收款凭证和有关单证提交收款人开户行，收款人开户行收到上述资料后，应按规定认真审查下列内容：托收的款项是否符合托收承付结算的范围、条件、金额起点以及其他有关规定；有无商品确已发运的证件，无证件的，是否符合托收承付结算办法规定的其他特殊条件；托收承付凭证是否填写齐全、正确；托收承付凭证记载的附件张数与所附单证的张数是否相符；委托收款凭证的第二联是否加盖收款人印章等。必要时，收款人开户行还要查验交易双方签订的购销合同。经审查无误后，开户行在第一联委托收款凭证上加盖业务公章后退给收款人，作为受理业务的凭证。第二联由开户行保管，并据以编制表外科目的会计分录，如下。

收入：发出托收承付凭证

收款人开户行根据分录登记"发出托收承付凭证"登记簿。然后在第三联加盖结算专用章，连同第四联、第五联及交易单证一起寄交付款人开户行。

2. 付款人开户行通知付款人及划款的处理

付款人开户行接到收款人开户行寄来的第三联、第四联、第五联委托收款凭证及交易单证时，经审查无误后，在凭证上填注收到日期和承付期。然后根据第三联、第四联托收凭证编制表外科目会计分录，如下。

收入：定期代收结算凭证

付款人开户行根据分录登记"定期代收结算凭证"登记簿，登记后，专夹保管，在第五联委托收款凭证上加盖业务公章后，连同交易单证一并及时交给付款人。承付人承付货款分为验单付款和验货付款两种。验单付款的承付期为3天，从付款人开户行向付款人发出承付通知的次日算起（承付期内遇法定节假日顺延）。验货付款的承付期为10天，从运输部门向付款人发出提货通知的次日算起。对收付双方在合同中明确规定，并在委托收款凭证上注明验货付款期限的，银行从其规定。

验货付款的方式下，付款人收到提货通知后，应立即向银行交验提货通知。付款人在银行发出承付通知后（次日算起）的10天内，如未收到提货通知，应在第10天将货物尚未到达的情况通知银行，如不通知，银行即视作已经验货，于10天期满的次日上午银行开始营业时，将款项划给收款人。在第10天付款人通知银行货物未到，而以后收到提货通知没有及时送交银行的，银行仍按10天期满的次日作为划款日期，并按超过的天数计扣逾期付款赔偿金。

在承付期内，付款人应认真审查凭证或检验货物，并积极筹措资金，如有异议或其他要求，应在承付期内通知银行，否则银行视为同意付款。下面将不同情况下的账务处理分别予以介绍。

（1）到期付款的处理。付款人在承付期内没有任何异议，并且其在承付期满日营业终了前银行存款账户上有足够金额，银行便视作同意按期全额付款，付款人开户行便于承付期满日次日（遇节假日顺延）上午开始营业时，主动将款项从付款人账户内划出，按收款人指定的划款方式，将款项划给收款人，以第三联委托收款凭证作为借方传票，第四联委托收款凭证作为附件办理转账。其会计分录编制如下。

借：吸收存款——××存款——付款人户
　　贷：待清算辖内往来——××行
付出：定期代收结算凭证

转账后销记"定期代收结算凭证登记簿"。

【例5-22】承付期满，在建设银行开户的付款单位服装厂向在苏州本系统观前街支行开户的××丝绸厂支付货款185 000元，立即电划苏州。

借：吸收存款——活期存款——服装厂　　　　　　　　185 000
　　贷：待清算辖内往来——苏州观前街支行　　　　　　185 000
付出：定期代收结算凭证　　　　　　　　　　　　　　185 000

（2）提前承付的处理。付款人在承付期满前通知银行提前付款，银行划款的手续同全额付款，但银行应在委托收款凭证和登记簿备注栏分别注明"提前承付"字样。

【例5-23】根据开户单位玻璃厂的要求，建设银行将昨天收到的在北京本系统新华门支行开户的化工总厂托收的金额为262 000元的货款，提前承付。该行审查无误后立即办理。

借：吸收存款——活期存款——玻璃厂户　　　　　　　26 2000
　　贷：待清算辖内往来——北京新华门支行　　　　　　262 000
付出：定期代收结算凭证　　　　　　　　　　　　　　262 000

（3）多承付的处理。付款人因商品的价格、数量或金额变动的原因，要求将大于本笔托收承付的款项一并划出时，付款人应填一式四联"多承付理由书"（或以托收承付拒绝付款理由书代替），并提交开户行。银行审查后，在委托收款凭证和登记簿备注栏注明多承付的金额，以第二联多承付理由书作为借方凭证，第三联委托收款凭证作为附件办理转账。其会计分录编制如下。

借：吸收存款——××存款——付款人户
　　贷：待清算辖内往来——××行
付出：定期代收结算凭证

转账后销记"定期代收结算凭证登记簿"。然后将第一联多承付理由书加盖转讫章作为支款通知交给付款人，将第三联、第四联多承付理由书寄收款人开户行。

【例5-24】承付期内，本行开户单位服装厂提交多付款理由书，要求对上海某支行开户单位上海机械厂22 000元的托收款，多付3 000元。开户行审查无误后立即邮划上海某支行。

借：吸收存款——活期存款——服装厂户　　　　　　　　　25 000
　　贷：待清算辖内往来——上海某支行　　　　　　　　　　　25 000
付出：定期代收结算凭证　　　　　　　　　　　　　　　　22 000

（4）逾期付款的处理。付款人在承付期满日银行营业终了时，如无足够资金支付货款，其不足部分，即为逾期付款。付款人开户银行对逾期支付的款项，应当根据逾期付款金额和逾期天数，每天按万分之五的利率计算逾期付款赔偿金。

付款人在承付期满日营业终了前，账户无款支付的，付款人开户行应在委托收款凭证和登记簿备注栏分别注明"逾期付款"字样；并填制三联"托收承付结算到期未收通知书"，将第一联、第二联通知书寄收款人开户行，第三联通知书与第三联、第四联委托收款凭证一并保管。等到付款人账户有款可以一次或分次扣款时，付款人开户行比照下面"部分付款"的有关手续办理，将逾期付款的款项和赔偿金一并划给收款人。赔偿金的计算公式如下。

赔偿金金额 = 逾期支付金额×逾期天数×赔偿金率

逾期天数从承付期满日算起。承付期满日银行营业终了时，付款人如无足够资金支付，其不足部分应当算作逾期1天；在承付期满的次日（如遇节假日顺延，但以后遇节假日照算逾期天数）银行营业终了时，仍无足够资金支付，其不足部分应当算作逾期2天，依此类推。直至算到账户有款的前一天（一般营业终了时，查看账户是否有款；若有，次日划款）。

托收款项逾期如遇跨月时，应在月末单独计算赔偿金，于次月3日内划给收款人。在月内有部分付款的，其赔偿金从当月1日起计算并随同部分支付的款项划给收款人，对尚未支付的款项，月末再计算赔偿金，于次月3日内划给收款人。赔偿金的扣付列为企业销货收入扣款顺序的首位，如付款人账户余额不足以全额支付，赔偿金的扣付应排列在工资之前，并对该账户采取"只收不付"的控制办法，待一次足额扣付赔偿金后，才准予办理其他款项的支付。

每月单独扣付赔偿金时，付款人开户行应填制特种转账借方传票两联，并注明原托收凭证号码及金额，在转账原因栏注明付款的金额及相应扣付赔偿金的金额。以一联特种转账借方传票代借方凭证，其会计分录编制如下。

借：吸收存款——××存款——付款人户
　　贷：待清算辖内往来——××行

【例5-25】由南京光大技术有限公司付款的托收承付款项一笔，金额40万元，9月5日承付期满，9月6日上午开业划款时，由于付款人存款账户余额不足，只能支付12万元，逾期至9月23日开业时支付18万元，其余款于10月16日上午开业全部扣清。应计收的赔偿金及应编制的会计分录如下。

（1）9月6日划款12万元，编制如下分录。

借：吸收存款——活期存款——南京光大技术有限公司户　　　120 000
　　贷：待清算辖内往来——××行　　　　　　　　　　　　　120 000

（2）9月23日支付18万元。

赔偿金 = 180 000×17×0.5‰ = 1 530（元）。

借：吸收存款——活期存款——南京光大技术有限公司户　　　181 530
　　贷：待清算辖内往来——××行　　　　　　　　　　　　　181 530

（3）9月末计收赔偿金。

赔偿金 = 100 000×26×0.5‰ = 1 300（元）。

借：吸收存款——活期存款——南京光大技术有限公司户　　　　　　　1 300
　　贷：待清算辖内往来——××行　　　　　　　　　　　　　　　　　　1 300

（4）10月16日支付全部余额。

赔偿金＝100 000×14×0.5‰＝700（元）。

借：吸收存款——活期存款——南京光大技术有限公司户　　　　　100 700
　　贷：待清算辖内往来——××行　　　　　　　　　　　　　　　　　100 700
付出：定期代收结算凭证　　　　　　　　　　　　　　　　　　　　400 000

付款人开户行对逾期未付的托收凭证，负责进行扣款的期限为3个月（从承付期满日算起）。期满时，付款人仍无足够资金支付尚未付清的欠款的，银行应于次日通知付款人将有关交易单证（单证已做账务处理或已部分支付的，可以填制应付款项证明单）在2天内退回银行（到期日遇节假日顺延）。付款人逾期不退回单证的，银行于发出通知的第3天起，按照尚未付清欠款余额每天处以万分之五但不低于50元的罚款，并暂停其向外办理结算业务，直至退回单证时止。付款人开户行收到付款人退回的单证，经审核无误后，在托收凭证和登记簿备注栏注明单证退回日期和"无款支付"的字样，并填制一式三联"应付款项证明单"，将第一联证明单和第三联托收凭证一并留存备查，将另两联证明单连同第四联、第五联托收凭证及有关单证一并寄收款人开户行。付款人开户行在退回托收凭证和单证时，需将应付的赔偿金一并划给收款人。付款人逾期退回单证的，付款人开户行按前述规定予以罚款，该罚款作为银行营业外收入处理。

（5）拒绝付款的处理。

① 全部拒绝付款的处理。付款人在承付期内提出全部拒付的，应填制一式四联"全部拒付理由书"，连同有关的拒付证明、第五联委托收款凭证及所附单证送交付款人开户行。银行严格审核，不同意拒付的，实行强制扣款，对无理拒付而增加银行审查时间的，银行应按规定扣收赔偿金。

对符合规定同意拒付的，经银行主管部门审批后，银行在委托收款凭证和登记簿备注栏注明"全部拒付"字样，然后将第一联拒付理由书加盖业务公章退给付款人，将第二联拒付理由书连同第三联委托收款凭证留存备查，其余所有单证一并寄给收款人开户行。

② 部分拒绝付款的处理。付款人在承付期内提出部分拒绝付款，经银行审查同意办理的，银行依照全部拒付审查手续办理，并在委托收款凭证和登记簿备注栏注明"部分拒付"字样及部分拒付的金额。对同意承付部分，银行以第二联拒付理由书代借方凭证，第三联托收凭证作为附件，编制如下会计分录。

借：吸收存款——××存款——付款人户　　　　　　　　　　（同意承付金额）
　　贷：待清算辖内往来——××行　　　　　　　　　　　　　（同意承付金额）

然后将第一联拒付理由书加盖转讫章交付款人，其余单证（如第三联、第四联部分拒付理由书）连同拒付部分的商品清单和有关证明邮寄至收款人开户行。

3．收款人开户行收款结账的处理

（1）全额划回的处理。收款人开户行收到划回的款项时，打印汇款来账专用凭证，与留存的第二联委托收款凭证进行核对，无误后注明转账日期，办理转账。其会计分录编制如下。

借：待清算辖内往来——××行
　　贷：吸收存款——××存款——收款人户
付出：发出托收承付结算凭证

然后通知收款人，并销记"发出托收承付结算凭证登记簿"。

（2）多承付款划回的处理。收款人开户行收到付款人开户行划来多承付款项及第三联、第四联多承付理由书后，在第二联委托收款凭证和登记簿备注栏注明多承付金额，为收款人及时入账，并将第四联多承付理由书交收款人，其余手续与全额划回相同。

（3）部分划回的处理。银行收到付款人开户行部分划回的款项后，在第二联委托收款凭证和登记簿上注明部分划回的金额，为收款人及时入账。其余手续与全额划回相同。

（4）逾期划回、单独划回赔偿金及无款支付退回凭证的处理。收款人开户行收到第一联、第二联到期未收通知书后，应在第二联托收凭证上注明"逾期付款"字样及日期，然后将第二联到期未收通知书交收款人，将第一联到期未收通知书、第二联委托收款凭证一并留存保管。待接到一次、分次划款或单独划回的赔偿金时，比照部分划回的有关手续处理。

收款人开户行在逾期付款期满后接到第四联、第五联委托收款凭证和有关单证，核对无误后，抽出第二联委托收款凭证注明"无款支付"字样，销记登记簿，然后将其余委托收款凭证及有关单证退交收款人。

（5）拒绝付款的处理。收款人开户行收到付款人开户行寄来的托收凭证、拒付理由书、拒付证明及有关单证后，抽出原保管的第二联委托收款凭证，在备注栏注明"全部拒付"或"部分拒付×
×元"字样，并销记登记簿，同时将委托收款凭证、拒付理由书及有关单证退回收款人。部分拒付的，对划回款项还要办理收款入账手续。

第八节

委托收款的核算

委托收款是收款人委托银行向付款人收取款项的结算方式。这种结算方式有利于收款人主动收取款项，不受金额起点限制，同城、异地均可使用。异地委托收款结算的款项划回方式有邮划和电划两种，由收款人选用。

委托收款的核算

一、委托收款的基本规定

（1）委托收款适用于单位和个人凭已承兑的商业汇票、债券、存单等付款人的债务证明而委托银行收取的款项，以及同城公用事业费的收取。

（2）在同城范围内，公用事业费采用委托收款结算的，收付双方必须事先签订经济合同，由付款人向开户银行授权，经开户银行同意，并报当地中国人民银行批准才能办理，因此，该种方式也称为同城特约委托收款。

二、委托收款的会计核算

（一）收款人开户行受理委托收款的处理

收款人办理委托收款应向收款人开户行提交委托收款凭证和有关债务证明。委托收款凭证一式五联：第一联为回单，第二联为贷方凭证，第三联为借方凭证，第四联为收账通知（电划时为发电依据），第五联为付款通知。收款人在第二联凭证上签章后，将有关委托收款凭证和债务证明提交开户银行。委托收款凭证如图5-15所示。

注意　填写凭证时要在"业务类型"一栏内的委托收款的邮划或电划前的方框中打"√"，表示该凭证作为"委托收款"业务用。

收款人开户行收到上述凭证后，按有关规定认真审核，无误后，将第一联凭证加盖业务公章交给收款人，将第二联凭证专夹保管并登记"发出委托收款凭证登记簿"，将第三联凭证加盖结算专用章，连同第四联、第五联委托收款凭证及有关债务证明，一并寄交付款人开户行。

托收凭证（贷方凭证）　　2

委托日期　　年　　月　　日

业务类型	委托收款（□邮划、□电划）　托收承付（□邮划、□电划）						
付款人	全　称			收款人	全　称		
	账　号				账　号		
	地　址	省　市县	开户行		地　址	省　市县	开户行
金额	人民币（大写）					亿千百十万千百十元角分	
款项内容		托收凭据名　称				附寄单证张数	
商品发运情况				合同名称号码			
备注： 收款人开户银行收到日期 年　月　日		上列款项随附有关债务证明，请予办理。 收款人签章				复核　　记账	

此联收款人开户银行做贷方凭证

图 5-15　委托收款凭证

（二）付款人开户行收到委托收款凭证的处理

付款人开户行收到收款人开户行寄来的第三联、第四联、第五联委托收款凭证及有关债务证明时，审查无误后办理付款。其中以银行为付款人的，付款人开户行应当在当日主动将款项划给收款人；以单位为付款人的，付款人开户行应及时通知付款人，并将有关债务证明交给付款人签收。付款人应于接到通知当日书面通知银行付款。付款人在接到通知的次日起 3 日内未通知银行付款的，视同付款人同意付款，银行应于付款人接到通知的次日起第 4 日上午开始营业时，将款项划给收款人；若付款人提前收到由其付款的债务证明，并同意付款，则银行应于债务证明的到期日付款。

付款人开户行应在凭证上填写收到日期，根据第三联、第四联凭证编制表外科目的会计分录，具体如下。

收入：收到委托收款凭证

根据分录逐笔登记“收到委托收款凭证登记簿”后，专夹保管，并分以下情况进行处理。

（1）付款人为银行的，以第三联委托收款凭证作为借方凭证，有关债务证明及第四联委托收款凭证（同城票据交换时需提出）作为其附件。其会计分录编制如下。

借：吸收存款——应解汇款——付款人户

　　贷：待清算辖内往来——××行（或清算资金往来——同城票据清算）

付出：收到委托收款凭证

转账后，银行销记“收到委托收款凭证登记簿”。

（2）付款人为单位的，银行将第五联委托收款凭证加盖业务公章，连同有关债务证明提交给付款人，并由其签收。付款人应于接到通知的次日起 3 日内（期内遇节假日顺延）通知开户行付款，付款期内未提出异议的，视同同意付款。银行应于付款期满次日上午开始营业时将款项划给收款人，以第三联凭证作为借方凭证，第四联凭证（同城票据交换时需提出）作为其附件。其会计分录编制如下。

借：吸收存款——××存款——付款人户

　　贷：待清算辖内往来——××行（或清算资金往来——同城票据清算）

其余手续比照付款人为银行的处理。此外，银行在办理划款时，付款人账户不足支付全部款项的，应通过收款人开户行向收款人发出未付款项通知书，连同有关债务证明一起交收款人，银行在委托收款凭证和收到委托收款凭证登记簿上注明退回日期和"无款支付"字样，并填制一式三联付款人未付款项通知书（或用异地结算通知书代替），将第一联通知书和第三联委托收款凭证留存备查，将第二联、第三联通知书连同第四联委托收款凭证邮寄至收款人开户行，留存债务证明的，其债务证明一并邮寄至收款人开户行。

付款人办理拒绝付款的，应在接到付款通知的次日起 3 日内填制一式四联拒绝付款理由书，连同债务证明及第五联委托收款凭证一并交给开户银行。银行审核无误后，在委托收款凭证和收到委托收款凭证登记簿上注明"拒绝付款"字样，然后将第一联拒付理由书加盖业务公章退还付款人，将第二联拒付理由书连同第三联委托收款凭证一并留存备查，将第三联、第四联拒付理由书连同债务证明和第四联、第五联委托收款凭证一并寄送收款人开户行。

（三）收款人开户行收到划回款项或退回凭证的处理

收款人开户行收到划回的款项时，将打印的汇款来账专用凭证或通过同城票据交换提入的第四联委托收款凭证，与留存的第二联委托收款凭证核对无误后，办理转账。其会计分录编制如下。

借：待清算辖内往来——××行（或清算资金往来——同城票据清算）

贷：吸收存款——××存款——收款人户

付出：发出委托收款凭证

转账后，通知收款人，并销记"发出委托收款凭证登记簿"。

若收款人开户行收到无款支付而退回的委托收款凭证及有关单据，应抽出第二联委托收款凭证，并在该联凭证备注栏注明"无款支付"字样，销记"发出委托收款凭证登记簿"，然后将第四联委托收款凭证、一联未付款项通知书及债务证明退给收款人。收款人在该联未付款项通知书上签收后，收款人开户行将一联未付款项通知书及第二联委托收款凭证一并保管备查。

若收款人开户行收到第四联、第五联委托收款凭证及有关债务证明和第三联、第四联拒付理由书，应抽出第二联委托收款凭证，核对无误后，在该委托收款凭证上注明"拒绝付款"字样，销记"发出委托收款凭证登记簿"，然后将第四联、第五联委托收款凭证、有关债务证明和第三联、第四联拒付理由书一并退给收款人。收款人在第三联拒付理由书上签收后，收款人开户行将第三联拒付理由书连同第二联委托收款凭证一并保管备查。

第九节　信用卡的核算

一、信用卡的概念和有关规定

（一）信用卡的概念

信用卡是指商业银行向个人和单位发行的，凭以向特约单位购物、消费和向银行存取现金，且具有消费信用的支付工具。信用卡按使用对象分为单位卡和个人卡，按信誉等级分为金卡和普通卡。

图 5-16 和图 5-17 所示分别为交通银行信用卡正面及背面。

（二）信用卡的有关规定

（1）商业银行（包括外资银行、合资银行）、非银行金融机构未经中国人民银行批准不得发行信用卡。非金融机构、境外金融机构的驻华代表机构不得发行信用卡和代理收单结算业务。

（2）凡在中国境内的金融机构开立基本存款账户的单位可申领单位卡。凡具有完全民事行为能力的公民可申领个人卡。

图 5-16 交通银行信用卡正面

图 5-17 交通银行信用卡背面

（3）单位卡账户的资金一律从其基本存款账户转账存入，不得交存现金，不得将销货收入的款项存入其账户。单位卡一律不得支取现金，不得用于 10 万元以上商品交易、劳务供应款项的结算。

（4）个人卡账户的资金以其持有的现金存入或以其工资性款项及属于个人的劳动报酬收入转账存入。严禁将单位的款项存入个人卡账户。

（5）信用卡只限于合法持卡人本人使用，持卡人不得出租或转借信用卡。

（6）信用卡的透支额度，金卡最高不得超过 1 万元，普通卡最高不得超过 5 000 元。透支期限最长为 60 天。信用卡透支利息，自签单日或银行记账日起 15 日内按日息万分之五计算，超过 15 日按日息万分之十计算，超过 30 日或透支金额超过规定限额的，按日息万分之十五计算。透支计息不分段，按最后期限或者最高透支额的最高利率档次计息。

（7）持卡人使用信用卡不得发生恶意透支。恶意透支是指持卡人超过规定限额或规定期限，并且经发卡银行催收无效的透支行为。

（8）信用卡丢失，持卡人应立即持本人身份证件或其他有效证明，并按规定提供有关情况，向发卡银行或代办银行申请挂失。发卡银行或代办银行审核后办理挂失手续。

二、发行信用卡的核算

（一）发行单位卡的核算

单位申领信用卡，应按规定填写"信用卡申请表"，并将该表和有关资料一并交发卡行。发卡行审核同意后，应及时通知申请人前来办理领卡手续，并按规定向其收取备用金和手续费。申请人接到通知后，其在发卡行开户的，应填制转账支票及三联进账单交给发卡行，发卡行审查无误后，比照转账支票结算的有关手续处理，并另填制一联特种转账贷方凭证作为收取手续费凭证。其会计分录编制如下。

借：吸收存款——活期存款——××单位户

贷：吸收存款——银行卡存款——××单位户

手续费及佣金收入

应交税费——应交增值税

申请人未在发卡行开户的，应填制转账支票及两联进账单交发卡行，发卡行审查无误后，填制一联收取手续费的特种转账贷方凭证，转账后，将支票通过票据交换交申请人基本存款账户的开户行。其会计分录编制如下。

借：清算资金往来——同城票据清算

贷：吸收存款——银行卡存款——××单位户

手续费及佣金收入

应交税费——应交增值税

（二）发行个人卡的核算

个人申领信用卡，申领手续同单位卡。申请人交存现金的，发卡行收妥后，发给申请人信用卡。其会计分录编制如下。

借：库存现金

贷：吸收存款——银行卡存款——××户

手续费及佣金收入

应交税费——应交增值税

申请人转账存入的，发卡行收到申请人交来的转账支票及进账单，认真审核其个人资金来源，审核无误后，比照单位卡的有关手续处理。

发卡行在办理信用卡发卡手续时，应登记"信用卡账户开销户登记簿"和发卡清单，并在主卡清单上记载领卡人身份证件号码，并由领卡人签收。

三、凭信用卡存取现金的核算

持卡人凭信用卡存取现金时，银行应认真审查信用卡的真伪及有效期限，核对信用卡号码是否是已付卡的号码，核对当面签字与预留签字是否一致。审查无误后，办理存取款手续。

（一）同城存取现金的核算

1. 持卡人凭信用卡存入现金的核算

持卡人凭信用卡存入现金时，银行经审查无误后，压制一式四联存款单，第一联是回单，第二联是贷方凭证，第三联是贷方凭证附件，第四联是存根。

（1）持卡人在发卡行直接存入现金的，由持卡人在存款单上签名，银行应核对其签名与信用卡签名是否相符。如是持卡人的代理人交存现金的，应由代理人签名。审核无误后，办理收款手续。其会计分录编制如下。

借：库存现金

贷：吸收存款——应解汇款——××户

借：吸收存款——应解汇款——××户

贷：吸收存款——银行卡存款——××户

第一联存款单交持卡人，第四联存款单留存。

（2）持卡人如在非发卡行存入现金，收存行收存现金后，编制如下会计分录。

借：库存现金
　　贷：吸收存款——应解汇款——××户

收存行记账后，应将第二联存款单通过票据交换交给发卡行。收存行编制如下会计分录。

借：吸收存款——应解汇款——××户
　　贷：清算资金往来——同城票据清算

发卡行收到划来款项，编制如下会计分录。

借：清算资金往来——同城票据清算
　　贷：吸收存款——银行卡存款——××户

2. 持卡人凭信用卡支取现金的核算

持卡人凭信用卡支取现金，需填制取现单并应提交有效身份证件。银行需审查信用卡的真伪及有效期，持卡人身份证件的照片或卡片上的照片是否与其本人相符，该信用卡是否为止付卡。审查无误后，在取现单上压印取现金额、身份证件号码等，由持卡人签名并核对其签名与信用卡上的签名是否一致，与身份证上的姓名是否相同。持卡人取现超过规定限额的应办理授权，并将授权号填入取现单。取现单一式四联，各联分别为回单、借方传票、借方传票附件和存根。凭信用卡支取现金的会计分录与凭信用卡存入现金的会计分录相反，这里不再详述。

（二）异地存取现金的核算

持卡人持异地发卡行发行的信用卡存入和支取现金时，经办行应按规定标准收取手续费，并将手续费金额填在存款单和取现单上。经办行对持卡人持异地发卡行发行的信用卡支取现金的，以取现单代传票，并另行填制传票收取手续费。在支付现金并收取手续费后，经办行编制如下会计分录。

借：清算资金往来——××行
　　贷：吸收存款——应解汇款——××户
借：吸收存款——应解汇款——××户
　　贷：库存现金
　　　　手续费及佣金收入
　　　　应交税费——应交增值税

发卡行收到报单或清算行发来的电子汇划凭证，审核无误后办理转账，编制如下会计分录。

借：吸收存款——银行卡存款——××户
　　贷：清算资金往来——××行

如为异地存入现金，各行的会计分录相反。

四、凭信用卡直接消费的核算

持卡人凭信用卡在同城或异地直接消费时，需填制签购单，由特约单位填制的进账单及汇计单，与签购单一并送存银行，经办行应向特约单位收取手续费。

银行对特约单位提交的凭证应认真审查下列内容：签购单及其压印的内容是否为本行可受理的信用卡；签购单上有无持卡人签名、身份证件号码、特约单位名称和编号；签购单的小写金额是否与大写金额相符；签购单上压印的信用卡有效期限是否在有效期内；超过规定交易限额的，有无授权号；汇计单和签购单的内容是否一致；汇计单、签购单和进账单的结计金额是否正确；手续费计算是否正确。审查无误后进行账务处理。

汇计单一式三联，第一联为交费收据，第二联为贷方凭证附件，第三联为存根。签购单一式四联，第一联为回单，第二联为借方凭证，第三联为贷方凭证附件，第四联为存根。

（一）收、付款人在同一行处开户的核算

第一联进账单（作为收账通知）与第一联汇计单（作为交费依据）退交特约单位；第二联进账单作为特约单位存款账户的转账贷方传票；第三联签购单作为附件；填制一联手续费收入科目特种转账贷方传票，第二联汇计单作为附件；第二联签购单作为借方传票；第三联汇计单、第四联签购单留存。其会计分录编制如下。

借：吸收存款——银行卡存款——××户
　　贷：吸收存款——××存款——特约单位户
　　　　手续费及佣金收入
　　　　应交税费——应交增值税

（二）收、付款人在同一城市不同行处开户的核算

经办行需通过票据交换将款项划往发卡行，特约单位开户行将第三联签购单连同第三联汇计单通过票据交换提交给发卡行，款项收妥抵用。

经办行编制如下会计分录。

借：清算资金往来——同城票据清算
　　贷：吸收存款——××存款——特约单位户
　　　　手续费及佣金收入
　　　　应交税费——应交增值税

发卡行编制如下会计分录。

借：吸收存款——银行卡存款——××户
　　贷：清算资金往来——同城票据清算

（三）收、付款人在异地行处开户的核算

经办行需选择相应的汇划渠道将款项划往发卡行，其具体处理方法不再详述。

复习与思考

一、思考题

1. 什么是支付结算？支付结算方式主要有哪几种？
2. 异地支付结算方式包括哪几种？同城支付结算方式包括哪几种？
3. 什么是银行汇票？其核算程序是什么？
4. 什么是托收承付结算？有什么规定？其核算手续是什么？
5. 什么是支票结算？有什么规定？其核算手续是什么？
6. 什么是银行本票？有什么规定？其核算手续是什么？
7. 银行汇票与银行承兑汇票有什么区别？
8. 托收承付与委托收款有什么异同点？
9. 贴现银行办理贴现时，实付贴现金额应如何计算？
10. 简述"贴现资产"科目核算的内容及具体运用。

二、练习题

1. 工商银行南京解放路支行为开户单位办理下列支付结算业务。

（1）百脑汇商场提交电汇凭证一份，该款项汇往在省外工商银行某支行开户的光大电子集团，金额为 426 000 元，用途为购货款。

（2）收到省外工商银行某支行传来汇划信息。款项系在本行开户的华联商厦收款的托收承付一笔，金额为66 600元，属正常划来款项。

（3）本市电信公司收款的委托收款三笔，系向在本行开户的用户收取电话费。付款人分别为在本行开户的家电商场，金额22 300元；卷烟厂，金额28 700元；苏果超市，金额50 120元。当日转账。

（4）开户单位苏果超市送存在同一行处开户单位第九中学签发的转账支票一张及进账单一份，金额为1 350元，审查无误后转账。

（5）交换提入转账支票，其中一张为开户单位卷烟厂签发的，金额为16 600元，经审查发现印鉴与预留印鉴不符，当即通知退票并计收罚款。

（6）华联商厦提交银行汇票申请书，申请签发银行汇票，汇款金额为85 000元，系货款。银行审查后处理账务并签发汇票。

（7）承（6），本行收到省外工商银行某支行传来划款信息。款项系开户单位华联商厦原申请本行申请签发的银行汇票，实际结算金额为79 600元，原出票金额为85 000元，办理转账并结清该笔银行汇票。

（8）某加工厂提交银行承兑汇票与银行承兑协议一份，申请承兑，汇票面额为250 000元，银行审查后同意承兑，并按票面金额的万分之五收取手续费。

（9）熊猫集团为承兑申请人的银行承兑汇票一份，面额为180 000元，本日到期，开户行从其存款账户收取款项，由于存款不足，只收取了140 000元，其余作为逾期贷款。

（10）某加工厂提交银行本票申请书，申请签发不定额本票26 000元，银行审查同意后签发银行本票。

（11）收到同城本系统行处交换来的代支付不定额本票三份，面额分别为1 500元、1 200元和13 000元，经核对确属本行签发，办理转账。

（12）紫金大酒店提交进账单、汇计单及签购单各一份，金额为4 860元，经审查无误后为紫金大酒店入账，并按1%向收款人收取手续费，有关凭证提出交换给同城系统内的某支行（发卡行），信用卡的持卡人为兴隆实业公司。

要求：根据经济业务编制会计分录。

2. 工商银行雨花支行6月发生的票据贴现业务如下。

（1）6月10日，开户单位电子通信公司持银行承兑汇票申请办理贴现，汇票金额为350 000元，到期日为当年11月4日，经信贷部门审查后予以办理（年贴现率为6%）。

（2）6月15日，收到工商银行城北支行（承兑行）划回的银行承兑汇票，贴现票款为85 000元。

（3）6月16日，给开户单位天然气公司贴现的商业承兑汇票150 000元未能按期收回票款，本行向贴现申请人收取票款，该单位存款账户只有100 000元。

（4）6月21日，收到异地工商银行划回的商业汇票贴现款60 000元。

（5）6月29日，收到工商银行北京分行退回的委托收款凭证和商业承兑汇票、付款人未付通知书，尚未收回金额为190 000元的汇票款，从申请人海天贸易公司账户扣回。

要求：根据上述资料编制有关会计分录。

金融机构往来的核算 | 第六章

我国的金融体系由中国人民银行、政策性银行及金融企业等组成。国民经济中各部门、各企事业单位之间的资金划拨和支付结算，其中一部分在同一银行系统内各分行之间发生，而另一部分则涉及两个不同系统的金融机构，从而引起商业银行系统内、系统外的资金账务往来。同时，商业银行之间经常进行的资金融通、相互拆借，中国人民银行为商业银行之间资金存欠提供的资金清算服务，以及中国人民银行为实现金融调控和监管目标而实施的一系列货币政策等，也会引起商业银行与中国人民银行之间的资金往来。

金融机构往来有广义和狭义之分。广义的金融机构往来包括银行系统内部的往来、中国人民银行与商业银行之间的往来、各商业银行之间的往来、中国人民银行与非银行金融机构之间的往来、商业银行与非银行金融机构之间的往来、各非银行金融机构之间的往来等，范围较广。

狭义的金融机构往来主要包括中国人民银行与商业银行之间的往来、各商业银行之间的往来等。本章将介绍商业银行系统内部、中国人民银行与商业银行之间以及各商业银行之间，由于资金的调拨与缴存、款项的汇划与结算、资金的融通与拆借等原因引起的资金账务往来。

根据有关规定，银行联行往来业务、中国人民银行对金融机构的贷款利息收入、金融同业往来利息收入等项目免征增值税。因此，本章不涉及增值税核算。

第一节 | 商业银行系统内往来的核算

商业银行是国民经济资金活动的枢纽，承担着为社会各部门、各单位之间商品交易、劳务供应进行货币结算的责任。在办理这些业务中，如果收、付款人在同一行处开户，那么资金划拨在一个行处内即可完成；如果收、付款人在不同的行处开户，则资金需要在两个行处之间划拨，并对由此而形成的相互之间资金的代收代付进行清偿。

商业银行系统内往来结算

系统内往来是指同一商业银行系统内各行处之间由于办理支付结算业务、资金调拨等业务，相互代收、代付而发生的资金账务往来。

商业银行系统内往来与资金清算通常使用各商业银行自己开发的系统内资金汇划清算系统。商业银行系统内资金汇划清算系统在支付清算体系中处于基础地位，是银行业金融机构办理结算资金和银行内部资金往来清算的渠道，是集汇划业务、清算业务、结算业务等业务于一体的综合性应用系统。

一、资金汇划清算系统业务范围与处理流程

（一）资金汇划清算系统的业务范围

资金汇划清算系统处理的汇划业务是由社会支付、银行内部资金调拨与清算等引起的业务。具体包括，汇兑、委托收款（含商业汇票、国内信用证、债权债务等）、托收承付、银行汇票、银行卡、储蓄旅行支票、内部资金划拨、其他款项汇划的资金清算，对公、储蓄、银行卡异地通存通兑业务的资金清算，及有关的查询、查复业务。

（二）资金汇划清算系统的业务处理流程

资金汇划清算系统处理的汇划业务，其信息从发报经办行接到客户汇划业务需求后发起，经发

报清算行、总行清算中心、收报清算行，至收报经办行止。业务处理流程如图 6-1 所示。

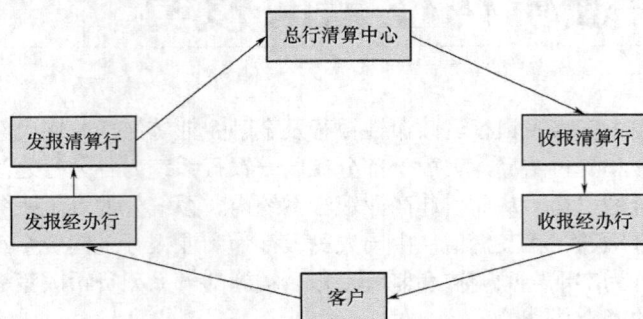

图 6-1　资金汇划清算系统的业务处理流程

经办行是办理结算和资金汇划业务的行处。发报经办行为汇划业务的发生行，收报经办行为汇划业务的接收行。

清算行是在总行清算中心开立备付金存款账户的行处，各直辖市分行和二级分行（包括省区分行营业部）均为清算行，清算行负责办理辖属行处汇划款项的清算。

省区分行也在总行清算中心开立备付金存款账户，但该账户不用于汇划款项的清算，只用于办理系统内资金调拨和内部资金利息的汇划。

总行清算中心主要是办理系统内各经办行之间的资金汇划、各清算行之间的资金清算及资金拆借、账户对账等账务的核算与管理。

资金汇划清算系统处理汇划业务的具体流程为：各发报经办行根据发生的结算等资金汇划业务录入数据，将这些数据全部及时发送至发报清算行；发报清算行将辖属各发报经办行的资金汇划信息传输给总行清算中心；总行清算中心对发报清算行传输来的汇划数据及时传输给收报清算行，收报清算行当天或次日将汇划数据传输给收报经办行。

资金汇划清算系统以清算行为单位在总行清算中心开立备付金存款账户，该账户用于汇划款项的资金清算。在发报经办行通过发报清算行经总行清算中心将款项汇划给收报经办行的同时，总行清算中心每天根据各行汇出汇入资金情况，从各清算行备付金存款账户付出资金或存入资金，从而实现各清算行之间的资金清算。各清算行应保证在总行清算中心开立的备付金存款账户有足额的存款。同样，各支行应在上级管辖分行清算中心开立备付金存款账户，该账户用于经办行与清算行或清算行辖内其他支行之间的资金清算。

二、会计科目的设置

（一）"上存系统内款项"科目

"上存系统内款项"科目属于资产类科目，是下级行用以核算其存放在上级行的资金的科目。各清算行和省区分行在总行开立的备付金账户以及二级分行在省区分行开立的调拨资金账户均使用该科目进行核算。

包括直辖市分行、总行直属分行和二级分行在内的各清算行，均应在"上存系统内款项"科目下设置"上存总行备付金"明细科目，用以核算资金调拨和清算辖属行处的汇划款项；二级分行还需设置"上存省区分行调拨资金"明细科目，用以核算在辖内集中调拨的资金。

（二）"系统内款项存放"科目

"系统内款项存放"科目属于负债类科目，与"上存系统内款项"科目相对应，是上级行用以核算其下级行上存备付金存款和调拨资金的科目。总行在"系统内款项存放"科目下按清算行和省区分行设"××行备付金"明细科目，用以核算各清算行和省区分行在总行的备付金存款的增减变动情况；省区分行在该科目下按二级分行设置"××行调拨资金"明细科目，用以核算二级分行的调拨资金存款的增减变动情况。

（三）"待清算辖内往来"科目

"待清算辖内往来"科目属于资产负债共同类科目，用以核算各发、收报经办行与清算行之间的资金汇划往来清算情况，余额轧差反映。

（四）"上存辖内款项"科目

"上存辖内款项"科目属于资产类科目，是各支行、网点用以核算其存放在上级行的备付金存款的科目。

（五）"辖内款项存放"科目

"辖内款项存放"科目属于负债类科目，是各分行、支行用以核算其所辖支行、网点上存放的备付金存款的科目。

三、汇划款项与资金清算的核算

发报经办行是发起汇划业务，向发报清算行发送汇划信息的行处。其发起的汇划业务分为两类，即划收款业务和划付款业务。

划收款业务是发报经办行发起的代收报经办行向付款客户收款的汇划业务，主要包括汇兑、委托收款划回、托收承付划回等结算业务及系统内资金划拨等。发报经办行发起划收款业务应记入"待清算辖内往来"科目的贷方，因此，划收款业务也称为贷方报单业务（以下简称"贷报业务"）。

划付款业务是发报经办行发起的代收报经办行向收款客户付款的汇划业务，主要包括银行汇票的解付、信用卡的解付业务等。发报经办行发起划付款业务，应记入"待清算辖内往来"科目的借方，因此，划付款业务也称为借方报单业务（以下简称"借报业务"）。

（一）发报经办行的处理

发报经办行根据客户提交的原始凭证，将业务数据录入计算机，经复核、授权后实时或批量送至发报清算行。如为贷报业务，则会计分录编制如下。

借：吸收存款——××存款——付款人户
　　贷：待清算辖内往来——××行

如为借报业务，则会计分录编制如下。

借：待清算辖内往来——××行
　　贷：吸收存款——××存款——付款人户

每日营业终了，对"待清算辖内往来"科目轧差，若为贷方余额（贷差），则为本行应付汇差，清算时应减少本行在上级清算行的备付金存款。会计分录编制如下。

借：待清算辖内往来——××行
　　贷：上存辖内款项——存××行备付金

若"待清算辖内往来"科目为借方余额（借差），则为本行应收汇差，清算时，应增加本行在上级清算行的备付金存款。会计分录编制如下。

借：上存辖内款项——存××行备付金
　　贷：待清算辖内往来——××行

每日营业终了，发报经办行根据当天向发报清算行发出的汇划业务信息打印辖内往来汇总记账凭证、资金汇划业务清单，资金汇划业务清单及有关原始凭证作为汇总记账凭证的附件。

（二）发报清算行的处理

1. 跨清算行汇划业务的处理

发报清算行收到发报经办行传输来的跨清算行汇划业务报文后，系统自动进行账务处理，更新在总行清算中心的备付金存款账户，并将汇划数据加押后传输至总行清算中心。如为贷报业务，则会计分录编制如下。

借：待清算辖内往来——××行
　　贷：上存系统内款项——上存总行备付金

如为借报业务，则会计分录相反。

每日营业终了，对"待清算辖内往来"科目按收报经办行轧差，若为借方余额（借差），则为该行应收汇差，清算时，应减少该经办行在本行的备付金存款。会计分录编制如下。

借：辖内款项存放——××行
　　贷：待清算辖内往来——××行

若为贷方余额（贷差），则为该行应付汇差，清算时，应增加该经办行在本行的备付金存款。会计分录编制如下。

借：待清算辖内往来——××行
　　贷：辖内款项存放——××行

2. 同一清算行辖内汇划业务的处理

发报清算行收到发报经办行传输来的本清算行辖内汇划业务报文后，系统直接将汇划数据加押后传输至收报经办行，并分别更新发报经办行和收报经办行在本行清算中心的备付金存款。如为贷报业务，则会计分录编制如下。

借：辖内款项存放——××发报经办行
　　贷：辖内款项存放——××收报经办行

如为借报业务，则会计分录相反。

每日营业终了，发报清算行打印清算行辖内往来汇总记账凭证、清算行备付金汇总记账凭证、资金汇划业务清单等，并核对有关数据。

（三）总行清算中心的处理

总行清算中心收到各发报清算行上送的汇划业务报文，系统自动登记后，传输至收报清算行。每日营业终了，系统自动更新各清算行在总行的备付金存款账户。如为贷报业务，则会计分录编制如下。

借：系统内款项存放——××发报清算行备付金
　　贷：系统内款项存放——××收报清算行备付金

如为借报业务，则会计分录相反。

每日营业终了，系统自动生成总行清算中心的资金汇划日报表和相应的对账信息，并下发至清算行和经办行以对账。

（四）收报清算行的处理

收报清算行收到总行清算中心传来的汇划业务报文后，系统自动更新在总行清算中心的备付金存款账户，并自动进行账务处理。实时或批量传输至收报经办行。如为贷报业务，则会计分录编制如下。

借：上存系统内款项——上存总行备付金
　　贷：待清算辖内往来——××行

若为借报业务，则会计分录相反。

每日营业终了，收报清算行打印清算行辖内往来汇总记账凭证、清算行备付金汇总记账凭证、资金汇划业务清单等，并核对有关数据。

（五）收报经办行的处理

收报经办行收到收报清算行传来的批量、实时汇划报文，确认无误后，系统自动记账，打印资金汇划补充凭证。如为贷报业务，则会计分录编制如下。

借：待清算辖内往来——××行

贷：吸收存款——××存款——收款人户

如为借报业务，则会计分录相反。

日终，对"待清算辖内往来"科目轧差，若为借方余额（借差），则为本行应收汇差，日终清算时，应增加本行在上级清算行的备付金存款。会计分录编制如下。

借：上存辖内款项——存××行备付金

贷：待清算辖内往来——××行

若为贷方余额（贷差），则为本行应付汇差，日终清算时，应减少本行在上级清算行备付金存款。会计分录编制如下。

借：待清算辖内往来——××行

贷：上存辖内款项——存××行备付金

每日营业终了，收报经办行打印辖内往来汇总记账凭证、资金汇划业务清单并进行数据核对。

【例6-1】工商银行南京雨花支行收到开户单位中北公司提交的电汇凭证，该公司要求向工商银行上海浦东支行开户单位风通汽车公司汇出货款 800 000 元。工商银行南京雨花支行审核无误后，通过资金汇划清算系统办理款项汇划，工商银行上海浦东支行收到汇划信息，确认无误后，将货款收入开户单位风通汽车公司账户。

各经办行、清算行及总行的账务处理如下。

（1）工商银行南京雨花支行根据电汇凭证录入数据，经复核、授权后发送至工商银行江苏省分行营业部。会计分录编制如下。

借：吸收存款——活期存款——中北公司户　　　　　　　　　　　800 000

　　贷：待清算辖内往来——上海浦东支行　　　　　　　　　　　　800 000

借：待清算辖内往来——上海浦东支行　　　　　　　　　　　　　800 000

　　贷：上存辖内款项——江苏省分行备付金　　　　　　　　　　　800 000

（2）江苏省分行收到工商银行南京雨花支行传输来的跨清算行汇划业务报文后，系统自动进行账务处理，并将汇划数据加押后传输至总行清算中心。会计分录编制如下。

借：待清算辖内往来——南京雨花支行　　　　　　　　　　　　　800 000

　　贷：上存系统内款项——上存总行备付金　　　　　　　　　　　800 000

借：辖内款项存放——上海浦东支行　　　　　　　　　　　　　　800 000

　　贷：待清算辖内往来——上海浦东支行　　　　　　　　　　　　800 000

（3）工商银行总行清算中心收到江苏省分行营业部上送的汇划业务报文，系统自动登记后，传输至工商银行上海分行。日终，系统自动更新江苏省分行和工商银行上海分行在总行的备付金账户。会计分录编制如下。

借：系统内款项存放——江苏省分行备付金　　　　　　　　　　　800 000

　　贷：系统内款项存放——上海分行备付金　　　　　　　　　　　800 000

（4）工商银行上海分行收到总行清算中心传来的汇划业务报文后，系统自动更新在总行清算资金备付金账户，并进行账务处理。会计分录编制如下。

借：上存系统内款项——上存总行备付金　　　　　　　　　　　　800 000

　　贷：待清算辖内往来——南京雨花支行　　　　　　　　　　　　800 000

借：待清算辖内往来——南京雨花支行　　　　　　　　　　　　　　800 000
　　贷：辖内款项存放——南京雨花支行　　　　　　　　　　　　　　800 000

（5）工商银行上海分行浦东支行收到上海分行传来的汇划报文，确认无误后系统自动记账。会计分录编制如下。

借：上存辖内款项——存上海分行备用金　　　　　　　　　　　　　800 000
　　贷：待清算辖内往来——南京雨花支行　　　　　　　　　　　　　800 000
借：待清算辖内往来——南京雨花支行　　　　　　　　　　　　　　800 000
　　贷：吸收存款——活期存款——风通汽车公司户　　　　　　　　　800 000

四、系统内资金调拨与利息的核算

系统内资金调拨是商业银行系统内上、下级行之间因日常结算、资金清算和经营管理需要而存放、缴存和借入、借出各种款项的业务，是商业银行系统内资金往来业务内容之一。

（一）系统内备付金存款的核算

1. 备付金存款账户的开立与资金存入的处理

清算行和省区分行在总行清算中心开立备付金存款账户时，可通过其在中国人民银行的备付金存款账户，以实汇资金的方式将款项存入总行清算中心。上存时，会计分录编制如下。

借：上存系统内款项——上存总行备付金
　　贷：存放中央银行款项——准备金存款

总行清算中心收到各清算行和省区分行上存的备付金后，进行账务处理。会计分录编制如下。

借：存放中央银行款项——准备金存款
　　贷：系统内款项存放——××行备付金

各清算行或省区分行在总行清算中心的备付金存款不足时，通过中国人民银行汇款补足的处理同上。

2. 通过中国人民银行调回备付金的处理

总行清算中心通过其在中国人民银行的备付金存款账户，以实汇资金的方式将款项调出时，会计分录编制如下。

借：系统内款项存放——××行备付金
　　贷：存放中央银行款项——准备金存款

清算行和省区分行接到总行清算中心发来的信息后，进行账务处理。会计分录编制如下。

借：存放中央银行款项——准备金存款
　　贷：上存系统内款项——上存总行备付金

二级分行通过中国人民银行向管辖的省区分行上存、调回调拨资金，各支行通过中国人民银行向管辖的清算行上存、调回备付金，可比照上述手续进行处理。

（二）系统内借款的核算

系统内借款是指下级行根据相关管理规定和业务经营需要向上级行借入资金。在资金汇划与清算过程中，若清算行备付金存款不足，二级分行可向管辖省区分行借款，省区分行和直辖市分行、直属分行头寸不足可向总行借款。

下级行按规定向上级行借入的资金，对上级行而言，属于资产性质，上级行通过"系统内借出"科目核算；对下级行而言，属于负债性质，下级行通过"系统内借入"科目核算。

1. 一般借入的处理

（1）清算行如不能通过中国人民银行汇款补足在总行清算中心的备付金存款，经批准可向管辖行申请借入资金。

省区分行接到二级分行的借款申请后，经批准向总行清算中心办理资金借出手续。会计分录编制如下。

借：系统内借出——一般借出

　　贷：上存系统内款项——上存总行备付金

总行清算中心收到省区分行的借出资金信息后，当日系统自动进行账务处理。会计分录编制如下。

借：系统内款项存放——××省区分行备付金

　　贷：系统内款项存放——××清算行备付金

清算行收到借款信息后，系统自动进行账务处理。会计分录编制如下。

借：上存系统内款项——上存总行备付金

　　贷：系统内借入——一般借入

（2）省区分行经批准可向总行申请借入资金。

总行接到省区分行的借款申请后，经批准办理资金借出手续。会计分录编制如下。

借：系统内借出——一般借出

　　贷：系统内款项存放——××省区分行备付金

省区分行收到借款信息后，系统自动进行账务处理。会计分录编制如下。

借：上存系统内款项——上存总行备付金

　　贷：系统内借入——一般借入

2．强行借入的处理

若二级分行在总行备付金不足，日终又不能立即借入资金补足，总行清算中心有权主动代省区分行强行向二级分行借出资金，同时通知二级分行和省区分行。强行借款通过"系统内借入——强行借入""系统内借出——强行借出"科目进行核算。

（1）若省区分行在总行备付金账户有足够的余额，则总行清算中心日终批量处理时，系统自动代省区分行强拆二级分行。会计分录编制如下。

借：系统内款项存放——××省区分行备付金

　　贷：系统内款项存放——××清算行备付金

省区分行清算中心次日收到总行清算中心代本行强拆的信息后，系统自动进行账务处理。会计分录编制如下。

借：系统内借出——强行借出

　　贷：上存系统内款项——上存总行备付金

二级分行次日收到总行代省区分行强拆的信息后，系统自动进行账务处理。会计分录编制如下。

借：上存系统内款项——上存总行备付金

　　贷：系统内借入——强行借入

（2）若省区分行在总行备付金账户的余额不足，则总行清算中心日终批量处理时，系统自动强拆省区分行，然后代省区分行强拆二级分行。会计分录编制如下。

借：系统内借出——强行借出

　　贷：系统内款项存放——××省区分行备付金

借：系统内款项存放——××省区分行备付金

　　贷：系统内款项存放——××清算行备付金

省区分行清算中心次日收到总行清算中心强拆及代本行强拆的信息后，系统自动进行账务处理。会计分录编制如下。

借：上存系统内款项——上存总行备付金

　　贷：系统内借入——强行借入

借：系统内借出——强行借出

　　贷：上存系统内款项——上存总行备付金

二级分行次日收到总行清算中心代省区分行强拆的信息后，系统自动进行账务处理。会计分录编制如下。

借：上存系统内款项——上存总行备付金

　　贷：系统内借入——强行借入

3. 归还借款的处理

（1）二级分行归还省区分行借款的处理。

二级分行在总行清算中心的备付金存款足以归还向省区分行的借款时，经批准向总行清算中心发出还款通知，系统自动进行账务处理。会计分录编制如下。

借：系统内借入——一般借入（或强行借入）

　　贷：上存系统内款项——上存总行备付金

总行清算中心收到还款信息后，系统自动进行账务处理。会计分录编制如下。

借：系统内款项存放——××清算行备付金

　　贷：系统内款项存放——××省区分行备付金

省区分行清算中心收到还款信息后，系统自动进行账务处理。会计分录编制如下。

借：上存系统内款项——上存总行备付金

　　贷：系统内借出——一般借出（或强行借出）

（2）省区分行归还总行借款的处理。

省区分行在总行清算中心的备付金存款足以归还向总行借入的借款时，经批准向总行清算中心发出还款通知，系统自动进行账务处理。会计分录编制如下。

借：系统内借入——一般借入（或强行借入）

　　贷：上存系统内款项——上存总行备付金

总行清算中心收到还款信息后，系统自动进行账务处理。会计分录编制如下。

借：系统内款项存放——××省区分行备付金

　　贷：系统内借出——一般借出（或强行借出）

二级分行或省区分行借款到期不能归还，到期日营业终了，自动转入各该账户的逾期贷款户，并自转入日按规定的逾期贷款利率计息。

（三）利息的核算

1. 系统内备付金存款利息的处理

总行清算中心按季计付各清算行和省区分行存入总行的备付金存款利息。按季计付利息时，由系统自动生成各清算行和省区分行利息报文，于次日营业开始时下送各行。会计分录编制如下。

借：利息支出——系统内往来支出

　　贷：系统内款项存放——××省区分行备付金

清算行和省区分行次日收到总行下送的利息报文后，系统自动进行账务处理。会计分录编制如下。

借：上存系统内款项——上存总行备付金

　　贷：利息收入——系统内往来收入

2. 系统内借款利息的处理

总行清算中心按季计收各清算行和省区分行向总行借入的借款利息。按季计收利息时，由系统自动生成各清算行和省区分行利息报文，于次日营业开始时下送各行。会计分录编制如下。

借：系统内款项存放——××省区分行备付金

　　贷：利息收入——系统内往来收入

清算行和省区分行次日收到总行下送的利息报文后，系统自动进行账务处理。会计分录编制如下。

借：利息支出——系统内往来支出

　　贷：上存系统内款项——上存总行备付金

各清算行和省区分行在总行清算中心的备付金存款不足支付借款利息的，总行先做强行借款处理，然后再按前述账务处理进行利息扣划。

省区分行按季向辖属清算行计收借款利息及计付调拨资金存款利息，可比照上述手续进行处理。

第二节　商业银行与中国人民银行往来的核算

商业银行与中国人民银行（以下简称"人民银行"）往来是指商业银行与中国人民银行之间由于缴纳和支取现金、缴存存款、融通资金、汇划款项以及通过中国人民银行存款账户进行资金清算等业务而引起的资金账务往来，主要包括向中国人民银行存取现金与缴存存款，向中国人民银行再贷款与再贴现，以及通过中国人民银行办理汇划款项等。

与人民银行往来业务（存取现金及缴存存款的业务）

一、向中国人民银行存取现金与缴存存款的核算

（一）会计账户的设置

各商业银行在中国人民银行开设账户，并设置"存放中央银行款项"科目，该科目属于资产类科目，根据该科目设置的账户用以核算商业银行存放于中国人民银行的各种款项，包括业务资金的调拨、办理同城票据交换和异地跨系统资金汇划、提取或缴存现金等。商业银行按规定缴存的法定存款准备金和超额存款准备金存款，也通过该科目核算。

商业银行增加在中国人民银行的存款，借记"存放中央银行款项"账户，贷记"库存现金""吸收存款""清算资金往来"等账户；减少在中国人民银行的存款做相反的会计分录。该账户期末借方余额，反映商业银行存放在中国人民银行的各种款项。该科目可按存放款项的性质设置"准备金存款""缴存财政性存款"等进行明细核算。

1. "存放中央银行款项——准备金存款"

"存放中央银行款项——准备金存款"这一账户用以核算商业银行按规定缴存中国人民银行的法定存款准备金和超额存款准备金的增减变动情况。商业银行增加在中国人民银行的准备金存款时记入该账户的借方，减少在中国人民银行的准备金存款时记入该账户的贷方。期末借方余额，反映商业银行存放在中国人民银行的准备金存款余额。

由于商业银行的法定存款准备金由其总行（法人）统一向中国人民银行缴存，中国人民银行按法人考核商业银行法定存款准备金的缴存情况，所以，商业银行总行在中国人民银行开立的准备金账户，属于法定存款准备金与超额存款准备金合一的账户，该账户除用于考核法定存款准备金以外，还用于向中国人民银行存取现金、调拨资金、清算资金以及其他日常支付款项。该账户余额最低应等于规定的法定存款准备金余额。商业银行分支机构在中国人民银行开立的存款准备金为超额存款准备金账，不用于考核法定存款准备金，仅用于向中国人民银行存取现金、调拨资金、清算资金和

其他日常支付款项，不允许透支，如果账户资金不足，可以通过向上级行调入或向同业拆借补充。"存放中央银行款项——准备金存款"是核算商业银行与中国人民银行往来业务的基本账户。

2. "存放中央银行款项——缴存财政性存款"

"存放中央银行款项——缴存财政性存款户"这一账户用以核算商业银行按规定缴存中国人民银行的财政性存款的增减变动情况。商业银行向中国人民银行缴存或调增财政性存款时记入该账户的借方，调减财政性存款时记入该账户的贷方。期末借方余额，反映商业银行缴存中国人民银行的财政性存款余额。

商业银行各级机构吸收的财政性存款采取全额就地缴存中国人民银行的办法，因此，商业银行各级行处均应在"存放中央银行款项"账户下设置"缴存财政性存款"明细账户。各商业银行在中国人民银行开设的存款账户的存入的资金对于中国人民银行来说是中国人民银行的资金来源，是中国人民银行的负债，中国人民银行开设"××银行——缴存财政性存款"账户来核算其增加额、减少额及余额。

（二）向中国人民银行存取现金的核算

根据货币发行制度的规定，商业银行需核定各行处业务库必须保留的现金限额，并报开户银行发行库备案。当现金超过规定的库存现金限额时，需缴存开户中国人民银行发行库；当库存现金不足限额时，可以签发现金支票到中国人民银行发行库提取。

1. 向中国人民银行缴存现金的核算

商业银行向中国人民银行缴存现金时，填制一式二联现金缴款单，连同现金一并送缴开户中国人民银行发行库。商业银行根据中国人民银行退回的现金缴款单回单，打印记账凭证，现金缴款单回单联作为记账凭证附件。其会计分录编制如下。

借：存放中央银行款项——准备金存款
　　贷：库存现金

中国人民银行凭商业银行的现金缴款单和发行基金入库凭证填制发行基金往来科目现金收入传票，其现金缴款单和入库凭证作为附件，会计分录编制如下。

借：发行基金往来
　　贷：××银行准备金存款——××行

2. 向中国人民银行支取现金的核算

商业银行向中国人民银行提取现金时，需填制现金支票并提交开户行中国人民银行发行库。商业银行提回现金后，打印记账凭证。其会计分录编制如下。

借：库存现金
　　贷：存放中央银行款项——准备金存款

中国人民银行凭商业银行的现金支票和发行基金出库凭证填制发行基金往来科目现金付出传票，其现金支票和出库凭证作为附件，会计分录编制如下。

借：××银行准备金存款——××行
　　贷：发行基金往来

关于中国人民银行发行货币的核算，属于中国人民银行的会计业务，本书不再赘述。

【例6-2】商业银行向中国人民银行送存现金80 000元。要求：编制该商业银行的会计分录。

借：存放中央银行款项——准备金存款　　　　　　　　　　　　　80 000
　　贷：库存现金　　　　　　　　　　　　　　　　　　　　　　　　　80 000

（三）向中国人民银行缴存存款的核算

缴存存款是指商业银行将吸收的财政性存款和一般性存款按规定的比例上缴中国人民银行。

1. 缴存财政性存款的核算

（1）缴存的范围。商业银行吸收的财政性存款是中国人民银行的信贷资金。对于该存款，商业银行不能使用，应及时缴存中国人民银行。各商业银行应该如实反映各财政性存款账户的资金活动情况，不能转移财政性存款，更不能将财政性存款作为一般存款处理。财政性存款主要有中央预算收入、地方财政金库存款和代理发行国债款项等。

（2）缴存存款的比例。由于财政性存款是商业银行代中国人民银行吸收的存款，属于中国人民银行的信贷资金来源，商业银行各级机构吸收的财政性存款应全额即100%缴存当地中国人民银行。

（3）缴存财政性存款的核算。

① 初次缴存财政性存款的核算。商业银行营业机构开业后，第一次向中国人民银行缴存财政性存款时，应根据有关科目余额，填制一式二份缴存财政性存款科目余额表，并按比例即100%计算出应缴金额，向中国人民银行申请缴存。待收到中国人民银行回单后使用相关交易进行记账，打印记账凭证，以中国人民银行退回的回单作为记账凭证附件，专夹保管退回的一份缴存财政性存款科目余额表。商业银行会计分录编制如下。

借：存放中央银行款项——缴存财政性存款
    贷：存放中央银行款项——准备金存款

② 调整缴存财政性存款的核算。商业银行初次缴存财政性存款后，还应根据其吸收的财政性存款余额的增减变动，对缴存中国人民银行的财政性存款按旬调整。即每旬末根据缴存科目余额，按比例即100%计算出应缴金额，与"存放中央银行款项——缴存财政性存款"账户余额进行比较。若"存放中央银行款项——缴存财政性存款"账户余额小于应缴金额，则应按差额调增补缴，否则应按差额调减退回。

初次缴存金额及调整缴存金额均以千元为单位，千元以下四舍五入。调整缴存业务应于旬后5日内办理，如遇调整日最后一天为节假日，则可顺延。调整缴存的处理手续与初次缴存基本相同，调增补缴的会计分录与初次缴存一致，调减退回的会计分录与初次缴存相反。

【例6-3】中国工商银行江苏省分行营业部6月20日财政性存款账户余额为89 822 000元。经查，该行6月20日在中国人民银行的缴存财政性存款账户余额为84 657 000元。

本旬应缴金额 = 89 822 000 - 84 657 000 = 5 165 000（元）

则本旬应调增财政性存款5 165 000元，会计分录编制如下。

借：存放中央银行款项——缴存财政性存款　　　　　　　　5 165 000
    贷：存放中央银行款项——准备金存款　　　　　　　　　　5 165 000

【例6-4】接【例6-3】，中国工商银行江苏省分行营业部6月20日财政性存款账户余额为89 822 000元。经查，该行6月20日在中国人民银行的缴存财政性存款账户余额为99 657 000元。

本旬应缴金额 = 89 822 000 - 99 657 000 = -9 835 000（元）

则本旬应调减退回财政性存款9 835 000元，会计分录编制如下。

借：存放中央银行款项——准备金存款　　　　　　　　　　9 835 000
    贷：存放中央银行款项——缴存财政性存款　　　　　　　9 835 000

③ 欠缴财政性存款的核算。商业银行调增补缴财政性存款时，若其准备金存款账户余额不足又没有按规定及时调入资金，其不足部分即为欠缴。商业银行发生欠缴时，应填制缴存财政性存款科目余额表，对本次能实缴的金额按前述调增补缴的手续办理，对欠缴金额，应及时调入资金进行补缴。中国人民银行对欠缴金额按欠缴天数和规定比例扣收罚款，欠缴天数从最后调整日起算至欠款收回日的前一日止。

商业银行收到中国人民银行转来的扣收罚款的特种转账凭证，办理支付罚款转账的会计分录编制如下。

借：营业外支出——罚款支出
    贷：存放中央银行款项——准备金存款

【例 6-5】接【例 6-3】，中国工商银行江苏省分行营业部 6 月 20 日财政性存款账户余额为89 822 000 元。经查，该行 6 月 20 日在中国人民银行的缴存财政性存款账户余额为 84 657 000 元，而该行"存放中央银行款项——准备金存款"账户余额不足，只能划款 4 000 000 元。假定欠缴罚款每日按欠缴金额的 0.5‰计算。

本旬应缴金额 = 89 822 000 - 84 657 000 = 5 165 000（元）

则本旬应调增财政性存款 5 165 000 元。

由于"存放中央银行款项——准备金存款"账户只能划款 4 000 000 元，6 月 25 日的会计分录编制如下。

借：存放中央银行款项——缴存财政性存款　　　　　　　　　　　　4 000 000

　　贷：存放中央银行款项——准备金存款　　　　　　　　　　　　　　4 000 000

若 6 月 28 日"存放中央银行款项——准备金存款"账户有款，中国人民银行于本日划收款项，并计算罚款一并扣收。

商业银行收到中国人民银行转来的相关转账凭证，办理缴存存款及支付罚款业务。其转账的会计分录编制如下。

借：存放中央银行款项——缴存财政性存款　　　　　　　　　　　　1 165 000

　　贷：存放中央银行款项——准备金存款　　　　　　　　　　　　　　1 165 000

罚款 = 1 165 000×0.5‰×3 = 1 747.5（元）

借：营业外支出——罚款支出　　　　　　　　　　　　　　　　　　1 747.5

　　贷：存放中央银行款项——准备金存款　　　　　　　　　　　　　　　1 747.5

2. 缴存一般性存款的核算

（1）缴存范围。商业银行吸收的机关团体存款、财政预算外存款、个人储蓄存款、单位存款及其他各项存款均作为一般性存款。

（2）缴存比例。一般性存款属于商业银行的信贷资金来源，缴存一般性存款也称缴存法定存款准备金。中国人民银行为了控制贷款规模和限制派生存款，扩大商业银行的提存准备，规定商业银行应将吸收的一般性存款按规定的比例即法定存款准备金率向中国人民银行缴存法定存款准备金。法定存款准备金率由中国人民银行规定，并根据放松或紧缩银根的需要进行调整。法定存款准备金制度是中国人民银行实施宏观调控的货币政策工具之一，也是对金融机构进行监督管理的重要手段。2020 年 1 月起大型金融机构准备金率为 12.5%，中小型金融机构准备金率为 10.5%。

（3）缴存法定存款准备金。商业银行的法定存款准备金由总行统一向中国人民银行缴存。商业银行下属机构向上级行缴存法定存款准备金。由于商业银行总行的法定存款准备金与超额存款准备金同存放于中国人民银行的准备金存款账户，所以，商业银行总行旬末只要法定存款准备金账户余额高于旬末应缴存的法定存款准备金金额即可，而不必进行账务处理。

（4）法定存款准备金计算方法及缴存时间。商业银行各级行处在规定时间内缴存法定存款准备金时，根据旬（月）末存款余额和法定存款准备金率计算出本期应缴存的金额后，与上期已缴存的金额进行比较，大于上期止已缴存数时，应调增；小于上期止已缴存数时，应调减。初次上缴时以应缴存的全部金额作为调增金额。计算缴存金额时，按一般性存款余额总和计至角分，调整金额计至万元，万元以下四舍五入。

（5）中国人民银行的考核。中国人民银行对商业银行法人存款准备金的考核按旬进行，即从当旬第 5 日至下旬第 4 日营业终了时，各行总行存入的准备金存款余额，与上旬末该行全行一般存款余额之比，不得低于法定存款准备率。若商业银行日终按法人统一存入中央银行的法定存款准备金低于上旬末一般存款余额的法定准备金，中国人民银行对其不足部分按每日万分之五的利率处以罚息，罚息从商业银行账户扣收，商业银行收到中国人民银行的罚单时的会计分录编制如下。

借：营业外支出——罚款支出

　　贷：存放中央银行款项——准备金存款

中国人民银行的会计分录编制如下。

借：××银行准备金存款——××银行

　　贷：营业外收入

对于商业银行法人在中国人民银行的存款，中国人民银行于每日日终考核其存款准备金率；日间，只控制其存款账户的透支行为。对于商业银行分支机构在中国人民银行的存款，中国人民银行不考核存款准备金率，只控制其存款账户的透支行为。若商业银行分支机构在中国人民银行的准备金存款账户出现透支，中国人民银行按有关规定予以处罚。

二、向中国人民银行再贷款的核算

商业银行在经营中发生营运资金不足的情况时，可向中国人民银行借款。中国人民银行既可以通过对商业银行发放再贷款，支持商业银行的业务发展，又可以通过放松或缩紧贷款起到调节社会信用规模、影响市场货币供给量、对信贷资金进行宏观调控的作用。

与人民银行业务往来（再贷款、再贴现业务）

（一）再贷款账户的开立

中国人民银行根据商业银行的借款计划向其发放的贷款，称为再贷款。对于中国人民银行向商业银行发放的再贷款，中国人民银行通过"××银行贷款"科目核算；商业银行通过"向中央银行借款"科目核算。根据再贷款的期限，商业银行在"向中央银行借款"科目下分别设立以下明细科目。

（1）"向中央银行借款——年度性借款"科目。各商业银行因经济合理增长，引起年度性信贷资金不足，而向中国人民银行申请的贷款，用此科目核算。年度性贷款的期限为1年或1年以上，最长不超过2年。

（2）"向中央银行借款——季节性借款"科目。各商业银行因信贷资金先支后收或存款季节性下降、贷款季节性上升等原因引起资金暂时不足，而向中国人民银行申请的贷款，用此科目核算。季节性贷款的期限一般为2个月，最长不超过4个月。

（3）"向中央银行借款——日拆性借款"科目。各商业银行因汇划款项未达和清算资金不足等原因引起临时性资金短缺，而向中国人民银行申请的贷款，用此科目核算。日拆性贷款的期限一般为7~10天，最长不超过20天。

（二）再贷款业务的核算

1. 再贷款发放的核算

商业银行根据资金营运情况向中国人民银行申请再贷款时，应向中国人民银行提交"贷款申请书"，经中国人民银行审查同意后，填制一式五联借款凭证，办理借款手续。

（1）中国人民银行的处理。经中国人民银行计划部门签批借款凭证后，留存第四联贷款记录卡，其余四联转送中国人民银行会计部门。中国人民银行会计部门收到四联借款凭证并审查手续齐全，以借款凭证第一联、第二联分别作为转账借方传票和贷方传票，办理转账，并登记借款商业银行的存贷款分户账。其会计分录编制如下。

借：××银行贷款——××行

　　贷：××银行准备金存款——××行

将第三联借款凭证盖章后，退还借款的商业银行。第五联借款凭证"贷款到期卡"按到期日顺序排列妥善保管，并定期与贷款分户账核对，以保证账据一致。

（2）商业银行的处理。商业银行会计部门收到中国人民银行退回的第三联借款凭证，以此代转账借方传票，另编制转账贷方传票，办理转账。其会计分录编制如下。

借：存放中央银行款项——准备金存款

　　贷：向中央银行借款——××借款

2. 资产负债表日的核算

资产负债表日，商业银行应按计算确定的向中国人民银行借款的利息费用，编制如下会计分录。

借：利息支出——再贷款利息支出

　　贷：应付利息——××行

3. 利息支付的核算

中国人民银行对商业银行再贷款的利息计算，采用余额表按季结息的办法。中国人民银行于每季末月 20 日结计利息后于次日转账收取。中国人民银行收取利息的会计分录编制如下。

借：××银行准备金存款——××行

　　贷：利息收入——金融机构往来利息收入

商业银行收到中国人民银行的利息计算单时，编制如下会计分录。

借：应付利息

　　贷：存放中央银行款项——准备金存款

4. 再贷款到期收回的核算

（1）中国人民银行的处理。中国人民银行会计部门应经常检查借据的到期情况，以监督商业银行按期偿还贷款。贷款到期，商业银行应主动办理贷款归还手续。商业银行会计部门填制一式四联还款凭证，加盖预留印鉴后提交中国人民银行。

中国人民银行会计部门审查还款凭证上的印鉴无误，抽出原借款凭证第五联"贷款到期卡"核对内容一致后，以第一联、第二联还款凭证分别代转账借方、贷方传票，将原借款凭证第五联"贷款到期卡"作为贷方传票附件，办理转账。其会计分录编制如下。

借：××银行准备金存款——××行

　　贷：××银行贷款——××行

　　　　利息收入——金融机构往来利息收入

转账后，中国人民银行分别登记借款的商业银行的存贷款分户账，并将第四联还款凭证退还借款的商业银行，第三联还款凭证交由中国人民银行计划部门保管。再贷款到期，如借款的商业银行未主动办理还款手续，而存款账户又有足够余额归还贷款，中国人民银行会计部门在征得商业银行同意后也可主动填制特种转账借、贷方传票各两联，收回贷款。特种转账借、贷方传票的使用与还款凭证相同。贷款到期，借款行无力偿还贷款时，中国人民银行应于到期日将贷款转入逾期贷款账户，并按规定计收逾期贷款的利息。

（2）商业银行的处理。商业银行收到中国人民银行退回的还款凭证第四联，以其代"存放中央银行款项"账户的贷方传票，同时另编制贷款账户的转账借方传票办理转账。其会计分录编制如下。

借：向中央银行借款——××借款

　　应付利息——××行

　　利息支出——再贷款利息支出

　　贷：存放中央银行款项——准备金存款

【例 6-6】 2020 年 4 月 3 日，工商银行无锡分行向中国人民银行申请日拆性贷款 250 万元，期限为 20 天，利随本清，日拆性贷款的日利率为 0.16‰。

（1）借入款项。

工商银行无锡分行编制如下会计分录。

借：存放中央银行款项——准备金存款　　　　　　　　　　　　2 500 000

　　贷：向中央银行借款——日拆性贷款　　　　　　　　　　　　　　2 500 000

中国人民银行编制如下会计分录。

借：工商银行贷款——无锡分行 2 500 000

　　贷：工商银行准备金存款——无锡分行 2 500 000

（2）归还款项。

贷款利息＝2 500 000×20×0.16‰＝8 000（元）

工商银行无锡分行编制如下会计分录。

借：向中央银行借款——日拆性贷款 2 500 000

　　利息支出——再贷款利息支出 8 000

　　贷：存放中央银行款项——准备金存款 2 508 000

中国人民银行编制如下会计分录。

借：工商银行准备金存款——无锡分行 2 508 000

　　贷：工商银行贷款——无锡分行 2 500 000

　　　　利息收入——金融机构往来利息收入 8 000

【例6-7】交通银行南京分行于4月3日向中国人民银行申请季节性贷款250 000元，期限为3个月，中国人民银行经审查同意办理，7月3日到期时交通银行南京分行办理贷款归还手续，月利率4.8‰。假定中国人民银行按季收取利息，本金到期归还。

（1）交通银行南京分行的账务处理如下。

① 4月3日编制如下会计分录。

借：存放中央银行款项——准备金存款 250 000

　　贷：向中央银行借款——季节性贷款 250 000

② 4月末进行如下会计处理。

确认利息支出＝250 000×28×4.8‰÷30＝1 120（元）

借：利息支出——再贷利息支出 1 120

　　贷：应付利息——中央银行 1 120

③ 5月末进行如下会计处理。

确认利息支出＝250 000×1×4.8‰＝1 200（元）

借：利息支出——再贷利息支出 1 200

　　贷：应付利息——中央银行 1 200

④ 6月21日收到中国人民银行收息通知单，进行如下会计处理。

确认利息支出＝250 000×79×4.8‰÷30＝3 160（元）

借：应付利息——中央银行 3 160

　　贷：存放中央银行款项——准备金存款 3 160

⑤ 6月末进行如下会计处理。

确认利息支出＝250 000×1×4.8‰＝1 200（元）

借：利息支出——再贷利息支出 1 200

　　贷：应付利息——中央银行 1 200

⑥ 7月3日归还贷款，进行如下会计处理。

贷款利息＝250 000×3×4.8‰＝3 600（元）

借：向中央银行借款——季节性贷款 250 000

　　应付利息——中央银行 360

　　　　　　　　　（1 120＋1 200－3 160＋1 200）

　　利息支出——再贷利息支出 80（440－360）

　　贷：存放中央银行款项——准备金存款 250 440

（2）中国人民银行账务处理如下。

① 4月3日编制如下会计分录。

借：交通银行贷款——南京分行   250 000

  贷：交通银行准备金存款——南京分行   250 000

② 6月21日收取利息，进行如下会计处理。

确认利息收入 = 250 000×79×4.8‰÷30 = 3 160（元）

借：交通银行准备金存款——南京分行   3 160

  贷：利息收入   3 160

③ 7月3日收回贷款，进行如下会计处理。

贷款利息 = 250 000×3×4.8‰ = 3 600（元）

借：交通银行准备金存款——南京分行   250 440

  贷：交通银行贷款——南京分行   250 000

    利息收入   440（3 600 - 3 160）

三、商业银行再贴现的核算

商业银行在办理贴现业务时收取了大量未到期的商业汇票，形成了贴现资产，从而占用了商业银行的资金。商业银行在急需资金时，将已办理贴现尚未到期的商业汇票向中国人民银行贴付一定的利息后转让给中国人民银行的行为称为再贴现。再贴现期限从再贴现之日起至汇票到期日止，最长不超过6个月。

（一）再贴现账户的开立

对于商业银行向中国人民银行办理的再贴现业务，中国人民银行通过"再贴现"账户核算，该账户下按各商业银行设立明细账户；商业银行通过"贴现负债"账户核算，该账户下可按贴现类别分"面值""利息调整"进行明细核算。

中国人民银行办理再贴现的对象是在中国人民银行开立账户的商业银行。再贴现的金额以再贴现的票据到期值为准，扣除再贴现利息后，中国人民银行将其差额作为实付再贴现额支付给申请再贴现的商业银行，再贴现期限从再贴现之日起至汇票到期日止，利息算至到期日的前一日。

（二）再贴现的核算

1. 受理再贴现的核算

商业银行持未到期的商业汇票向中国人民银行申请再贴现时，应根据汇票填制一式五联再贴现凭证，在第一联上按规定签章后连同已贴现的商业汇票一并提交中国人民银行计划部门审查。

（1）中国人民银行的账务处理。中国人民银行会计部门接到计划部门转来审批同意的再贴现凭证和商业汇票后，应审查再贴现凭证与所附汇票的面额、到期日等有关内容是否一致。确认无误后，按规定的贴现率计算出再贴现利息和实付再贴现金额，将其填入再贴现凭证，以第一联、第二联、第三联再贴现凭证，办理转账。再贴现利息和实付再贴现金额的计算公式及其会计分录编制如下。

    汇票到期值 = 汇票票面金额×（1+汇票到期天数×年利率÷360）

        = 汇票票面金额×（1+汇票到期月数×年利率÷12）

    贴现利息 = 汇票到期值×再贴现天数×（再贴现月利率÷30）

    实付贴现金额 = 汇票到期值 - 贴现利息

借：再贴现——××银行再贴现

  贷：××银行准备金存款——××银行

    利息收入——再贴现利息收入

中国人民银行将再贴现凭证第四联退还商业银行，将第五联到期卡按到期日顺序排列妥善保管，并定期与"再贴现"账户余额核对并查看到期日。

【例6-8】中国建设银行深圳支行于 2020 年 3 月 12 日持已贴现尚未到期的银行承兑汇票向中国人民银行申请再贴现，汇票的面额为 100 000 元，6 月 5 日到期，再贴现率为 2.97%。请编制中国人民银行的会计分录。

再贴现利息= 100 000×85×2.97%÷360 = 701.25（元）

实付再贴现额= 100 000 – 701.25 = 99 298.75（元）

借：再贴现——建设银行再贴现　　　　　　　　　　　　　　100 000

　　贷：建设银行准备金存款——深圳支行　　　　　　　　　　　99 298.75

　　　　利息收入——再贴现利息收入　　　　　　　　　　　　　701.25

（2）商业银行的账务处理。商业银行收到中国人民银行退回的第四联再贴现凭证，据以编制特种转账借方、贷方传票，以第四联再贴现凭证作为附件，办理转账。其会计分录编制如下。

借：存放中央银行款项——准备金存款

　　贴现负债——利息调整　　　　　　　　　　　　　（或贷记）

　　贷：贴现负债——面值

【例6-9】交通银行无锡支行于 2020 年 4 月 12 日持已贴现尚未到期的银行承兑汇票向中国人民银行申请再贴现，汇票的面额为 200 000 元，7 月 5 日到期，再贴现率为 2.97%。请编制交通银行的会计分录。

再贴现利息 = 200 000×84×2.97%÷360 = 1 386（元）

实付再贴现额 = 200 000 – 1 386 = 198 614（元）

借：存放中央银行款项——准备金存款　　　　　　　　　　　198 614

　　贴现负债——利息调整　　　　　　　　　　　　　　　　　1 386

　　贷：贴现负债——面值　　　　　　　　　　　　　　　　　200 000

2. 资产负债表日的核算

资产负债表日，对按计算确定的利息费用，商业银行编制如下会计分录。

借：利息支出——再贴现利息支出

　　贷：贴现负债——利息调整

3. 再贴现到期收回的核算

再贴现的汇票到期，再贴现银行（中国人民银行）作为持票人在商业汇票背面背书栏加盖结算专用章及授权经办人员的签名或盖章，注明"委托收款"字样，同时填制委托收款凭证并注明商业汇票种类和号码，将委托收款凭证与商业汇票一并交付款人开户行委托其向付款人收款。付款人在异地的，应在汇票到期前，匡算至付款地的邮程，提前办理委托收款。其将第二联委托收款凭证与再贴现凭证一并暂存，待款项划回后，凭以处理账务。

中国人民银行在收回再贴现款时，编制如下会计分录。

借：××银行准备金存款——承兑行（或付款人开户行）

　　贷：再贴现——××银行再贴现

商业银行在票据到期时，编制如下会计分录。

借：贴现负债——面值

　　贷：贴现资产——面值

如存在利息调整，应同时予以结转。

4. 再贴现到期未收回的核算

如果再贴现中国人民银行收到付款人开户行退回的委托收款凭证、商业汇票和拒付理由书或付款人未付款项通知书，那么中国人民银行从申请再贴现的商业银行账户收取款项，并将商业汇票和拒绝付款理由书或付款人未付票款通知书交给申请再贴现的商业银行。中国人民银行编制特种转账借方传票二联，以其中一联借方传票与再贴现凭证办理转账处理。其会计分录编制如下。

　　借：××银行准备金存款——再贴现申请行
　　　　贷：再贴现——××银行再贴现

转账后将另一联特种转账借方传票交再贴现商业银行。

商业银行收到中国人民银行从其存款户中收取再贴现票款的通知（特种转账借方传票）并审核无误后，进行账务处理。其会计分录编制如下。

　　借：贴现负债——面值
　　　　贷：存放中央银行款项——准备金存款

如存在利息调整，应同时予以结转。

商业银行应继续向贴现申请人追索票款，先从其存款账户中收取，存款账户不足支付的，其不足支付部分作为逾期贷款处理。具体核算已在第五章第五节阐述。

【例 6-10】接【例 6-9】，7 月 5 日中国人民银行作为收款人收款，假定付款人为在本城交通银行某机构开户的甲公司，承兑行为甲公司的开户行。则中国人民银行的会计分录编制如下。

　　借：交通银行准备金存款——承兑行　　　　　　　　　200 000
　　　　贷：再贴现——交通银行再贴现　　　　　　　　　　200 000

再贴现申请人行（交通银行无锡支行）会计分录编制如下。

　　借：贴现负债——面值　　　　　　　　　　　　　　　200 000
　　　　贷：贴现资产——面值　　　　　　　　　　　　　　200 000

假若当初贴现的是商业承兑汇票，在该商业汇票到期后，中国人民银行作为收款人向付款人收款时，未能收到商业汇票款，则中国人民银行的会计分录编制如下。

　　借：交通银行准备金存款——再贴现申请行　　　　　　200 000
　　　　贷：再贴现——交通银行再贴现　　　　　　　　　　200 000

再贴现申请人行（交通银行无锡支行）会计分录编制如下。

　　借：贴现负债——面值　　　　　　　　　　　　　　　200 000
　　　　贷：存放中央银行款项——准备金存款　　　　　　　200 000

第三节　商业银行之间往来的核算

　　商业银行之间往来是指各商业银行由于办理同城票据结算、异地汇划款项、相互资金的拆借及转贴现等所引起的资金往来。商业银行之间的资金往来通过"存放中央银行款项"科目、"存放同业"科目、"同业存放"科目、"拆出资金"科目和"拆入资金"科目等进行结算。

一、同业间存放款项的核算

（一）会计科目的设置

1. "存放同业"科目

"存放同业"科目属于资产类科目，根据该科目设置的账户用以核算商业银行存放于境内、境外银行和非银行金融机构的款项。商业银行存放于中国人民银行的款项，在"存放中央银行款项"账户核算。商业银行增加在同业的存款，借记"存放同业"账户，贷记"存放中央银行款项"等账户；减少在同业的存款做相反的会计分录。该账户期末借方余额，反映商业银行存放在同业的各种款项。该账户可按存放款项和存放的金融机构进行明细核算。

存放同业及同业
存放的核算

2. "同业存放"科目

"同业存放"科目属于负债类科目，根据该科目设置的账户用以核算商业银行吸收的境内、境外金融机构的存款。同业增加在商业银行的存款时，商业银行应按实际收到的金额，借记"存放中央银行款项"等账户，贷记"同业存放"账户；同业减少在商业银行的存款时，商业银行做相反的会计分录。该账户期末贷方余额反映商业银行吸收的同业存放款项。该科目可按存放金融机构进行明细核算。

（二）存放同业款项的核算

存放同业款项是指商业银行因办理跨系统资金结算、理财投资或其他资金往来等业务需要而存入境内、境外其他银行和非银行金融机构的款项。

1. 存出款项的处理

商业银行存出款项，在资金划拨后进行账务处理。其会计分录编制如下。

借：存放同业——存放××行××款项
　　贷：存放中央银行款项——准备金存款

2. 利息的处理

资产负债表日、结息日及销户时，商业银行按计算确定的利息金额计提利息收入。其会计分录编制如下。

借：应收利息——××行
　　贷：利息收入——存放同业利息收入

结息日次日及销户时，实际收到存放同业款项利息的会计分录编制如下。

借：存放同业——存放××行××款项
　　贷：应收利息——××行

3. 支取款项的处理

商业银行支取款项，在收到划来的资金后进行账务处理。其会计分录编制如下。

借：存放中央银行款项——准备金存款
　　贷：存放同业——存放××行××款项

（三）同业存放款项的处理

同业存放款项是指境内、境外其他银行和非银行金融机构，因办理跨系统资金结算、理财投资或其他资金往来等业务需要而存入商业银行的款项。

1. 同业存入款项的处理

同业存入款项时，商业银行在收到划来的资金后进行账务处理。其会计分录编制如下。

借：存放中央银行款项——准备金存款
　　贷：同业存放——××行存放××款项

2. 利息的处理

资产负债表日、结息日及销户时，商业银行按计算确定的利息金额计提利息支出。其会计分录编制如下。

借：利息支出——同业存放利息支出
　　贷：应付利息——××行

结息日次日及销户时，商业银行实际支付同业存放款项利息的会计分录编制如下。

借：应付利息——××行
　　贷：同业存放——××行存放××款项

3. 同业支取款项的处理

若同业支取款项，商业银行在资金划拨后进行账务处理。会计分录编制如下。

借：同业存放——××行存放××款项
　　贷：存放中央银行款项——准备金存款

二、同城票据交换的核算

同城票据交换是同一交换区域各商业银行相互代收、代付的票据，定时、定点，集中相互交换并清算资金存欠的方法。在同一交换区域结算业务中，与结算业务有关的收付款单位大多不在同一行处开户，它们之间的结算如果每笔票据业务都采用逐笔送交对方行转账或逐笔清偿存欠款的做法，不仅增加核算工作量，而且手续过繁，影响及时入账，不利于社会资金周转。因而，同城各行处间的资金账务往来都采取集中票据交换的办法，即定时、定点，集中交换代收、代付的票据，然后轧计差额，清算存欠。集中交换票据的场所称为票据交换所，各商业银行之间的票据交换所由中国人民银行主办。参加票据交换的各商业银行须经中国人民银行批准并颁发交换行号，方可按规定时间参加交换。

（一）同城票据交换的基本做法

参加票据交换的商业银行均应在中国人民银行开立备付金存款账户，由中国人民银行负责对各商业银行的资金存欠进行清算。票据交换分为提出行和提入行两个系统。向他行提出票据的是提出行，提回票据的是提入行。参加票据交换的银行一般既是提出行又是提入行。各行提出交换的票据可分为以下两类。

（1）由本行开户单位提交，委托本行向他行开户单位付款的各种结算凭证，如由签发人提交的支票，代发工资、划转税款凭证等，称为代收票据或贷方凭证。

（2）由本行开户单位提交的应由他行开户单位付款的各种结算凭证，如收款人解入的支票、银行本票、商业汇票的兑付等，称为代付票据或借方凭证。

提出行提出代收票据（贷方凭证）表示为本行应付款项，提出代付票据（借方凭证）则表示为本行应收款项；提入代收票据（贷方凭证）表示为本行应收款项，提入代付票据（借方凭证）则表示为本行应付款项。各行在每次交换时当场加计应收款项和应付款项，最后由票据交换所汇总轧平各行处的应收、应付差额，由中国人民银行办理转账，清算差额。

1. 提出行的处理

提出行将提出的票据，按代收票据、代付票据清分，分别登记"代收票据交换登记簿"和"代付票据交换登记簿"，并结出金额合计数。然后按代收、代付票据所属行别的交换号（即提入行的交换代号）整理、汇总，加计票据的张数、金额，填制"提出交换借、贷方凭证计算表"，并将代收、代付票据附在后面。同时根据计算表登记"清算总数表"的"提出代收款"和"提出代付款"栏。由交换员将"清算总数表"，连同计算表和提出的代收、代付票据带到票据交换所进行交换。

（1）提出贷方凭证时，其会计分录编制如下。

借：吸收存款——××存款——各付款人户
　　贷：清算资金往来——同城票据清算

（2）提出借方凭证时，根据"收妥入账"的原则，分不同情况进行处理。

① 对于见票即付的票据，如银行本票、银行汇票等，应及时将资金划入客户账内。其会计分录编制如下。

借：清算资金往来——同城票据清算
　　贷：吸收存款——××存款——各收款人户

② 对于收妥抵用的票据，如转账支票等，先将应收票款记入"其他应付款"账户。其会计分录编制如下。

借：清算资金往来——同城票据清算
　　贷：其他应付款

若超过规定的退票时间未发生退票，再将资金划入客户账内。会计分录如下。

借：其他应付款

　　贷：吸收存款——××存款——各收款人户

2. 提入行的处理

票据交换员将提入的各项单证、票据，按规定的交接手续，移交票据交换专柜。各行处票据交换专柜指定专人当场核对，确保票据、计算表和清算总数表三者相符。核对无误后，进行账务处理。

（1）对提入的贷方凭证，如提入凭证正确无误，则办理转账。其会计分录编制如下。

借：清算资金往来——同城票据清算

　　贷：吸收存款——××存款——各收款人户

（2）对提入的借方凭证，如提入凭证正确无误，并经审核可以付款，则办理转账。其会计分录编制如下。

借：吸收存款——××存款——各付款人户

　　贷：清算资金往来——同城票据清算

3. 票据交换差额的轧计与清算

每次票据交换时，各行票据交换员将提出的票据在规定时间内提交给票据交换所，并在票据交换所提回本行票据，分别代收、代付汇总加计票据笔数和金额，经核对相符，登记"清算总数表"的"收回代收款"和"收回代付款"栏，然后结出应收金额合计和应付金额合计。计算公式如下。

应收金额合计 = 提出的借方凭证金额 + 提入的贷方凭证金额

应付金额合计 = 提出的贷方凭证金额 + 提入的借方凭证金额

最后轧计出应收差额或应付差额。将加计的应收金额合计与应付金额合计进行比较，如应收金额合计大于应付金额合计，即为应收差额；如果应付金额合计大于应收金额合计，即为应付差额。

票据交换员应根据清算总数表中的应收差额、应付差额填制"票据清算差额专用凭证"，将资金差额向当地中国人民银行当场清算。

若本次交换为应收差额，票据交换员应向票据交换所填制中国人民银行存款账户送款单。其会计分录编制如下。

借：存放中央银行款项——准备金存款

　　贷：清算资金往来——同城票据清算

若本次交换为应付差额，票据交换员应向票据交换所填制中国人民银行转账支票。其会计分录编制如下。

借：清算资金往来——同城票据清算

　　贷：存放中央银行款项——准备金存款

中国人民银行根据参加票据交换各行的应收差额、应付差额情况，进行转账。其会计分录编制如下。

借：××银行准备金存款——应付差额行

　　贷：××银行准备金存款——应收差额行

【例6-11】7月3日，中国工商银行江苏省分行营业部新街口支行的票据交换清算总数如表6-1所示。

表6-1　　　　　　　　　　　　　　清算总数情况

借方			贷方		
项目	笔数	金额	项目	笔数	金额
提出借方凭证	11	780 256.00	提出贷方凭证	8	963 000.00
提入贷方凭证	13	934 720.00	提入借方凭证	14	1 263 000.00
合计		1 714 976.00			2 226 000.00
应收差额			应付差额		511 024.00

（1）提出票据（假设均为即时抵用票据）的核算。

① 根据提出代付票据（借方凭证）金额，编制如下会计分录。

借：清算资金往来——同城票据清算　　　　　　　　　　　　　780 256

　　贷：吸收存款——××存款——各收款人户　　　　　　　　　　　780 256

② 根据提出代收票据（贷方凭证）金额，编制如下会计分录。

借：吸收存款——××存款——各付款人户　　　　　　　　　　　963 000

　　贷：清算资金往来——同城票据清算　　　　　　　　　　　　　963 000

（2）提入票据（假设均为即时抵用票据）的核算。

① 根据提入代收票据（贷方凭证）金额，编制如下会计分录。

借：清算资金往来——同城票据清算　　　　　　　　　　　　　934 720

　　贷：吸收存款——××存款——各收款人户　　　　　　　　　　　934 720

② 根据提入代付票据（借方凭证）金额，编制如下会计分录。

借：吸收存款——××存款——各付款人户　　　　　　　　　　1 263 000

　　贷：清算资金往来——同城票据清算　　　　　　　　　　　　1 263 000

（3）资金清算的核算。

中国工商银行江苏省分行营业部新街口支行应收金额合计=780 256+934 720=1 714 976（元）。

中国工商银行江苏省分行营业部新街口支行应付金额合计=963 000+1 263 000=2 226 000（元）。

中国工商银行江苏省分行营业部新街口支行应付差额合计=2 226 000-1 714 976=511 024（元）。

会计分录编制如下。

借：清算资金往来——同城票据清算　　　　　　　　　　　　　511 024

　　贷：存放中央银行款项——准备金存款　　　　　　　　　　　　511 024

【例 6-12】若 7 月 3 日票据交换结束后，经中国人民银行轧算，工商银行为应付差额 511 024 元，农业银行为应收差额 872 048 元，中国银行为应付差额 361 024 元，则中国人民银行资金清算的会计分录编制如下。

借：工商银行准备金存款应付差额行　　　　　　　　　　　　　511 024

　　中国银行准备金存款应付差额行　　　　　　　　　　　　　　361 024

　　贷：农业银行准备金存款应收差额行　　　　　　　　　　　　　872 048

（二）同城票据交换退票的核算

在票据交换中难免会出现错误，若在提入票据时，误提他行票据，提入有错误的票据（如账号与户名不符、大小写金额不一致等），提入付款人账户资金不足支付、支付密码错误、签章与预留银行签章不符的支票等，均要办理退票。

1. 退票行的核算

退票行即原提入行。当提入的票据由于各种原因不能办理转账，需要退票时，退票行应在规定的退票时间内电话通知原提出行，并将待退票据视同提出票据列入下次清算。由于待退票据款项已列入本次清算差额，为保持本次"清算资金往来"余额与清算差额一致，便于账务平衡和核查，退票款项应列入应收或应付科目核算。退票时，填制一式三联"退票理由书"。一联留存本行作为应收或应付科目的转账凭证，另两联附退票票据于下次票据交换时退回原提出行。

（1）对提入的贷方票据（如进账单）需要退票时，其会计分录编制如下。

借：清算资金往来——同城票据清算

　　贷：其他应付款——托收票据退票

下次交换提出退票时，会计分录编制如下。

借：其他应付款——托收票据退票

　　贷：清算资金往来——同城票据清算

（2）对提入的借方票据（如空头支票）需要退票时，其会计分录编制如下。

借：其他应收款——托收票据退票

贷：清算资金往来——同城票据清算

下次交换提出退票时，其会计分录编制如下。

借：清算资金往来——同城票据清算

贷：其他应收款——托收票据退票

2. 原提出行的核算

原提出行接到退票行的电话通知后，应根据票据交换登记簿查明确属本行提出的票据，在登记簿中注明退票的理由和时间。退回的票据视同提入票据处理。根据退票行提交的"退票理由书"填制特种转账凭证办理转账。

（1）对提出的贷方票据发生退票时，会计分录编制如下。

借：清算资金往来——同城票据清算

贷：吸收存款——××存款——各付款人户

（2）对提出的借方票据发生退票时，会计分录编制如下。

借：其他应付款

贷：清算资金往来——同城票据清算

三、跨系统资金往来转汇业务的核算

异地跨系统转划款是指异地的同业银行之间，因为客户办理异地结算等，而相互转划的款项。例如，在工商银行苏州市某支行开户的百货公司需汇给在建设银行北京市西城支行开户的某化妆品厂 10 万元，就需要通过异地跨系统转划款进行汇划。

各商业银行间跨系统的大额（规定额度以上）汇划款项，应通过中国人民银行系统进行汇划和清算资金。在实际工作中，在限额以下的异地跨系统的汇划款项采用"相互转汇"的办法进行。根据商业银行机构设置的不同情况，各商业银行可以分别采用下列不同的转汇方式。

（1）若汇出行所在地为双设机构地区，即该地区既有汇出行，又有与汇入行相同系统的银行机构作为转汇行，则采用"先横后直"方式转汇。也就是汇出行先通过同城票据交换（或直接同业往来）将款项转划给同城跨系统的转汇行，然后再由该转汇行通过其系统内往来将款项汇往异地的汇入行。例如，工商银行苏州市某支行可以将百货公司的汇款先通过同城票据交换划给建设银行苏州市某支行，然后再由建设银行苏州市某支行通过其系统内往来，将款项汇划给建设银行北京市西城支行。"先横后直"方式的基本处理程序如图 6-2 所示。

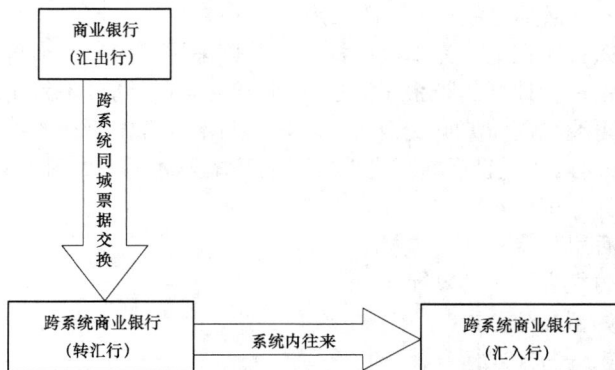

图 6-2 "先横后直"方式的基本处理程序

汇出行编制如下会计分录。

借：吸收存款——活期存款——汇款人户
　　贷：清算资金往来——同城票据清算

转汇行编制如下会计分录。

借：清算资金往来——××行
　　贷：待清算辖内往来——同城票据清算

汇入行编制如下会计分录。

借：待清算辖内往来——××行
　　贷：吸收存款——活期存款——收款人户

（2）若汇出行所在地为单设机构地区，而汇入行所在地为双设机构地区，则采用"先直后横"方式。也就是汇出行先通过本系统联行将款项汇往异地本系统转汇行，然后再由该转汇行通过同城票据交换（或直接同业往来）将款项转划给汇入行。"先直后横"方式的基本处理程序如图6-3所示。

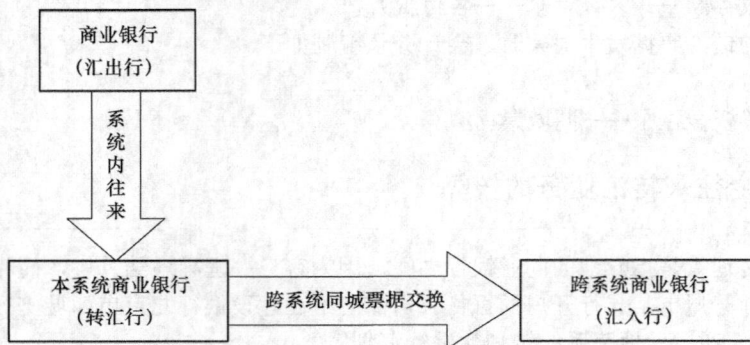

图6-3 "先直后横"方式的基本处理程序

汇出行编制如下会计分录。

借：吸收存款——活期存款——汇款人户
　　贷：待清算辖内往来——××行

转汇行编制如下会计分录。

借：待清算辖内往来——××行
　　贷：清算资金往来——同城票据清算

汇入行编制如下会计分录。

借：清算资金往来——同城票据清算
　　贷：吸收存款——活期存款——收款人户

（3）若汇出行、汇入行所在地均为单设机构地区，则采用"先直后横再直"方式。也就是对于汇出行、汇入行均为单设机构地区的跨系统汇划款项，汇出行应通过本系统联行划转至双设机构地区的系统内银行，该行再通过同城票据交换将款项转入与汇入行同系统的银行，再由此银行通过系统内往来将款项汇至汇入行。"先直后横再直"方式的基本处理程序如图6-4所示。

汇出行编制如下会计分录。

借：吸收存款——活期存款——汇款人户
　　贷：待清算辖内往来——××行

本系统转汇行编制如下会计分录。

借：待清算辖内往来——××行
　　贷：清算资金往来——同城票据清算

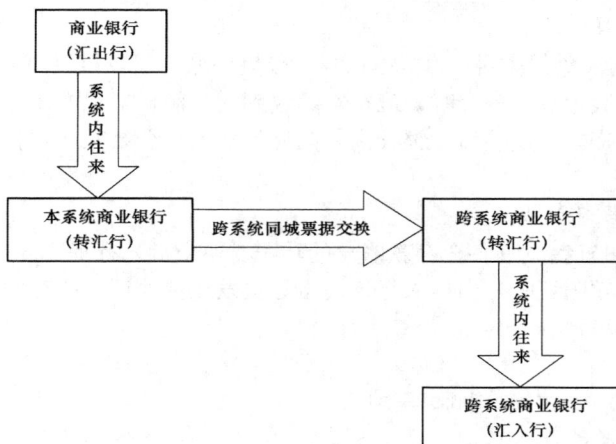

图 6-4　"先直后横再直"方式的基本处理程序

跨系统转汇行编制如下会计分录。

借：清算资金往来——同城票据清算

　　贷：待清算辖内往来——××行

汇入行编制如下会计分录。

借：待清算辖内往来——××行

　　贷：吸收存款——活期存款——收款人户

各商业银行间跨系统的大额（中国人民银行规定的额度以上）汇划款项，应通过中国人民银行系统进行汇划和清算资金。通过中国人民银行汇划的会计处理如下。

汇出行编制如下会计分录。

借：吸收存款——活期存款——付款人户

　　存放中央银行款项——准备金存款

汇入行编制如下会计分录。

借：存放中央银行款项——准备金存款

　　贷：吸收存款——活期存款——收款人户

中国人民银行按照中国人民银行系统内结算的方式进行核算。

四、同业拆借的核算

同业拆借是指金融企业之间临时融通资金的一种短期资金借贷行为，是解决短期资金不足的一种有效方法。《中华人民共和国商业银行法》规定，拆借资金只能用于临时性的资金需要，如由于清算票据交换差额、系统内资金调拨不及时等引起的临时性资金不足，禁止利用拆入资金发放固定资产贷款或用于投资。

同业拆借的核算

同业拆借可以在中国人民银行组织的资金市场进行，也可以在同城商业银行之间进行，或在异地商业银行之间进行，但都必须通过中国人民银行划拨资金。

（一）会计科目的设置

1. "拆出资金"科目

"拆出资金"科目属于资产类科目，根据该科目设置的账户用以核算商业银行拆借给境内、境外其他金融企业的款项。商业银行拆出资金时，借记本账户；收回资金时，贷记本账户。期末余额在借方，反映商业银行按规定拆借给其他金融企业的款项。本科目可按拆放的金融企业进行明细核算。

2. "拆入资金"科目

"拆入资金"科目属于负债类科目，根据该科目设置的账户用以核算商业银行从境内、境外金融企业拆入的款项。商业银行拆入资金时，应按实际收到的金额，贷记本账户；归还拆入资金时，借记本账户。期末余额在贷方，反映商业银行尚未归还的拆入资金余额。本科目可按拆入资金的金融企业进行明细核算。

（二）同城同业拆借的核算

同城拆借时，由拆出行签发准备金存款账户的转账支票交拆入行提交开户的中国人民银行转账，办理资金划拨手续；到期归还时，由拆入行连同本息签发还款凭证，提交中国人民银行，将拆借款项转入拆出银行存款账户。

1. 拆借的处理

拆出行拆出资金时，会计分录编制如下。

借：拆出资金——××行

　　贷：存放中央银行款项——准备金存款

中国人民银行收到拆入行送存的转账支票及进账单后，经审核无误，办理款项划转。其会计分录编制如下。

借：××银行准备金存款——拆出行

　　贷：××银行准备金存款——拆入行

拆入行接到收账通知，按实际收到的金额，办理转账。其会计分录编制如下。

借：存放中央银行款项——准备金存款

　　贷：拆入资金——××行

【例6-13】4月5日，中国工商银行江苏省分行营业部（南京市）签发转账支票提交当地中国人民银行，以转账的方式向本市中国农业银行江苏省分行营业部（南京市）拆出资金6 000 000元，双方约定拆借期限为7天，拆借年利率为5.1%。假设中国工商银行江苏省分行营业部和中国农业银行江苏省分行营业部均在本市中国人民银行开有准备金存款账户。要求：根据上述资料，编制拆借时的中国工商银行江苏省分行营业部、中国农业银行江苏省分行营业部和当地中国人民银行的会计分录。

4月5日，拆借资金时，各行的账务处理如下。

（1）中国工商银行江苏省分行营业部编制如下会计分录。

借：拆出资金——省农行营业部　　　　　　　　　　　　　　　6 000 000

　　贷：存放中央银行款项——准备金存款　　　　　　　　　　　　　6 000 000

（2）当地中国人民银行编制如下会计分录。

借：工商银行准备金存款——省工行营业部　　　　　　　　　　6 000 000

　　贷：农业银行准备金存款——省农行营业部　　　　　　　　　　　6 000 000

（3）中国农业银行江苏省分行营业部编制如下会计分录。

借：存放中央银行款项——准备金存款　　　　　　　　　　　　6 000 000

　　贷：拆入资金——省工行营业部　　　　　　　　　　　　　　　　6 000 000

2. 利息的处理

（1）计提利息的处理。资产负债表日，拆入行和拆出行应按照权责发生制基础计提利息，确认利息支出和利息收入。

拆入行计提利息的会计分录编制如下。

借：利息支出——拆借资金利息支出

　　贷：应付利息——××行

拆出行计提利息的会计分录编制如下。

借：应收利息——××行

　　贷：利息收入——拆借资金利息收入

（2）实际支付和收到利息的处理。

拆入行实际支付利息时，会计分录编制如下。

借：应付利息——××行

贷：存放中央银行款项——准备金存款

中国人民银行的会计分录编制如下。

借：××银行准备金存款——拆入行

贷：××银行准备金存款——拆出行

拆出行实际收到利息时，会计分录编制如下。

借：存放中央银行款项——准备金存款

贷：应收利息——××行

3．到期归还的处理

拆借资金到期归还时，拆入行应将本息一并签发准备金存款账户的转账支票提交开户的中国人民银行，办理资金的划转。其会计分录编制如下。

借：拆入资金——××行　　　　　　　　　　　　　　　（拆入资金的本金）

应付利息——××行　　　　　　　　　　　　　　　（已计提未支付的利息）

利息支出——拆借资金利息支出　　　　　　　　　　（借贷方的差额）

贷：存放中央银行款项——准备金存款　　　　　　　　（实际归还的金额）

中国人民银行收到拆入行提交的转账支票后，经审核无误，将本息转入拆出行准备金存款账户。其会计分录编制如下。

借：××银行准备金存款——拆入行

贷：××银行准备金存款——拆出行

拆出行接到收账通知后，办理转账。其会计分录编制如下。

借：存放中央银行款项——准备金存款

贷：拆出资金——××行

应收利息——××行

利息收入——拆借资金利息收入

【例6-14】4月5日，建设银行合肥市分行签发转账支票提交当地中国人民银行，以转账的方式向农业银行合肥市分行拆出资金6 000 000元，双方约定拆借期限为7天，拆借年利率为5.1%。假设建设银行合肥市分行和农业银行合肥市分行均在本市中国人民银行开有准备金存款账户。要求：根据上述资料，编制归还时建设银行合肥市分行、农业银行合肥市分行和当地中国人民银行的会计分录。

4月12日，归还拆借资金时，各行的账务处理如下。

（1）农业银行合肥市分行进行如下会计处理。

利息 = 6 000 000×7×5.1%÷360 = 5 950（元）

借：拆入资金——建设银行合肥市分行　　　　　　　　　　　　6 000 000

利息支出——拆借资金利息支出　　　　　　　　　　　　　5 950

贷：存放中央银行款项——准备金存款　　　　　　　　　　6 005 950

（2）当地中国人民银行编制如下会计分录。

借：农业银行准备金存款——农业银行合肥市分行　　　　　　6 005 950

贷：建设银行准备金存款——建设银行合肥市分行　　　　　6 005 950

（3）建设银行合肥市分行编制如下会计分录。

借：存放中央银行款项——准备金存款　　　　　　　　　　　6 005 950

贷：拆出资金——农业银行合肥市分行　　　　　　　　　　6 000 000

利息收入——拆借资金利息收入　　　　　　　　　　　5 950

【例 6-15】江苏省工行营业部于 4 月 3 日对某银行拆出资金 6 000 万元人民币，拆借期为 10 天，拆借年利率为 5.1%，期满后收取本息。请编制江苏省工行营业部拆出和收回时的会计分录。

（1）拆出时编制如下会计分录。

借：拆出资金——××行　　　　　　　　　　　　　　　　60 000 000
　　贷：存放中央银行款项——准备金存款　　　　　　　　　　60 000 000

（2）收回时编制如下会计分录。

借：存放中央银行款项——准备金存款　　　　　　　　　　　60 085 000
　　贷：拆出资金　　　　　　　　　　　　　　　　　　　　　60 000 000
　　　　利息收入——拆借资金利息收入　　　　　　　　　　　　　85 000
　　　　　　　　　　　　　　　　　　（60 000 000×10×5.1%÷360）

（三）异地同业拆借的核算

异地商业银行间进行拆借时，拆出行通过大额支付系统将款项汇往异地拆入行；归还拆借款时，由拆入行将款项通过大额支付系统汇给拆出行。拆出行与拆入行账务处理的会计分录与前述同城拆借相同。大额支付系统国家处理中心的账务处理略。

五、转贴现业务的核算

转贴现是指贴现银行将已办理贴现的尚未到期的银行承兑汇票或经总行批准办理贴现的商业承兑汇票，转让给其上级行的票据行为以及总行与其他商业银行总行之间、分行与其他商业银行分行之间相互转让票据的行为。

转贴现业务的核算

（一）系统内转贴现

1. 下级行向上级行申请转贴现的处理

转贴现申请行（下级行）计划部门出具借据，将已贴现的票据暂时借出，加计总数填制转贴现申请书，经有权审批人签章批准后，由会计部门办理手续。

会计部门接到计划部门交来的转贴现申请书和已贴现的票据，应在票据上做"转让背书"，在被背书人栏填写转贴现行（上级行）名称，在背书人栏加盖汇票专用章和法定代表人或授权经办人名章，并按单张票据填写一式五联转贴现凭证（用贴现凭证代替），连同已贴现的票据、商品交易合同和增值税发票复印件，一并送交转贴现银行（上级行）。

2. 转贴现银行办理转贴现的处理

转贴现银行（上级行）计划部门接到转贴现申请行（下级行）送交的已贴现票据、转贴现凭证和其他单证后，按规定进行审查，对符合条件的票据，在转贴现凭证"银行审批"栏中签署"同意"字样，由有权审批人签章后，送本行会计部门。

会计部门接到计划部门交来做成转让背书的票据和转贴现凭证，按照有关规定审核无误，确认贴现凭证的填写与票据相符后，按单张票据内容计算出转贴现利息和实付转贴现金额。计算公式如下。

汇票到期值 = 汇票票面金额×（1 + 汇票到期天数×年利率÷360）

转贴现利息 = 汇票到期值×转贴现天数×（转贴现年利率÷360）

实付转贴现金额 = 汇票到期值 - 转贴现利息

承兑人在异地的，计算转贴现天数时，应另加 3 天的划款日期。其后，会计部门在转贴现凭证有关栏内填上转贴现利率、利息和实付金额，并按照实付转贴现金额填写（信）电汇凭证，通过当地中国人民银行向转贴现申请行汇款。第一联贴现凭证作为贴现科目借方凭证；第二联作为存放中国人民银行款项科目贷方凭证，中国人民银行退回的汇款回单作为其附件；第三联作为利息收入贷方凭证；第五联和汇票，按申请行和到期日顺序排列，专夹保管。会计分录编制如下。

借：贴现资产——××行——本金

贷：存放中央银行款项——准备金存款

贴现资产——××行——利息调整 （或借记）

资产负债表日的会计分录如下。

借：贴现资产——××行——利息调整

贷：利息收入——转贴现利息收入

转贴现银行根据已办理转贴现凭证的第四联填制转贴现票据清单，连同加盖转讫章的转贴现凭证第四联退交转贴现申请行。

3. 转贴现申请银行收到转贴现款项的处理

转贴现申请行收到当地中国人民银行的汇款通知，在与上级行退回的第四联贴现凭证及转贴现票据清单核对相符，并审查无误后，填制两联特种转账借方凭证。其中一联特种转账借方凭证，以中国人民银行收账通知作为其附件，作为存放中央银行款项科目借方凭证；另一联特种转账借方凭证，以贴现凭证第四联作为其附件，作为利息支出科目借方凭证；转贴现票据清单以计划部门的借据作为其附件，作为贴现科目的贷方凭证。其会计分录编制如下。

借：存放中央银行款项——准备金存款

贴现负债——××行——利息调整 （或贷记）

贷：贴现负债——××行——本金

待票据到期后，收回票款时，编制以下分录。

借：贴现负债——××行

贷：贴现资产——××行

4. 转贴现到期收回票款的处理

转贴现银行作为持票人，按单张汇票到期日收款，汇票背面"背书人"栏加盖结算专用章和授权经办人名章，注明"委托收款"字样，填制委托收款凭证，在委托收款凭证名称栏注明"银行承兑汇票"或"商业承兑汇票"及其号码，连同汇票向付款人或承兑人办理委托。对付款人在异地的，应在汇票到期前，匡算至付款人的邮程，提前办理委托收款。将第五联贴现凭证作为第二联委托收款凭证的附件存放，其余手续比照发出委托收款凭证的手续处理。

转贴现银行在收到票款划回时，按照委托收款款项划回的有关手续处理。会计分录编制如下。

借：有关科目（待清算辖内往来、清算资金等）

贷：贴现资产——××行

5. 转贴现到期未收回的处理

转贴现银行收到付款人开户行或承兑行退回的委托收款凭证、汇票和拒绝付款理由书，直接向转贴现申请行收取款项。

【例6-16】某企业2019年11月3日持一张银行承兑汇票向交通银行某支行申请贴现。该笔银行承兑汇票的票面金额为230 000元，票面年利率为4.9%，该银行承兑汇票的签发承兑日为2019年11月1日，期限为6个月，到期日为2020年5月1日，商业银行年贴现率为4.5%。2019年11月11日，交通银行某支行将上述票据来本行（工商银行）办理转贴现业务，转贴现率为4.00%。编制相关会计分录。

（1）贴现利息和实付贴现金额的计算如下。

到期值 = 230 000+230 000×6×4.9%÷12 = 235 635（元）

贴现利息 = 235 635×180×4.5%÷360 = 5 301.79（元）

实付金额 = 235 635-5 301.79 = 230 333.21（元）

（2）交通银行某支行的会计分录编制如下。

借：贴现资产——某企业——面值   230 000

   贴现资产——某企业——利息调整   333.21

  贷：吸收存款——活期存款——某企业户   230 333.21

（3）转贴现利息和实付贴现金额的计算如下。

到期值=230 000+230 000×6×4.9%÷12=235 635（元）

转贴现利息 = 235 635×172×4.00%÷360 =4 503.25（元）

实付金额 = 235 635-4 503.25= 231 131.75（元）

（4）工商银行的会计分录编制如下。

借：贴现资产——交通银行某支行——本金   2 300 000

   贴现资产——交通银行某支行——利息调整   1 131.75

  贷：存放中央银行款项——准备金存款   231 131.75

（5）交通银行某支行的会计分录编制如下。

借：存放中央银行款项——准备金存款   231 131.75

  贷：贴现负债——工商银行某支行——本金   230 000

    贴现负债——工商银行某支行——利息调整   1 131.75

（二）跨系统转贴现

1. 商业银行受理转贴现的处理

商业银行持未到期的贴现汇票贴现时，应根据汇票填制一式五联的转贴现凭证（用贴现凭证代替），在第一联上按照规定签章，将汇票做成转让背书，一并交给转贴现银行。

转贴现银行信贷部门接到汇票和转贴现凭证后，按照有关规定审查，符合条件的，在转贴现凭证"银行审批"栏签注明"同意"字样，经有权审核人签章后送交会计部门。

2. 跨系统转贴现的账务处理

转贴现银行会计部门接到汇票和转贴现凭证后，按照《中华人民共和国支付结算办法》的有关规定审查无误，转贴现凭证的填写与汇票核对相符后，计算出转贴现利息和实付转贴现金额，通过当地中国人民银行向转贴现申请行划款。第一联转贴现凭证作为贴现科目借方凭证；第二联作为存放中央银行款项科目贷方凭证，中国人民银行退回的汇款回单作为其附件；第三联作为利息收入贷方凭证；第四联是银行给持票人的收账通知；第五联和汇票，按申请行和到期日顺序排列，并专夹保管。会计分录编制如下。

借：贴现资产——××行

  贷：存放中央银行款项——准备金存款

    贴现资产——××行——利息调整

申请转贴现银行收到转贴现银行交给的转贴现通知和当地中国人民银行的收账通知后，应填制两联特种转账借方凭证和一联特种转账贷方凭证，以收账通知作为存放中央银行款项借方凭证的附件。会计分录编制如下。

借：存放中央银行款项——准备金存款

  贴现负债——××行——利息调整

  贷：贴现负债——××行

待票据到期后，收到款项做如下处理。

借：贴现负债——××行

  贷：贴现资产——××行

3. 转贴现到期收回的处理

转贴现的汇票到期后，转贴现银行作为持票人向承兑人提示付款，具体手续比照上述有关内容进行处理。

4. 转贴现到期未收回的处理

转贴现银行收到付款人开户行或承兑行退回的委托收款凭证、汇票和拒绝付款理由书，直接向转贴现申请行收款。

复习与思考

一、思考题

1. 简述资金汇划清算系统的业务范围与处理流程。

2. 什么是划收款（贷报）业务和划付款（借报）业务？请分别举例说明。

3. 金融机构往来有哪些内容？

4. 金融机构往来如何管理与控制？

5. 商业银行向中国人民银行缴存法定存款准备金如何进行账务处理？

6. 商业银行缴存和支取现金如何进行账务处理？

7. 向中国人民银行借款和办理再贴现如何进行账务处理？

8. 票据交换如何进行核算？

9. 同业拆借及转贴现如何进行核算？

二、练习题

1. 交通银行南京白下支行收到交通银行杭州西湖支行寄来的委托收款凭证和商业承兑汇票，金额为 20 000 元。该汇票系本行开户单位国泰公司向杭州雅苑公司支付的货款，经开户单位国泰公司同意后，通过资金汇划清算系统办理款项汇划。交通银行杭州西湖支行收到电子汇划信息，确认无误后，将划回的货款收入开户单位雅苑公司账户。

要求：编制各经办行、清算行及总行的会计分录。

2. 5 月 10 日，建设银行南京分行通过中国人民银行向建设银行总行存入备付金 1 500 000 元；5 月 20 日，建设银行南京分行通过中国人民银行从建设银行总行调回备付金 100 000 元。

要求：编制建设银行南京分行和建设银行总行的会计分录。

3. 8 月 2 日，工商银行南京分行因其在总行清算中心的备付金存款不足，向工商银行江苏省分行申请借入资金 5 000 000 元。工商银行江苏省分行接到借款申请后，经批准向工商银行总行清算中心办理资金借出手续。

要求：编制工商银行南京分行、工商银行江苏省分行和工商银行总行的会计分录。

4. 10 月 5 日，工商银行总行清算中心日终进行批量支付处理时，发现工商银行武汉分行备付金存款不足，系统自动代湖北省分行强拆武汉分行 1 000 000 元。

要求：编制工商银行武汉分行、工商银行湖北省分行和工商银行总行的会计分录。

5. 农业银行某支行将超过库存限额的现金 600 万元交中国人民银行发行支库。

要求：根据上述资料，编制会计分录。

6. 工商银行某县支行准备金存款余额不足，商定向建设银行拆借资金 150 000 元。

要求：分别为工商银行和建设银行编制会计分录。

7. 5 月 3 日，工商银行向中国人民银行申请季节性贷款 250 000 元，期限 2 个月，经审查同意办理，7月3日到期办理贷款归还手续，月利率为0.48%，假设利息和本金一并归还。

要求：根据上述资料，编制会计分录。

8. 南京工商银行与南京农业银行相互进行同城票据交换后，经过清算，南京工商银行在本次票据交换中应付南京农业银行1 000 000元的差额。

要求：编制工商银行和农业银行的会计分录。

9. 工商银行某市支行3月25日持面额为200 000元的银行承兑汇票向中国人民银行申请再贴现。该汇票于1月25日签发并承兑，5月25日到期，假设再贴现率为0.2%。到期日时，中国人民银行向承兑银行收款，并准时收到划回款项。

要求：编制相应会计分录。

10. 工商银行南京分行（单设机构）通过中国人民银行系统汇往宁波银行上海分行（双设机构）90 000元。

要求：编制工商银行南京分行和宁波银行上海分行的会计分录。

11. 工商银行南京分行（双设机构）为在本行开户的金典公司通过中国人民银行系统汇往在交通银行上海分行（双设机构）开户的银典公司50 000元。

要求：编制工商银行南京分行和交通银行上海分行的会计分录。

第七章

外汇业务的核算

外汇业务是商业银行的主要业务之一，在国际结算中起到了重要的作用。就会计核算而言，其在核算对象、核算方法等方面与人民币结算所依据的会计的基本程序是基本一致的。

第一节 外汇业务概述

一、外汇的概念和种类

（一）外汇的概念

外汇是国际汇兑的简称，通常指以外国货币表示的可用于国际间债权债务结算的各种支付手段。外汇的概念具有双重含义，即有动态和静态之分。外汇的静态概念，又分为狭义的外汇概念和广义的外汇概念。

狭义的外汇指的是以外国货币表示的，为各国普遍接受的，可用于国际间债权债务结算的各种支付手段。它必须具备三个特点：可支付性（必须是能够以外国货币表示的资产）、可获得性（必须是在国外能够得到补偿的债权）和可换性（必须是可以自由兑换为其他支付手段的外币资产）。

广义的外汇指的是一国拥有的一切以外币表示的资产。国际货币基金组织（International Monetary Fund，IMF）对此的定义是："外汇是货币行政当局（中央银行、货币管理机构、外汇平准基金及财政部）以银行存款、财政部库券、长短期政府证券等形式保有的在国际收支逆差时可以使用的债权。"

《中华人民共和国外汇管理条例》规定："外汇，是指下列以外币表示的可以用作国际清偿的支付手段和资产：（一）外币现钞，包括纸币、铸币；（二）外币支付凭证或者支付工具，包括票据、银行存款凭证、银行卡等；（三）外币有价证券，包括债券、股票等；（四）特别提款权；（五）其他外汇资产。"

（二）外汇的种类

（1）按照外汇进行兑换时的受限制程度，外汇可分为自由兑换外汇、有限自由兑换外汇和记账外汇。

自由兑换外汇，就是在国际结算中用得最多、在国际金融市场上可以自由买卖、在国际金融中可以用于清偿债权债务，并可以自由兑换其他国家货币的外汇，如美元、港币、加拿大元等。

有限自由兑换外汇，是指未经货币发行国批准，不能自由兑换成其他货币或对第三国进行支付的外汇。国际货币基金组织规定，凡对国际性经常往来的付款和资金转移有一定限制的货币均属于有限自由兑换货币。世界上大多数国家的货币属于有限自由兑换货币，如人民币。

记账外汇，又称清算外汇或双边外汇，是指记账在双方指定银行账户上的外汇。记账外汇不能兑换成其他货币，也不能对第三国进行支付。

（2）根据外汇的来源与用途不同，外汇可以分为贸易外汇、非贸易外汇和金融外汇。

贸易外汇，也称实物贸易外汇，是指来源于或用于进出口贸易的外汇，即由于国际间的商品流通所形成的一种国际支付手段。

非贸易外汇是指贸易外汇以外的一切外汇，即一切非来源于或非用于进出口贸易的外汇，如劳务外汇、侨汇和捐赠外汇等。

金融外汇与贸易外汇、非贸易外汇不同，其是一种金融资产外汇。例如，银行同业间买卖的外汇，即非来源于有形贸易或无形贸易，而是为了货币头寸的管理。

（3）根据外汇汇率的市场走势不同，外汇又可区分为硬外汇和软外汇。

外汇就其特征意义来说，是指某种具体货币。例如，美元外汇是指以美元作为国际支付手段的外汇；英镑外汇是指以英镑作为国际支付手段的外汇；日元外汇是指以日元作为国际支付手段的外汇等。在国际外汇市场上，根据币值和汇率走势可将各种货币归类为硬货币和软货币，或叫强势货币和弱势货币。硬货币是指币值坚挺，购买能力较强，汇价呈上涨趋势的自由兑换货币。软货币是指在国际金融市场上汇价疲软，不能自由兑换他国货币，信用程度低的国家货币。

二、外汇业务的主要内容

我国由国家授权外汇管理局行使外汇管理职权，由外汇管理局指定银行和经批准的商业银行经营外汇业务。根据《银行外汇业务管理规定》的规定，由外汇管理局指定银行和经批准的商业银行可以经营下列部分或者全部外汇业务：外汇存款；外汇贷款；外汇汇款；外币兑换；国际结算；同业外汇拆借；外汇票据的承兑和贴现；外汇借款；外汇担保；结汇、售汇；发行或者代理发行股票以外的外币有价证券；买卖或者代理买卖股票以外的外币有价证券；自营外汇买卖或者代客外汇买卖；外汇信用卡的发行和代理国外信用卡的发行及付款；资信调查、咨询、鉴证业务；国家外汇管理局批准的其他外汇业务。上述外汇业务由国家外汇管理局界定。

三、汇率

汇率也叫作外汇行市或汇价，是国际贸易中最重要的调节杠杆之一。一国货币兑换另一国货币的比率，是以一种货币表示另一种货币的价格。

（一）汇率的标价方法

折算两种货币的比率，首先要确定以哪一国货币作为标准，这被称为汇率的标价方法。选用不同的标价标准，相应产生了两种不同的汇率标价方法。

1. 直接标价法

直接标价法又称支付汇率或本币计价汇率，是指以一定单位（1或100、10 000等）的外国货币作为标准，折成若干本国货币来表示汇率的方法。也就是说，在直接标价法下，是以本国货币表示外国货币的价格。除英国、美国、欧元区外，大多数国家都采用直接标价法。

在直接标价法下，一定单位的外国货币折算的本国货币的数额增加，说明外国货币币值上升或本国货币币值下降，称为外币升值，或称本币贬值；一定单位的外国货币折算的本国货币的数额减少，说明外国货币币值下降或本国货币币值上升，称为外币贬值，或称本币升值。外币币值的上升或下跌的方向和汇率值的增大或减小的方向相同。例如，中国人民币市场汇率为月初USD1 = CNY6.632 6，月末 USD1 = CNY6.644 4，说明美元币值上升，人民币币值下跌。

2. 间接标价法

间接标价法是指以一定单位的本国货币为标准，折算成若干数额的外国货币来表示汇率的方法。也就是说，在间接标价法下，是以外国货币表示本国货币的价格。目前美国、英国、欧元区采用该种方法。英镑长期以来采用间接标价法，对欧元采用直接标价法。美国自1978年9月1日起采用间接标价法。美元对英镑、欧元仍然沿用直接标价法。

在间接标价法下，一定单位的本国货币折算的外国货币的数额增加，称为外币贬值，或本币升值；一定单位的本国货币折算的外国货币的数额减少，称为外币升值，或本币贬值。在间接标价法下，外币币值的上升或下跌的方向和汇率值的增大或减小的方向相反。例如，伦敦外汇市场汇率为月初 GBP1 = USD 1.333 4，月末 GBP1 = USD1.317 0，说明美元升值，英镑贬值。

（二）汇率的种类

汇率又称外汇牌价。它有汇买价、汇卖价（钞卖价）、钞买价、中间价四种。

汇买价是指银行买进外汇现汇的价格，钞买价是指银行买入外币现钞的价格。银行的钞买价小于汇买价，因为外币现钞只有在支付一定的运输保险费用运往货币发行国变成现汇后才能用于国际结算支付，银行要承担汇率风险，支付运费、保险费以及垫付资金的利息，钞买价低于汇买价正是为了弥补这部分支出。汇卖价是指银行卖出外汇现汇的价格，卖出外币现钞的价格与卖出外汇现汇的价格相同。中间价是汇买价与汇卖价的平均价，在银行内部结算或套汇时使用。在我国，商业银行与中国人民银行之间的外汇买卖有时也用中间价。

四、外汇业务的核算方法

经营外汇业务的商业银行，在遵循国内的有关规章的同时，还要考虑外汇业务的特殊性。为了更好地核算和监督本外币的资金的增加、减少的变化及其结果，商业银行需要采用专门的核算方法。外汇业务专门的核算方法有外汇统账制和外汇分账制，目前我国经营外汇的商业银行采用"外汇分账制"这一专门的方法来处理外汇业务。

（一）外汇分账制

外汇分账制亦称原币记账法或分别记账法。外币业务发生时，商业银行直接用原币记账；发生涉及两种货币的交易时，通过"货币兑换"账户，分别与原币的对应账户构成借贷关系。会计期末，按一定的汇率将各种外币账户已记录的业务金额均换算为报告货币（按照《企业会计准则》的规定，企业对我国有关部门报出的会计报表应以人民币为报告货币），各外币性账户调整后账面金额与原账面金额之差额，作为当期汇兑损益。

（二）外汇分账制的主要内容

外汇分账制的主要内容包括以下几个方面。

1. 人民币与外币分账

在外汇资金核算中，商业银行应当将本币和外币严格分开，分别设置账户。一般按照经营的主要外汇币种分别设置外汇账户，填制外币凭证，登记账簿，编制报表形成独立的外币账务体系。其外汇业务账户自成体系，自求平衡，各种外币分账核算，账务互不混淆，以反映各种外币的资金活动情况及其头寸的多缺。

2. 设置"货币兑换"科目

在外汇核算过程中，专门设置"货币兑换"科目。当涉及两种不同种类的货币交易时，商业银行必须通过"货币兑换"账户核算，使其各自保持账务系统的完整性和独立性。

3. 年终编制各种货币合并的决算报表

年终决算时，为了全面反映本币和外币的资产负债情况，各商业银行应将按照原币反映的各种分账货币按照年终决算日汇价折合为本币，各科目与本币核算的决算报表的相同科目对口合并，汇总编制各类货币合并的本币决算报表，汇总反映本行财务状况和经营成果。

第二节

外汇买卖的核算

外汇买卖，又称外汇兑换。外汇银行在日常业务中，由于使用的货币种类不同，经常以一种货币兑换成另一种货币，这种卖出一种货币，买入一种货币的业务，称为外汇买卖。

一、科目设置

科目代号为 3002 的"货币兑换"科目核算企业（金融）采用分账制核算外币交易所产生的不同币种之间的兑换。本科目按币种进行明细核算。企业发生的外币交易仅涉及货币性项目的，应按相同币种金额，借记或贷记有关货币性项目科目，贷记或借记本科目。发生的外币交易同时涉及货币性项目和非货币性项目的，按相同外币金额记入货币性项目科目和本科目（外币）；同时，按交易发生日即期汇率折算为记账本位币的金额记入非货币性项目科目和本科目（记账本位币）。结算货币性项目产生的汇兑差额记入"汇兑损益"科目。期末，应将所有以外币表示的本科目余额按期末汇率折算为记账本位币金额，折算后的记账本位币金额与本科目（记账本位币）余额进行比较，为贷方差额的，借记本科目（记账本位币），贷记"汇兑损益"科目；为借方差额的做相反的会计分录。本科目期末应无余额。

二、外汇买卖业务使用的凭证

商业银行在办理外汇业务时，应设置"货币兑换"专用凭证，货币兑换传票分为货币兑换借方传票和货币兑换贷方传票两种。这两种传票都是多联套写的。其中主要的两联是货币兑换外币传票和货币兑换人民币传票。这些传票的内容主要包括客户名称、货币名称、本外币金额、人民币外汇牌价、款项和业务内容、日期等。在结汇时，商业银行使用货币兑换贷方传票；售汇时，商业银行使用货币兑换借方传票。在使用货币兑换传票时，应注意以下几个方面。

（1）货币兑换传票的外币金额和人民币金额必须同时填制，它反映了一笔货币兑换业务的全貌。

（2）货币兑换传票必须同时向双方有关科目转账，不得只转一方。

（3）货币兑换的外币联传票应与对应的外币传票自行平衡；货币兑换的人民币联传票应与对应的人民币传票自行平衡。

（4）对同一货币、同一牌价、同一借贷方向、同一结汇单位的多笔业务，可以汇总填制货币兑换传票，凭以记账。

对货币兑换科目应设置总账和分户账两类账簿。货币兑换科目分户账是一种特定格式的账簿，它把人民币和外币金额记在同张账页上。账簿格式由买入、卖出、结余三栏组成，买入、卖出栏又各由外币、牌价和人民币三栏组成。买入栏外币为贷方，人民币为借方；卖出栏外币为借方，人民币为贷方；结余栏则设借或贷外币、借或贷人民币两栏。相关公式如下。

买入外币（贷方）×牌价＝人民币借方

卖出外币（借方）×牌价＝人民币贷方

如果买入外币数大于卖出外币数，则外币结余以买入外币（贷）项数减去卖出外币（借）项数，余额为贷方外币结余数。人民币则将买入外币人民币借方数减去卖出外币人民币贷方数，余额为人民币借方结余数。结余额以外币与人民币同时反映。由于货币兑换传票是套写传票，外币联与人民币联内容相同，所以记账时可以凭外币货币兑换科目传票记账。

货币兑换科目总账用一般总账格式，按币种分别设置。营业终了时，根据各个货币的货币兑换科目日结单借贷方发生额填记，然后根据上日余额加减本日发生额分别计算出本日余额，记入余额栏。

三、外汇买卖业务的核算

银行经营的外汇买卖业务主要有以下四种，即结售汇、套汇和自营或代客户进行的外汇买卖交易。

（一）结汇业务的核算

银行在受理客户结汇业务时，应按结汇外币金额和当天本行挂牌汇率计算的人民币金额填制货币兑换贷方凭证，根据第二联贷记外币账务"货币兑换"账户，根据第三联借记人民币账务"货币兑换"账户。

【例7-1】2020年1月8日，某分行收到B行贷记报单一份，内容为在本行开户的海天外贸公司第××号信用证项下的100万美元货款收妥。该行按外汇管理规定予以结汇。当日的美元买入价为1美元＝6.9366元人民币。会计分录如下。

借：港澳及国外联行往来　　　　　　　　　　　　　　US$1 000 000
　　贷：货币兑换——结汇户（6.9366）　　　　　　　　US$1 000 000
借：货币兑换——结汇户（6.9366）　　　　　　　　　￥6 936 600
　　贷：吸收存款——活期存款——海天外贸公司户　　　￥6 936 600

（二）售汇业务的核算

按照外汇管理体制的规定，境内企事业单位、机关和社会团体可在经常项目下，持有效凭证，用人民币到外汇指定银行按银行挂牌汇率购汇，办理支付。

银行在按规定售汇时，应填制货币兑换借方凭证，根据第二联和第三联分别借记外币账务"货币兑换"账户和贷记人民币账务"货币兑换"账户。按规定收妥人民币金额，配售外币后，办理转账。

【例7-2】2020年3月1日，科达外贸公司需电付境外一笔货款50万美元。持有关有效凭证到中国银行某分行申请用人民币办理兑付。经该行审查，符合外汇管理规定，同意售汇。当日的美元卖出价为1美元＝6.9869元人民币。会计分录如下。

借：吸收存款——活期存款——科达外贸公司户　　　　￥3 493 450
　　贷：货币兑换——售汇户（6.9869）　　　　　　　　￥3 493 450
借：货币兑换——售汇户（6.9869）　　　　　　　　　US$500 000
　　贷：港澳及国外联行往来　　　　　　　　　　　　　US$500 000

（三）套汇业务的核算

套汇是指银行根据客户的要求，将一种外汇（外币）兑换成另一种外汇（外币）的外汇买卖业务。一种外汇要兑换成另一种外汇，须通过人民币折算。即买入一种外币，按该种外币的买入价折合成人民币，然后将折合的人民币金额以另一种外币的卖出价套算为另一种外币的金额。套汇业务具体包括两种类型。

1. 两种外汇之间的套汇，即以一种外汇兑换成另一种外汇

【例7-3】某外商投资企业拥有现汇活期存款US$100 000元，要求兑换成港币现汇存入港币现汇活期存款户以备支付货款。银行按美元买价买入美元，按港币汇卖价卖出港币。当天的外汇牌价为美元买入价1美元＝6.5336元人民币，港币卖出价1港币＝0.8595元人民币。会计分录如下。

借：吸收存款——活期外汇存款——某外商投资企业户　　US$100 000
　　贷：货币兑换（US$6.5336）　　　　　　　　　　　　US$100 000
借：货币兑换（US$6.5336）　　　　　　　　　　　　　￥653 360
　　贷：货币兑换（HK$0.8595）　　　　　　　　　　　　￥653 360
借：货币兑换（HK$0.8595）　　　　　　　　　　　　　HK$760 162.89
　　贷：吸收存款——活期外汇存款——某外商投资企业户　HK$760 162.89

2. 现钞与现汇之间的套汇

【例7-4】某外商投资企业提交美元现钞10 000元，该款项系出售样品款，已经经外汇管理部门批准，要求银行兑换成美元现汇汇入该公司美元现汇活期户。银行按美元现钞买入价买入美元现钞，

按美元现汇价卖出美元现汇。当天的人民币外汇牌价为美元现汇卖出价 1 美元 = 6.553 7 元人民币，美元现钞买入价 1 美元 = 6.521 5 元人民币。会计分录如下。

  借：库存现金   US$10 000

    贷：货币兑换（US$6.521 5）   US$10 000

  借：货币兑换（US$6.521 5）   ￥65 215

    贷：货币兑换（US$6.553 7）   ￥65 215

  借：货币兑换（US$6.553 7）   US$9 950.87

    贷：吸收存款——活期外汇存款——某外商投资企业户   US$9 950.87

（四）自营及代客外汇买卖业务

（1）自营外汇买卖是指经国家外汇管理部门批准，直接在国际金融市场上买卖外汇。自营外汇买卖集中在总行办理。一般由总行国际资金部门委托交易室买进或卖出，总行清算中心负责记其借贷账户。

（2）代客外汇买卖主要是指总行接受分（支）行或企业单位的委托，代其在国际金融市场上买卖外汇，将一币种外汇兑换成另一币种的外汇。

复习与思考

一、思考题

1. 简述外汇的概念和种类。

2. 什么是汇率？汇率的种类有哪些？

二、练习题

1. 客户汪洋持外汇 2 500 美元兑换人民币，当天美元买入价为 100 美元 = 682 元人民币。根据上述资料，编制会计分录。

2. 兰新公司从美元账户支付 30 000 美元换成港币汇往香港以支付英林公司的货款，当天美元买入价为 100 美元 = 682 元人民币，港币卖出价 100 港元 = 89 元人民币，办理汇款手续。根据上述资料，编制会计分录。

3. 万达公司持现金 5 000 美元存入现汇账户，当天现钞买入价为 100 美元 = 687 元人民币，外汇卖出价为 100 美元 = 694 元人民币。根据上述资料，编制会计分录。

第三篇

非银行金融机构业务的核算

第八章 | 证券公司业务的核算

证券公司经营的证券属于资本证券，资本证券是表明持券人的资本所有权或债权，并且持券人可以据其获得一定收益的证券。资本证券可以买卖，具有市场性，持有人能够获得一定的收益，也可以转让给他人而收回本金。证券公司的业务主要有证券经纪业务、证券自营业务、证券承销业务和其他证券业务四种。

第一节 | 证券公司业务概述

一、证券的概念与种类

证券是指各类记载并代表了一定权利的法律凭证。它用以证明持有人有权依其所持凭证记载的内容而取得应有的权益。证券按其性质不同，可分为有价证券和无价证券两类。有价证券又有广义和狭义之分。广义的有价证券根据其体现的信用性质，可分为商品证券、货币证券和资本证券；狭义的有价证券专指资本证券，主要包括股票、债券及其衍生品，如基金证券、可转换证券等。无价证券也叫凭证证券，是指本身不能使持有人或第三者取得一定收入的证券，如借据、收据、购物券、供应证等。

目前，我国证券市场所交易的证券种类，限于资本证券，而不包括货币证券和其他财物证券。证券市场上发行和流通的资本证券主要包括股票、债券、证券投资基金券以及经国务院依法认定的其他证券。各种资本证券又可以依据不同的标准进行分类。

股票按照投资主体的不同，可以分为国家股、法人股、内部职工股和社会公众个人股；按照股东权益和风险大小的不同，可以分为普通股、优先股及普通和优先混合股；按照认购股票投资者身份和上市地点的不同，可以分为境内上市内资股（A股）、境内上市外资股（B股）和境外上市外资股（包括H股、N股、S股）。

债券根据发行人的不同，可以分为企业（公司）债券、金融债券、政府债券。其中，企业（公司）债券是指一般企业和公司发行的债券；金融债券是指银行和非银行金融机构为筹集资金，补偿流动资金的不足而发行的债券；政府债券是指政府或政府授权的代理机构基于财政或其他目的而发行的债券，包括国库券、财政债券、建设公债、特种国债、保值公债等。

证券投资基金按受益凭证可否赎回，可以分为封闭式基金和开放式基金。其中，封闭式基金是指基金规模在发行前已确定，在发行完毕后和规定的期限内，基金规模固定不变的投资基金；开放式基金是指基金规模不是固定不变的，而是可以随时根据市场供求情况发行新份额或被投资人赎回的投资基金。封闭式基金一般在证券交易场所上市交易，投资人可以通过二级市场买卖基金单位；开放式基金不上市交易，投资人一般通过银行申购和赎回。

二、证券公司业务的种类

证券公司是指依照《中华人民共和国公司法》和《中华人民共和国证券法》（以下简称《证券法》）的规定设立的经营证券业务的有限责任公司或者股份有限公司。设立证券公司，必须经国务院证券监督管理机构审查批准。未经国务院证券监督管理机构批准，任何单位和个人不得经营证券业务。

2019年修改的《证券法》规定，经国务院证券监督管理机构核准，取得经营证券业务许可证，证券公司可以经营下列部分或者全部证券业务：①证券经纪；②证券投资咨询；③与证券交易、证券投资活动有关的财务顾问；④证券承销与保荐；⑤证券融资融券；⑥证券做市交易；⑦证券自营；⑧其他证券业务。国务院证券监督管理机构应当自受理前款规定事项申请之日起三个月内，依照法定条件和程序进行审查，做出核准或者不予核准的决定，并通知申请人；不予核准的，应当说明理由。证券公司经营证券资产管理业务的，应当符合《中华人民共和国证券投资基金法》等法律、行政法规的规定。除证券公司外，任何单位和个人不得从事证券承销、证券保荐、证券经纪和证券融资融券业务。证券公司从事证券融资融券业务，应当采取措施，严格防范和控制风险，不得违反规定向客户出借资金或者证券。

我国对证券公司实行分类管理，即将证券公司分为综合类证券公司和经纪类证券公司。综合类证券公司的证券业务可以覆盖证券经纪业务、证券自营业务、证券承销业务和经国务院证券监督管理机构核定的其他证券业务四种；经纪类证券公司只允许专门从事证券经纪业务，即只能从事代理客户买卖股票、基金、可转换公司债券和认股权证等业务。本章主要阐述证券经纪业务、证券承销业务以及买入返售证券业务、卖出回购证券业务、受托资产管理业务、融资融券业务等与证券业务有关的其他证券业务的核算。

第二节 证券经纪业务的核算

证券经纪业务是指证券公司通过其设立的证券营业部接受客户委托，按照客户的要求，代理客户买卖证券的业务，包括代理买卖证券、代理兑付证券和代理保管证券。在证券经纪业务中，证券公司不垫付资金，不赚差价，只收取一定比例的佣金作为其业务收入。

证券经纪业务的
核算

代理买卖证券是指证券公司接受客户委托，代理客户进行证券交易并收取手续费和佣金，分为代理买入证券和代理卖出证券；代理兑付证券是指证券公司接受客户（国家或企业等债券发行单位）的委托兑付到期的国债、企业债券及金融债券等，并向发行单位收取手续费；代理保管证券是指证券公司接受客户委托，代客户保管证券并收取手续费或免费代为保管。

在代理业务中，代理买卖证券业务、代理兑付证券业务纳入账内核算；而代理保管证券业务，是证券公司为方便客户开展的一项服务性项目，而且代理保管的有价证券也不属于证券公司的财产，因此，证券公司在收到代保管的证券时，不将其纳入表内核算，而只在专设的备查簿中设置"代保管证券"这一表外科目进行记录。代理保管证券收取的手续费，在提供保管服务完成时确认为手续费及佣金收入。本节主要介绍代理买卖证券业务和代理兑付证券业务的核算。

一、会计科目的设置

由于证券经纪业务主要是对代理买卖证券和代理兑付证券进行核算，所以，根据代理业务的经济内容不同，主要设置以下会计科目进行证券经纪业务的核算。

（一）"代理买卖证券款"科目

"代理买卖证券款"科目为负债类科目，根据该科目设置的账户用来核算证券公司接受客户委托，代理客户买卖股票、债券和基金等有价证券，而由客户交存的款项。证券公司代理客户认购新股的款项、代理客户领取的现金股利和债券利息、代理客户向证券交易所支付的配股款等，也在该科目核算。该账户贷方登记收到客户交来的代理买卖证券及代理认购新股的款项等；借方登记证券公司代理客户买卖证券、代理客户认购新股、代理客户办理配股业务而减少的代理买卖证券款项，以及因客户提取存款而减少的代理买卖证券款项；期末贷方余额表示证券公司接受客户存放的代理买卖证券资金。该账户应当按照客户类别等进行明细核算。

（二）"代理兑付证券"科目

"代理兑付证券"科目为资产类科目，根据该科目设置的账户用来核算证券公司接受委托，代理兑付到期的证券。该账户借方登记已兑付的各类到期证券以及因委托单位未拨付或拨付不足的证券兑付资金、客户兑付时垫付的资金；贷方登记国家或企业拨付的委托兑付证券资金，以及向委托单位交付已兑付的证券并收回垫付的资金；期末借方余额表示证券公司已兑付但尚未收到委托单位兑付资金的证券金额。该账户应当按照委托单位和证券种类进行明细核算。

（三）"代理兑付证券款"科目

"代理兑付证券款"科目为负债类科目，根据该科目设置的账户用来核算证券公司接受委托，代理兑付证券而收到的兑付资金。该账户贷方登记收到委托单位的兑付资金；借方登记代理兑付的资金；期末贷方余额表示证券公司已收到但尚未兑付的代理兑付证券款项。该账户应当按照委托单位和证券种类进行明细核算。

（四）"结算备付金"科目

"结算备付金"科目为资产类科目，根据该科目设置的账户用来核算证券公司为证券交易的资金清算与交收而存入指定清算代理机构的款项。企业向客户收取的结算手续费、向证券交易所支付的结算手续费，也在该科目核算。该账户借方登记证券公司存入清算代理机构的款项；贷方登记从清算代理机构收回资金的数额；期末借方余额表示证券公司存入指定清算代理机构但尚未使用的款项余额。该科目应当按照清算代理机构设置明细账，分"自有""客户"等项目进行明细核算。

二、代理买卖证券的核算

代理买卖证券业务是指证券公司接受客户委托，代理客户进行证券买卖的业务。证券公司代理客户买卖证券收到的款项，必须全额存入指定的商业银行，并在"银行存款"科目中单设明细科目进行核算，不能与本公司的存款混淆。证券公司在收到代理客户买卖证券款项的同时应当将其确认为一项负债，与客户进行相关的结算。证券公司代理客户买卖证券所收取的手续费，应当在与客户办理买卖证券款项清算时确认为手续费及佣金收入。

（一）代理认购新股的核算

1. 收取认购款

证券公司收到客户委托认购新股的款项，根据开户银行的收账通知办理核算。其会计分录编制如下。

借：银行存款——客户
　　贷：代理买卖证券款

2. 划转认购资金

新股认购开始，证券公司应将款项划转清算代理机构。其会计分录编制如下。

借：结算备付金——客户
　　贷：银行存款——客户

3. 清算资金

（1）客户向证券公司办理申购手续时，证券公司与证券交易所清算资金。其会计分录编制如下。

借：代理买卖证券款

　　贷：结算备付金——客户

（2）证券交易所完成中签认定工作，将未中签资金退给证券公司代理的客户。其会计分录编制如下。

借：结算备付金——客户

　　贷：代理买卖证券款

（3）证券公司将未中签的款项划回。其会计分录编制如下。

借：银行存款——客户

　　贷：结算备付金——客户

（4）证券公司将未中签的款项退给客户。其会计分录编制如下。

借：代理买卖证券款

　　贷：银行存款——客户

（二）代理买卖证券的核算

1. 接受委托

证券公司接受客户委托买卖证券，客户存入款项，证券公司在证券交易所为客户开立买卖证券资金清算专户，其会计分录均与新股认购相同。

2. 代理买卖

证券公司接受客户委托，通过证券交易所代理买卖证券，与客户清算时，如果买入证券成交总额大于卖出证券成交总额，应按清算日买卖证券成交价的差额，加上代扣代缴的印花税等相关税费和应向客户收取的佣金等费用之和，借记"代理买卖证券款"账户，贷记"结算备付金——客户""银行存款"等账户；按证券公司应负担的交易费用，借记"手续费及佣金支出——代理买卖证券手续费支出"账户，按应向客户收取的佣金及手续费，贷记"手续费及佣金收入"账户，按其差额，借记"结算备付金——自有""银行存款"等账户。其会计分录编制如下。

借：代理买卖证券款

　　贷：结算备付金——客户

同时，

借：手续费及佣金支出——代理买卖证券手续费支出

　　应交税费——应交增值税

　　结算备付金——自有

　　贷：手续费及佣金收入——代理买卖证券手续费收入

　　　　应交税费——应交增值税

【例8-1】2020年3月5日，长江证券公司接受客户委托，通过证券交易所代理买卖证券，买进股票成交总额为800 000元，卖出股票成交总额为500 000元，买入证券成交总额比卖出证券成交总额多了300 000元。代扣代缴的交易税费为1 300元，应向客户收取的佣金为3 900元，证券公司应负担的交易费用为150元。

长江证券公司根据交易所传来的证券交易一级清算表、营业部出具的证券交易二级清算表、清算银行出具的资金清算单等凭证进行账务处理。其会计分录编制如下。

借：代理买卖证券款　　　　　　　　（800 000 - 500 000 + 1 300 + 3 900）305 200

　　贷：结算备付金——客户　　　　　　　　　　　　　　　　　　　　　305 200

同时，

借：手续费及佣金支出——代理买卖证券手续费支出　　　　　　（150÷1.06）141.51

　　应交税费——应交增值税　　　　　　　　　　　　　　　　　　　　　　　8.49

　　结算备付金——自有　　　　　　　　　　　　　　　　　　　　　　　　3 750

  贷：手续费及佣金收入——代理买卖证券手续费收入   （3 900÷1.06）3 679.25

    应交税费——应交增值税   220.75

  证券公司接受客户委托，通过证券交易所代理买卖证券，与客户清算时，如果卖出证券成交总额大于买入证券成交总额，应按清算日买卖证券成交价的差额，减去代扣代缴的印花税等相关税费和应向客户收取的佣金等费用后的余额，借记"结算备付金——客户"科目，贷记"代理买卖证券款"等科目；按证券公司应负担的交易费用，借记"手续费及佣金支出——代理买卖证券手续费支出"科目，按应向客户收取的佣金及手续费，贷记"手续费及佣金收入——代理买卖证券手续费收入"科目，按其差额，借记"结算备付金——自有""银行存款"等科目。其会计分录编制如下。

  借：结算备付金——客户

    贷：代理买卖证券款

  借：手续费及佣金支出——代理买卖证券手续费支出

    应交税费——应交增值税

    结算备付金——自有

    贷：手续费及佣金收入——代理买卖证券手续费收入

      应交税费——应交增值税

  【例 8-2】接【例 8-1】，中长江证券公司的交易为净卖出 300 000 元，其他数据不变，根据交易所传来的证券交易一级清算表、营业部出具的证券交易二级清算表、清算银行出具的资金清算单进行账务处理。其会计分录编制如下。

  借：结算备付金——客户   （800 000 - 500 000 - 1 300 - 3 900）294 800

    贷：代理买卖证券款   294 800

  同时，

  借：手续费及佣金支出——代理买卖证券手续费支出   141.51

    应交税费——应交增值税   8.49

    结算备付金——自有   3 750

    贷：手续费及佣金收入——代理买卖证券手续费收入   3 679.25

      应交税费——应交增值税   220.75

（三）代理配股派息的核算

  （1）采用当日向证券交易所解交配股款的，在客户提出配股要求时，其会计分录编制如下。

  借：代理买卖证券款

    贷：结算备付金——客户

  （2）采用定期向证券交易所解交配股款的，在客户提出配股要求时，其会计分录编制如下。

  借：代理买卖证券款

    贷：其他应付款——应付客户配股款

  （3）与证券交易所清算配股款时，按配股金额，编制如下会计分录。

  借：其他应付款——应付客户配股款

    贷：结算备付金——客户

  （4）代理客户领取现金股利和利息时，其会计分录编制如下。

  借：结算备付金——客户

    贷：代理买卖证券款

  （5）按规定向客户统一结息时，会计分录编制如下。

  借：利息支出

    应付利息

    贷：代理买卖证券款

三、代理兑付证券的核算

代理兑付证券是证券公司接受国家或企业等证券发行单位的委托，兑付到期证券，兑付结束后，将已兑付证券集中交给委托单位，同时向委托单位收取手续费的业务。

（一）代理兑付无记名证券的核算

1. 收到兑付资金

证券公司收到委托单位拨来兑付证券款时，其会计分录编制如下。

借：银行存款

　　贷：代理兑付证券款

2. 兑付证券

兑付无记名证券，证券公司收到客户交来的实物券时，按兑付金额（证券本息）支付资金并进行账务处理。其会计分录编制如下。

借：代理兑付证券　　　　　　　　　　　　　　　　　　　　（本金与利息）

　　贷：库存现金　　　　　　　　　　　　　　　　　　　　　（或银行存款）

3. 清算款项

兑付期结束，证券公司应将已兑付的证券集中交给委托单位，按代理兑付的证券本息与委托单位办理结算。其会计分录编制如下。

借：代理兑付证券款

　　贷：代理兑付证券

（二）代理兑付记名证券的核算

1. 收到兑付资金

兑付记名证券时，证券公司收到委托单位的兑付资金，编制如下会计分录。

借：银行存款

　　贷：代理兑付证券款

2. 收到客户交来的证券

兑付证券本息时，证券公司按兑付金额编制如下会计分录。

借：代理兑付证券款

　　贷：银行存款

证券公司代理兑付证券时，若委托单位尚未拨付兑付资金而由证券公司垫付，则证券公司在收到客户交来的证券时，应按兑付金额，编制如下会计分录。

借：代理兑付证券

　　贷：银行存款（或其他科目）

向委托单位交回已兑付的证券并收回垫付的资金时，编制如下会计分录。

借：银行存款（或其他科目）

　　贷：代理兑付证券

（三）手续费收入的核算

（1）向委托单位单独收取代理兑付证券手续费的，按应收或已收取的手续费金额，编制如下会计分录。

借：应收手续费及佣金（或银行存款、结算备付金等）

　　贷：手续费及佣金收入

　　　　应交税费——应交增值税

（2）手续费与兑付款一并汇入的，在收到款项时，应按实际收到的金额，借记"银行存款""结算备付金"等科目，按应兑付的金额，贷记"代理兑付证券款"科目，按事先取得的手续费，贷记"其他应付款——预收代理兑付证券手续费"科目；待兑付证券业务完成后，确认手续费收入，借记"其他应付款——预收代理兑付证券手续费"科目，贷记"手续费及佣金收入"科目。

① 收到手续费与兑付款时，编制如下会计分录。

借：银行存款（或结算备付金等）　　　　　　　　　　（实际收到的金额）
　　贷：代理兑付证券款　　　　　　　　　　　　　　　（应兑付的金额）
　　　　其他应付款——预收代理兑付证券手续费　　　　（手续费金额）

② 兑付证券业务完成，确认手续费收入时，编制如下会计分录。

借：其他应付款——预收代理兑付证券手续费
　　贷：手续费及佣金收入
　　　　应交税费——应交增值税

【例8-3】长江证券公司代理大地公司兑付到期的无记名证券（实物券），2020年3月1日收到大地公司的兑付资金325万元，其中手续费1.5万元，至3月底共兑付证券323.5万元。

（1）收到大地公司兑付资金时，编制如下会计分录。

借：银行存款　　　　　　　　　　　　　　　　　　　　3 250 000
　　贷：代理兑付证券款——大地公司　　　　　　　　　　3 235 000
　　　　其他应付款——预收代理兑付证券手续费　　　　　　15 000

（2）兑付证券时，编制如下会计分录。

借：代理兑付证券——大地公司　　　　　　　　　　　　3 235 000
　　贷：银行存款　　　　　　　　　　　　　　　　　　　3 235 000

（3）兑付期结束，向大地公司交回已兑付证券时，编制如下会计分录。

借：代理兑付证券款——大地公司　　　　　　　　　　　3 235 000
　　贷：代理兑付证券——大地公司　　　　　　　　　　　3 235 000

同时，确认手续费收入，其会计分录编制如下。

借：其他应付款——预收代理兑付证券手续费　　　　　　　15 000
　　贷：手续费及佣金收入——代理兑付证券手续费　　　　14 150.94
　　　　应交税费——应交增值税　　　　　　　　　　　　　849.06

第三节　证券承销业务的核算

证券承销业务是指证券公司在一级市场接受发行单位的委托，代为办理发售各类证券的业务，如代国家发售国库券、国家重点建设债券，代企业发行集资债券和股票、基金等。证券承销业务根据与发行人确定的发售方式不同，具体又分为全额承购包销方式的承销业务、余额承购包销方式的承销业务和代销方式的承销业务。

证券承销业务的核算

一、会计科目的设置

证券承销业务应设置"代理承销证券"和"代理承销证券款"科目进行核算。

"代理承销证券"科目为资产类科目，根据该科目设置的账户用于核算证券公司采用全额承购包销方式接受委托，代理发行的股票、债券等证券的承购价值。该账户借方登记代理承销证券的承购价，贷方登记发行期结束后结转的已销售代理承销证券的成本、未售出证券转为自营金融资产的成本。本账户期末借方余额反映证券公司尚未售出的代理承销证券的价值。本账户应按委托单位和代发行证券的种类进行明细核算。

"代理承销证券款"科目为负债类科目，根据该科目设置的账户用来核算证券公司接受委托，采用余额承购包销方式或代销方式承销证券所形成的、应付证券发行人的承销资金。该账户贷方登记证券公司受托代理发行证券时的认购款项，借方登记证券公司向委托方（发行人）支付代发行的证券款项，期末贷方余额反映证券公司承销证券应付未付给委托单位的款项余额。该账户应当按照委托单位和证券种类进行明细核算。

二、全额承购包销方式承销证券的核算

全额承购包销是指证券公司与证券发行单位签订合同或协议，由证券公司按合同或协议确定的价格将证券从发行单位购进，并向发行单位支付全部款项，然后按一定价格在证券一级市场发售证券的一种代理发行方式。这种发行方式可确保发行单位及时获得所需的资金，但对证券公司来说，却要承担全部发行风险。证券公司向发行单位承购证券的价格可能低于、等于或高于证券面值，由双方在协议中确定，但发售价格由证券公司确定，发行单位原则上不干预，证券公司主要是从中赚取证券买卖的差价。

证券公司以全额承购包销方式进行承销业务的，应在按承购价格购入待发售的证券时，确认为一项资产记入"代理承销证券"；证券公司将证券转售给投资者时，按发行价格进行价款结算，按已发行证券的承购价格结转代发行证券的成本并确认投资收益。发行期结束后，如有未售出的证券，应按自营证券进行核算与管理。

（一）认购证券

证券公司根据协议认购全部证券，按承购价向委托发行单位支付全部证券款项。其会计分录编制如下。

借：代理承销证券
　　贷：银行存款

（二）发售证券

证券公司将证券向市场发售或转售给投资者，按发行价办理核算。同时按照承购价结转售出证券的实际成本，差额确认为投资收益。其会计分录编制如下。

借：银行存款
　　贷：代理承销证券
　　　　手续费及佣金收入——代理承销手续费收入
　　　　应交税费——应交增值税

（三）未售证券转自营

发行期结束，未售出的证券按自营证券进行管理，按照自营证券有关规定进行会计核算。其会计分录编制如下。

借：交易性金融资产（或其他权益工具投资）
　　贷：代理承销证券

三、余额承购包销方式承销证券的核算

余额承购包销是指发行人委托承销机构在约定期限内发行证券，到销售截止日期，未售出的余

额由承销商按协议价格认购。余额承购包销实际上是先代理发行，后全额承购包销，是代销和全额承购包销的结合。

证券公司以余额承购包销方式进行承销业务的，收到代发行单位发售的证券时，在备查簿中记录承销证券的情况。即在备查簿中登记代销证券的发行单位、承销价格、承销数量、承销期限等有关项目。证券承销期内，按承销价格销售证券。承销期结束后，与发行单位结算承销证券款项和手续费，如果有未发售完的证券，按规定由证券公司认购。代发行证券收取的手续费，应于承销期结束后，与发行单位结算发行价款时确认为手续费及佣金收入。

（一）承销无记名证券的核算

1. 收到委托发行的证券

证券公司收到委托单位委托发行的证券时，应将其作为重要凭证保管，并在备查簿中记录承销证券的情况。

2. 承销期内发售证券

在约定的期限内售出证券时，证券公司应按承销价格记账。其会计分录编制如下。

借：银行存款（或库存现金）
    贷：代理承销证券款

3. 承销期结束，认购未售证券

承销期结束，如有未售出的证券，采用余额承购包销方式承销证券的，按合同规定由证券公司认购，证券公司应按承销价格，借记"交易性金融资产""其他债权投资""其他权益工具投资"等科目，贷记"代理承销证券款"科目。其会计分录编制如下。

借：交易性金融资产（或其他权益工具投资）
    贷：代理承销证券款

4. 承销期结束划转销售款项

承销期结束，证券公司将募集资金付给委托单位并收取手续费，应按承销价格，借记"代理承销证券款"科目，按实际支付给委托单位的金额，贷记"银行存款"科目，按应收取的手续费，贷记"手续费及佣金收入"科目；同时，冲销备查簿中登记的承销证券。其会计分录编制如下。

借：代理承销证券款
    贷：银行存款
        手续费及佣金收入——代理承销证券手续费收入
        应交税费——应交增值税

（二）承销记名证券的核算

1. 上网发行证券

证券公司通过证券交易所上网发行的，在证券上网发行日，根据承销合同确认的证券发行总额，按承销价格，在备查簿中记录承销证券的情况。

2. 交割清算

证券公司与证券交易所交割清算，按实际收到的金额，借记"结算备付金"等科目，贷记"代理承销证券款"科目。

3. 承销期结束划转销售款项

承销期结束，证券公司将承销证券款项交付委托单位并收取承销手续费，按承销价款，借记"代理承销证券款"科目，按应收取的承销手续费，贷记"手续费及佣金收入"科目，按实际支付给委托单位的金额，贷记"银行存款"等科目。

4. 承销期结束，认购未售证券

承销期结束，如有未售出的证券，采用余额承购包销方式承销证券的，按合同规定由证券公司认购，证券公司应按承销价款，借记"交易性金融资产""其他权益工具投资"等科目，贷记"代理承销证券款"科目。

四、代销方式承销证券的核算

代销方式承销证券是指证券公司接受发行单位委托，按照规定的条件，在约定的期限内，代为向投资者销售证券，发行期结束后，若债券未按原定发行额售出，未售部分退回发行单位，代销证券的证券公司向委托人收取手续费，不承担任何发行风险。在代销过程中，承销机构与发行人之间是代理委托关系，承销机构不承担销售风险，因此代销佣金很低。代销发行比较适合于那些信誉好、知名度高的大中型企业，它们的证券容易被社会公众接受，它们用代销方式可以降低发行成本。

证券公司以代销方式进行承销业务的，收到代发行单位发售的证券时，应在备查簿中记录承销证券的情况。备查簿中登记代销证券的发行单位、承销价格、承销数量、承销期限等有关项目。证券承销期内，证券公司按承销价格销售证券。承销期结束后，证券公司与发行单位结算承销证券款项和手续费，如果有未发售完的证券，应退还给发行单位。代发行证券收取的手续费，应于发行期结束后，与发行单位结算发行价款时确认为手续费及佣金收入。

证券公司采用代销方式承销证券，收到代销证券、承销期内发售证券、承销期结束划转销售款项及收取手续费的账务处理与采用余额包销方式承销证券相同。只是在承销期结束后，如有未售出的证券，在采用代销方式承销证券时，应将未售出的证券退还给发行单位，并冲销备查簿中登记的承销证券。

第四节　其他证券业务的核算

其他证券业务是指证券公司经批准在国家许可的范围内进行的除经纪、自营和承销业务以外的其他与证券有关的业务。例如，买入返售证券业务、卖出回购证券业务、受托资产管理业务、融资融券业务等与证券业务有关的业务。

一、会计科目的设置

证券公司从事买入返售证券、卖出回购证券、受托资产管理等其他证券业务，应设置"买入返售金融资产""卖出回购金融资产款""代理业务资产""代理业务负债"等会计科目进行核算。

（一）"买入返售金融资产"科目

"买入返售金融资产"科目为资产类科目，根据该科目设置的账户核算证券公司按返售协议约定先买入再按固定价格返售给卖出方的证券等金融资产所融出的资金。该账户借方登记证券公司按规定买入返售证券实际支付的款项，贷方登记证券返售时转出的账面余额，期末借方余额反映证券公司已经买入尚未到期返售证券的摊余成本。本账户应当按照买入返售金融资产的类别和融资方进行明细核算。

（二）"卖出回购金融资产款"科目

"卖出回购金融资产款"科目为负债类科目，根据该科目设置的账户核算证券公司按回购协议先卖出再按固定价格买入的证券等金融资产所融入的资金。该账户贷方登记证券公司按规定卖出证券实际收到的款项，借方登记证券回购时转出的账面余额，期末贷方余额反映证券公司尚未到期的卖出回购证券款。该账户应当按照卖出回购金融资产的类别和融资方进行明细核算。

（三）"代理业务资产"科目

"代理业务资产"科目为资产类科目，根据该科目设置的账户核算证券公司不承担风险的代理业务形成的资产，如受托理财业务进行的证券投资和受托贷款等。证券公司的代理买卖证券、代理承销证券、代理兑付证券不在该账户核算。该账户借方登记用代理业务资金购买证券的实际成本、卖出证券发生的亏损以及结转的投资收益，贷方登记结转已售证券的成本、卖出证券形成的收益以及结转的投资损失，期末借方余额反映证券公司代理业务资产的价值。该账户可按委托单位、资产管理类别（如定向、集合和专项资产管理业务）、贷款对象，分"成本""已实现未结算损益"等项目进行明细核算。

（四）"代理业务负债"科目

"代理业务负债"科目为负债类科目，根据该科目设置的账户核算证券公司不承担风险的代理业务收到的款项，如受托投资资金、受托贷款资金等。证券公司的代理买卖证券款、代理承销证券款、代理兑付证券款，不在该账户核算。该账户贷方登记收到的代理业务款项和属于委托单位的投资收益，借方登记受托投资过程中应由委托单位负担的损失和按规定划转、核销或退还委托单位的代理业务资金，期末贷方余额反映证券公司收到的代理业务资金。该账户可按委托单位、资产管理类别（如定向、集合和专项资产管理业务）等进行明细核算。

二、买入返售证券的核算

买入返售证券业务是指证券公司与其他企业以合同或协议的方式，按一定价格买入证券，到期日再按合同规定的价格将该批证券返售给对方，以获取买入价与卖出价的差价收入。证券公司应于买入某种证券时，将实际发生的成本确认为一项资产；证券到期返售时，将返售价格与账面价值的差额，确认为当期收入。

（一）买入返售证券

证券公司根据返售协议购入返售证券时，应按实际支付的款项和交易费用之和确定买入返售证券的初始确认金额。其会计分录编制如下。

借：买入返售金融资产
　　贷：银行存款（或结算备付金）

（二）期末计息或分红

资产负债表日，计提买入返售证券利息收入时，应按计算确定的买入返售证券的利息收入入账。会计分录编制如下。

借：应收利息
　　贷：利息收入
　　　　应交税费——应交增值税

收到支付的买入返售证券的利息时，其会计分录编制如下。

借：银行存款（或结算备付金）
　　贷：应收利息

返售证券宣布发放现金股利，按照返售证券的持有量计算返售证券应收的现金股利。会计分录编制如下。

借：应收股利
　　贷：投资收益
　　　　应交税费——应交增值税

收到支付的买入返售证券的现金股利时，会计分录编制如下。

借：银行存款（或结算备付金）

　　贷：应收股利

（三）返售证券

按照协议，返售到期日按合同规定的价格将该批证券返售给对方。其会计分录编制如下。

借：银行存款（或结算备付金）　　　　　　　　　（实际收到的金额）

　　贷：买入返售金融资产　　　　　　　　　　　　　　（账面余额）

　　　　利息收入（或投资收益）　　　　　　　　（借方、贷方差额）

　　　　应交税费——应交增值税

三、卖出回购证券的核算

卖出回购证券业务是指证券公司与其他企业以合同或协议的方式，按一定价格卖出证券，到期日再按合同规定的价格买回该批证券，以获得一定时期内资金的使用权。证券公司应于卖出证券时，将实际收到的款项确认为一项负债；证券到期购回时，将实际支付的款项与卖出证券时实际收到的款项的差额，确认为当期费用。

（一）卖出回购证券

证券公司根据回购协议卖出回购证券时，应按实际收到的金额入账。其会计分录编制如下。

借：银行存款（或结算备付金）

　　贷：卖出回购金融资产款

（二）期末计息

资产负债表日，应按计算确定的卖出回购证券的利息费用计入"应付利息"账户。会计分录编制如下。

借：利息支出

　　贷：应付利息

（三）回购证券

按照协议，回购到期日按合同规定的价格将该批证券从对方回购，其会计分录编制如下。

借：卖出回购金融资产款　　　　　　　　　　　　（账面余额）

　　应付利息　　　　　　　　　　　　　　　　　　（账面余额）

　　利息支出　　　　　　　　　　　　　　　（借方、贷方差额）

　　贷：银行存款（或结算备付金）　　　　　　　（实际支付的金额）

四、受托资产管理的核算

受托资产管理业务，是指证券公司接受委托，负责经营管理受托资产的业务。证券公司受托经营管理资产，应按实际受托资产的款项，同时确认为一项资产和一项负债；合同到期，与委托单位结算收益或损失时，按合同规定比例计算的应由证券公司享有的收益或承担的损失，确认为当期的收益或损失。

（1）收到代理业务款项时，其会计分录编制如下。

借：银行存款（或结算备付金等）

　　贷：代理业务负债

（2）用代理业务资金购买证券时，其会计分录编制如下。

借：代理业务资产——成本

　　贷：结算备付金——客户

（3）将购买的证券卖出，按实际收到价款核算时，会计分录编制如下。

借：结算备付金——客户

贷：代理业务资产——成本

——已实现未结算损益（按卖出证券收到的款项与成本之间的差额计价入账，已实现未结算收益计入贷方，已实现未结算亏损计入借方）

（4）定期或在委托合同到期时与委托客户进行结算。

① 定期或委托合同到期与委托客户进行结算时，按合同约定比例计算其代理业务资产收益中属于委托客户的收益和属于证券公司的收益，并结转已实现未结算的损益。其会计分录编制如下。

借：代理业务资产——已实现未结算损益

贷：代理业务负债　　　　　　　　　（按合同规定属于委托客户的收益）

手续费及佣金收入——受托客户资产管理业务收入

应交税费——应交增值税

② 代理业务资产发生亏损时，按合同约定比例计算其代理业务资产损失中属于委托客户的损失和属于证券公司的损失，并结转已实现未结算的损益。其会计分录编制如下。

借：代理业务负债　　　　　　　　　（按合同规定属于委托客户的收益）

手续费及佣金支出——受托客户资产管理业务支出

贷：代理业务资产——已实现未结算损益

③ 到期时退还委托管理的资金及损益，会计分录编制如下。

借：代理业务负债

贷：银行存款

五、融资融券业务的核算

融资融券业务是指向客户出借资产供其买入上市证券或出借上市证券供其卖出，并收取担保物的经营活动。在我国，证券公司开展融资融券业务试点，必须经证监会批准。未经批准，任何公司不得向其客户融资、融券，也不得为其客户与客户、客户与他人之间的融资融券活动提供任何便利和服务。为正确反映融资融券业务，证券公司应增设"贷款"一级科目，按照客户名称设立二级科目，下设"融资业务""融券业务"三级明细科目；增设"银行存款——融资专用"二级科目，反映向客户融出的资金及客户归还的资金；增设"结算备付金——客户信用交易担保资金"二级科目，按客户进行明细核算，反映客户交存的、担保证券公司因向客户融资融券所生债权的资金；增设"交易性金融资产——融券专用"二级科目，反映公司持有的拟向客户融出的证券和客户已归还的证券；增设"代买卖证券款——信用客户"二级科目，按客户进行明细核算，反映客户未能归还的融资款及利息；增设"应收款项——融券价格变动"二级科目，按客户进行明细核算，反映证券公司已融出证券价格变动。

（一）融资业务的核算

（1）当证券公司将拟向客户融出的资金存入融资专用资金账户时，证券公司总部（以下简称"公司总部"）应借记"银行存款——融资专用"账户，贷记"银行存款——自有资金"账户。

（2）证券公司按一定比例向客户收取融资业务保证金存入客户信用交易担保资金账户，如为普通客户则需证券公司营业部（以下简称"营业部"）将客户从普通客户转为信用客户，如为信用客户则直接存款。

① 将客户信用交易担保资金从普通账户取出，营业部应借记"代买卖证券款——客户"账户，贷记"银行存款——客户"账户或者"结算备付金——客户"账户。

② 将客户从普通客户转为信用客户，营业部应借记"结算备付金——客户信用交易担保资金"账户，贷记"代买卖证券款——信用客户"账户。

③ 如客户直接为营业部信用客户，则直接按②进行账务处理。

（3）按照协议向客户发放贷款，营业部应同时增加客户信用资金。公司总部应借记"贷款——客户——融资业务"账户，贷记"银行存款——融资专用"账户，同时，营业部应借记"结算备付金——客户信用交易担保资金"账户，贷记"代买卖证券款——信用客户"账户。

（4）信用客户每日证券交易资金清算、证券交收结果由客户所在营业部进行记账，同时，公司总部将信用客户清算交收结果报开户银行。

① 如果卖出证券金额大于买入证券金额，即为卖差，则营业部的会计分录编制如下。

借：结算备付金——信用客户
　　手续费及佣金支出
　　应交税费——应交增值税
　　贷：代买卖证券款——信用客户
　　　　手续费及佣金收入
　　　　应交税费——应交增值税

② 如为买差，则营业部的会计分录编制如下。

借：代买卖证券款——信用客户
　　手续费及佣金支出
　　应交税费——应交增值税
　　贷：结算备付金——信用客户
　　　　手续费及佣金收入
　　　　应交税费——应交增值税

（5）证券公司逐日计算客户交存的担保物价值与所欠债务比例，当该比例低于最低维持担保比例时，应当通知客户在一定时期内补交差额。

客户缴款时，营业部的会计分录编制如下。

借：结算备付金——客户信用交易担保资金
　　贷：代买卖证券款——信用客户

（6）若融资融券合同到期，客户未能及时补交差额，证券公司按照约定处置担保物，处置资金将优先用于归还客户所欠本金和利息，剩余部分归还客户。

① 将客户所欠本金利息取出，营业部的会计分录编制如下。

借：代买卖证券款——信用客户
　　贷：结算备付金——信用客户

② 客户还款时，公司总部的会计分录编制如下。

借：银行存款——融资专用
　　贷：贷款——客户——融资业务
　　　　利息收入——融资利息收入
　　　　应交税费——应交增值税

（7）客户不再从事融资融券交易，将客户从信用客户转为普通客户。

营业部的会计分录编制如下。

借：代买卖证券款——信用客户
　　贷：结算备付金——信用客户

公司总部的会计分录如下。

借：银行存款——融资专用

　　贷：代买卖证券款——信用客户

（8）融资融券合同到期，客户归还借款及利息。

营业部的会计分录如下。

借：代买卖证券款——信用客户

　　贷：结算备付金——信用客户

公司总部的会计分录如下。

借：银行存款——融资专用

　　贷：贷款——客户——融资业务

　　　　利息收入——融资利息收入

　　　　应交税费——应交增值税

（9）如果到期客户未能还清贷款，则将未能归还部分计入应收客户融资款。公司总部的会计分录编制如下。

借：银行存款——融资专用

　　应收款项——客户——融资业务

　　贷：贷款——客户——融资业务

　　　　利息收入——融资利息收入

　　　　应交税费——应交增值税

（10）期末，对客户未能还清的应收款项计提减值准备。公司总部的会计分录编制如下。

借：信用减值损失——坏账准备

　　贷：坏账准备

（二）融券业务的核算

（1）证券公司将拟向客户融出的证券存入融券专用证券账户。公司总部的会计分录编制如下。

借：交易性金融资产——融资专用　　　　　　　　（按账面价值结转）

　　贷：交易性金融资产

（2）证券公司通过非交易过户方式将拟融出证券过户至客户名下（按照转出日市价）。公司总部的会计分录编制如下。

借：贷款——客户——融资业务　　　　　　　　　　（按照转出日市价）

　　应收款项——客户——融资价格变动　　　　　　　（按差额）

　　贷：交易性金融资产——融资专用　　　　　　　（按账面价值结转）

（3）信用客户每日证券交易资金清算、证券交收结果由客户所在营业部进行记账，同时公司总部将信用客户清算交收结果报开户银行。

① 如为卖差，则营业部会计分录编制如下。

借：结算备付金——信用客户

　　手续费及佣金支出

　　应交税费——应交增值税

　　贷：代买卖证券款——信用客户

　　　　手续费及佣金收入

　　　　应交税费——应交增值税

② 如为买差，则营业部的会计分录编制如下。

借：代买卖证券款——信用客户

　　手续费及佣金支出

应交税费——应交增值税

    贷：结算备付金——信用客户

        手续费及佣金收入

        应交税费——应交增值税

（4）按日根据客户证券市值（包括送股）变动对交易性金融资产进行相应调整。如果市值增加，公司总部的会计分录编制如下。

    借：贷款——客户——融资业务

      贷：应收款项——客户——融券价格变动

（5）交易性金融资产分红派息，则公司总部的会计分录编制如下。

    借：贷款——客户——融资业务

      贷：投资收益

（6）融资融券协议到期，客户归还融入的证券。

① 客户从信用账户归还融券利息，营业部的会计分录编制如下。

    借：代买卖证券款——信用客户

      贷：结算备付金——信用客户

② 公司收到融券利息收入，公司总部的会计分录编制如下。

    借：银行存款——融资专用

      贷：利息收入——融券利息收入

        应交税费——应交增值税

③ 客户还券，公司总部的会计分录编制如下。

    借：交易性金融资产——融资专用 （按照结转日成本价）

      贷：贷款——客户——融资业务 （按照客户贷款账面余额）

        应收款项——客户——融资价格变动 （按照借方余额冲减）

（7）将拟不做融券交易的证券账户转入自营账户，公司总部的会计分录编制如下。

    借：交易性金融资产 （按结转日成本价）

      贷：交易性金融资产——融资专用

（8）融资融券协议到期客户未能归还融入的部分证券。公司总部的会计分录编制如下。

    借：交易性金融资产——融券 （已归还证券）

      应收款项——客户——融券 （未能归还证券）

         ——客户——融券利息 （未能归还利息）

      贷：贷款——客户——融资业务

        利息收入——融券利息收入

        应收款项——客户——融资价格变动 （按照借方余额冲减）

        应交税费——应交增值税

（9）期末，对证券公司拟融出证券余额及已融出的证券进行检查，根据公允价值调整账面价值。如果公允价值低于账面价值，按其差额，公司总部的会计分录编制如下。

    借：公允价值变动损益——交易性金融资产

      贷：交易性金融资产

如果公允价值大于账面价值，则做相反的会计分录。

（10）期末，对客户未能归还的证券计提减值准备，公司总部的会计分录编制如下。

    借：信用减值损失——坏账准备

      贷：坏账准备

复习与思考

一、思考题

1. 简述证券公司业务的种类。
2. 简述代理买卖证券和代理兑付证券核算的内容。
3. 简述买入证券业务和卖出证券业务核算的内容。
4. 简述证券承销业务核算的内容。
5. 简述买入返售证券业务核算的内容。
6. 简述卖出回购证券业务核算的内容。
7. 简述融资融券业务核算的内容。

二、练习题

1. 某证券公司 2019 年 12 月 2 日购入 M 公司股票 4 000 股，作为交易性金融资产，每股购买价格 5 元，共计 20 000 元，另付交易手续费 106 元（其中包括准予抵扣的增值税进项税额 6 元）；2019 年 12 月 31 日该股票每股收盘价 6 元，证券公司调整交易性金融资产账面价值；M 公司按 10∶3 送股，2020 年 3 月 24 日收到 1 200 股；2020 年 3 月 29 日将股票出售一半，收到款项 16 000 元；2020 年 6 月 30 日，该股票每股收盘价 8 元，证券公司调整交易性金融资产账面价值。

要求：根据以上经济业务编制会计分录。

2. 某证券公司 2019 年 1 月 1 日购入乙公司发行的债券，确认为债权投资，债券面值 100 000 元，票面年利率 6%，期限 5 年，实际用银行存款支付 91 989 元（其中包含准予抵扣的增值税进项税额 100 元）。该债券每半年付息一次，付息日为 6 月 30 日和 12 月 31 日，到期还本，利息调整摊销采用实际利率法，购入债券时的实际年利率为 8%。

要求：编制证券公司收到利息时的会计分录。

3. 某证券公司 2018 年 5 月 12 日购入 S 公司股票 40 000 股，指定为其他权益工具投资，购买价为每股 8 元，另支付交易手续费 2 120 元（其中包含准予抵扣的增值税进项税额 120 元），款项已付。2018 年 12 月 31 日，S 公司股票每股收盘价 7.5 元，确认其他权益工具投资公允价值变动；2019 年 3 月 18 日，出售持有的 S 公司股票 10 000 股，收到款项 73 000 元；2019 年 12 月 31 日，S 公司股票每股收盘价为 6 元。

要求：根据以上业务，编制会计分录。

保险业务是金融业务的重要组成部分，目前由保险公司专门经营。但随着社会的发展，金融体制改革的深入和金融监管的不断完善，金融业混业经营已是大势所趋。在我国，保险业作为国民经济活动中必不可少的环节而存在，也是我国经济补偿制度的重要组成部分。

第一节 保险公司业务概述

保险是投保人依据合同约定，向保险人支付保险费，保险人对合同约定的可能发生的事故因其发生所造成的财产损失承担赔偿保险金责任，或者当被保险人死亡、伤残、疾病或者达到合同约定的年龄、期限时承担给付保险金责任的商业行为。

一、保险公司业务的种类

（一）按保险对象分为财产保险和人身保险

1. 财产保险

财产保险是指投保人根据保险合同的约定，向保险人交付保险费，保险人按照保险合同的约定，对所承保的财产及其有关利益因自然灾害或意外事故造成的损失承担赔偿保险金责任的保险业务。财产保险多属短期保险，保险期限通常为一年或一年之内，包括物质财产保险、责任保险等。财产保险的保险标的是各种物质财产及其有关的利益，其价值一般都能用货币进行衡量，保险人可以根据保险财产的实际价值和实际损失金额来确定保险金额和损失赔偿金额。财产保险承保的风险是自然灾害或意外事故，其损失频率和程度很不规则。保费收入和赔款支出很不稳定，要求保险人的资金必须保持较高的流动性，实务经营上一般采取保留较多的现金，提取巨额风险准备金等措施以备赔付。

2. 人身保险

人身保险是指保险人通过与投保人签订保险合同，在向投保人收取一定的保险费后，在被保险人因疾病或遭遇意外事故而致伤残或死亡，或保险期满时给付医疗费用或保险金的保险业务。人身保险的保险期限都较长，可达五年、十年、数十年。人身保险包括人寿保险（含年金保险）、健康保险和人身意外伤害保险。人身保险的保险标的是人的生命、身体或劳动能力，其承保的是人的生死、伤害、疾病等风险。保险事故发生的概率较固定，保费收入和保险金给付较为稳定，对现金储备和再保险的要求较低，其积聚的巨额闲置资金可用于投资。

（二）按业务承保方式分为原保险和再保险

1. 原保险

原保险是指保险人向投保人收取保费，对约定的可能发生的事故因其发生所造成的财产损失承担赔偿保险金责任，或者当被保险人死亡、伤残、疾病或者达到合同约定的年龄、期限时承担给付保险金责任的保险业务。原保险是由保险人与投保人最初达成的保险协议。

2. 再保险

再保险即"保险的保险"，也叫分保，是指一个保险人（再保险分出人）分出一定的保费给另一个保险人（再保险接受人），再保险接受人对再保险分出人由原保险合同所引起的赔付成本及其他相关费用进行补偿的保险业务。

二、保险公司业务会计核算的特点

保险公司作为我国金融企业的重要组成部分，其出售的是对投保人未来可能发生的损失予以赔偿或给付的承诺。保险公司业务会计核算的特点主要表现在以下几个方面。

（一）各险种类别独立建账，独立核算盈亏

保险公司所经营的各项业务，在会计核算中，按险种类别划分，各险种类别之间在业务经营期限、币种、赔付方式、收费方式上都存在很大的差别，因此应分账核算。

（二）会计计量需要运用保险精算技术

保险公司的业务表现为根据保险单（保险合同）向投保人收取保险费，并在合同有效期内承担相应的保险责任。为了保证向投保人提供赔偿或给付的义务，在向其予以赔偿或给付以前，保险公司应建立责任准备金。

（三）资产构成以金融资产为主

保险公司的流动资产中，实物形态的资产所占的比例很小，其收取的保费所形成的保险基金，主要以银行存款、债券等形式为主，因此，金融资产所占的比例很大。而且根据有关规定，保险公司一经成立，必须将其注册资本总额的20%作为法定保证金存入保险监督管理部门指定的银行，除公司清算时用于清偿债务外，不得动用。这一规定也使得保险公司资产的构成具有特殊性。

（四）各种准备金是保险公司特有的负债

由于保险公司的经营风险很大，为了防范风险和保障投保人的权益，必须按《企业会计准则》的规定，计提各种准备金。所以，保险公司的负债，除了一般的结算性、金融性负债外，还包括其为履行未来赔付责任而从所收取的保费中提取的各种准备金所形成的负债。例如，为尚未终止的非寿险保险责任提取的未到期责任准备金；为非寿险保险事故已发生尚未结案的赔案提取的未决赔款准备金；为尚未终止的人寿保险责任提取的寿险责任准备金；为尚未终止的长期健康保险责任提取的长期健康险责任准备金等。

第二节 | 财产保险业务的核算

财产保险是以财产及其有关利益为保险标的的保险。由于财产保险的目的在于补偿财产及其有关利益的实际损失，所以，财产保险又称为物保险、物产保险或损失保险。财产保险的标的有两个，即财产和与财产有关的利益。其中，财产是指以一定物质形态存在的，并能以一定的价值尺度进行衡量的有形物资，包括动产和不动产；与财产有关的利益是指由财产所产生或引起的无形的权益，以及这些权益受到侵害时所引起的责任。本节主要介绍财产保险业务保费收入、赔款支出和准备金的核算。

一、财产保险业务保费收入的核算

（一）保费的计算

保费是投保人购买保险服务产品的价格，也是保险经营的物质基础。保险人通过向投保人收取保费来建立保险基金，当投保人遭遇约定的保险事故时，保险

财产保险业务保费收入的核算

人就通过该基金支付赔款或给付保险金，从而实现保险的基本职能。

（二）保费收入的核算

1. 保费收入的确认与计量

（1）保费收入的确认。保费收入是保险公司为履行原保险合同规定的义务而向投保人收取的对价收入。保费收入由保险公司主要的经营活动产生，也是其主要的收入项目。根据《企业会计准则第 25 号——原保险合同》的规定，保费收入应当在下列条件均能满足时予以确认。

① 原保险合同成立并承担相应保险责任。

② 与原保险合同相关的经济利益能够流入。

③ 与原保险合同相关的收入能够可靠地计量。

此外，保险人代其他保险人收取的保费，应当作为应付款项处理，不应当确认为保费收入。由于财产保险合同存在不可预见的损失风险，如政策风险、地震、洪水等风险，所以，有时存在收到金额的可能性小于不能收到金额的可能性的情况。这种情况一旦出现，保险公司不能确认保费收入，而应于实际收到保费时确认。

财产保险合同提前解除的，保险人应当将按照保险合同约定计算确定应退还投保人的金额作为退保费，直接冲减保费收入。

（2）保费收入的计量。不同种类的原保险合同性质不同，其保费收入的计量方法也不相同。根据《企业会计准则第 25 号——原保险合同》的规定，非寿险原保险合同的保费收入金额，应当根据原保险合同约定的保费总额确定。

2. 科目设置

为了反映和监督财产保险业务保费收入的增减变动情况，主要应设置"保费收入""应收保费""坏账准备""预收保费"和"保户储金"等科目进行核算。

（1）"保费收入"科目。该科目属于损益类科目，根据该科目设置的账户核算保险公司承保业务确认的保费收入。其贷方登记保险公司确认的保费收入及分保费收入调整增加的金额，借方登记发生的退保费、续保时的折扣、无赔款优待及分保费收入调整减少的金额。期末，应将该账户余额转入"本年利润"账户，结转后该账户无余额。该账户可按保险合同和险种进行明细核算。

（2）"应收保费"科目。该科目属于资产类科目，根据该科目设置的账户核算保险公司按照原保险合同约定应向投保人收取的保费。其借方登记保险公司发生的应收保费及已确认为坏账并转销的应收保费又收回的金额，贷方登记收回的应收保费及确认为坏账而冲销的应收保费。期末借方余额，反映保险公司尚未收回的保费。该账户可按投保人进行明细核算。

（3）"坏账准备"科目。该科目为应收款项的备抵科目，根据该科目设置的账户核算保险公司按规定提取的应收款项的坏账准备。其借方登记确实无法收回的、经批准作为坏账损失予以转销的应收款项，贷方登记提取的坏账准备、已确认并转销的应收款项以后又收回时按实际收回金额转回的坏账准备。期末贷方余额，反映保险公司已提取但尚未转销的坏账准备。该账户可按应收款项的类别进行明细核算。

（4）"预收保费"科目。该科目属于负债类科目，根据该科目设置的账户核算保险公司收到的未满足保费收入确认条件的保费。其贷方登记预收的保费，借方登记保费收入实现时结转保费收入的金额。期末贷方余额，反映保险公司向投保人预收的保费。该账户可按投保人进行明细核算。

（5）"保户储金"科目。该科目属于负债类科目，根据该科目设置的账户核算保险公司收到投保人以储金本金增值作为保费收入的储金。保险公司收到投保人投资型保险业务的投资款，可将该账户改为"保户投资款"账户。保险公司向投保人支付的储金或投资款增值，也在该账户核算。

"保户储金"账户贷方登记收到投保人缴纳的储金，借方登记向投保人支付的储金。期末贷方余额，反映保险公司应付未付投保人储金。该账户可按投保人进行明细核算。

3. 账务处理

保费是会计部门以业务部门出具的"保费日报表"或"保费收据"作为原始凭证，编制记账凭证后入账的。各种保险收取保费方式，主要有保户按规定的保险费直接以现金或银行存款交给保险公司和以保户储金的收益作为保费两种形式，因此，收取保费的核算也有两种情况。

（1）直接缴纳保费的核算。保费并非都在签订保单时收妥，这是由于业务部门开出保险单到会计部门收到保费一般需要一定时间（转账结算时间），而且，保险公司为了方便保户，使保户有充裕的付款时间，同意保户在约定数日内交付保费。所以，会计部门收到业务部门交来的"保费日报表"和"保费收据"等有关单证时，保费一般尚未收到。但由于保单一经签订，双方的权利与义务即确定，在会计上应反映"保费收入"的增加；又由于保费多数是汇总入账的，为了核算方便，会计部门收到"保费日报表"和"保费收据"时，也可以通过"应收保费"科目进行核算。

① 签发保单时保费一次付清的核算。

【例9-1】某财产保险公司会计部门收到业务部门交来的财产基本险保费日报表、保费收据存根和银行收账通知100 000元，该业务签单生效时收到全部保费，应编制如下会计分录。

借：银行存款   100 000
  贷：保费收入——财产基本险   （100 000÷1.06）94 339.62
    应交税费——应交增值税   5 660.38

② 预收保费的核算。如果发生保户提前缴费或缴纳保费在前、承担保险责任在后的业务，则应作为预收保费入账。

【例9-2】某财产保险公司会计部门收到业务部门交来的货运险保费日报表和保费收据存根，以及银行收账通知30 000元，该业务于下月5日起承担保险责任。

向投保人预收保费时，其会计分录编制如下。

借：银行存款   30 000
  贷：预收保费——某企业   30 000

下月5日保费收入实现时，其会计分录编制如下。

借：预收保费——某企业   30 000
  贷：保费收入——货运险   28 301.89
    应交税费——应交增值税   1 698.11

③ 分期缴费的核算。对于一些大保户或保额高的保户，经保险公司同意，可以分期缴纳保费。保险单一经签单，则全部保费均确认为保费收入，未收款部分记入"应收保费"科目，待下期收款时再冲销。经确认为坏账的应收保费，应通过冲销"坏账准备"予以处理；收回已确认为坏账并转销的应收保费时，再转回"坏账准备"和"应收保费"。

【例9-3】某企业投保财产综合险，与某财产保险公司签订保险单，双方约定保费为200 000元，分期付款。根据银行贷记凭证收款通知，保险公司已收到首期保费40 000元，其余保费分八期，每期收取20 000元。

① 首期收款并发生应收保费时，其会计分录编制如下。

借：银行存款   40 000
  应收保费——某企业   160 000
  贷：保费收入   188 679.25
    应交税费——应交增值税   11 320.75

② 以后每期收到应收保费时，其会计分录编制如下。

借：银行存款   20 000
  贷：应收保费——某企业   20 000

若最后一期保费未收到已有三年以上，经确认为坏账，按批准的坏账转销凭证冲销坏账准备时，会计分录编制如下。

借：坏账准备   20 000

 贷：应收保费——某企业   20 000

上述已转销的应收保费以后又收到时，其会计分录编制如下。

借：应收保费——某企业   20 000

 贷：坏账准备   20 000

同时，

借：银行存款   20 000

 贷：应收保费——某企业   20 000

（2）以保户储金收益作为保费的核算。这种保费收取方式主要适用于财产保险业务中的两全保险，如家财两全险，即以家庭财产作为保险标的，当财产发生保险责任范围内的损失时，保险公司要给予赔款；若保险期满保险财产没有发生损失，则投保人可以领取全部保险金。两全保险是既有保险保障，又有储蓄性质的保险。因此，两全保险应将所收取的保费作为储金，而将本金所孳生的利息或投资收益作为保费收入。这种保险业务形式，需要将保户储金作为定期存款存入银行或用于购买债券，期限一般为 3 年或 5 年。

【例 9-4】某财产保险公司会计部门收到业务部门交来的三年期家财两全险保户储金日结汇总表、储金收据及银行储金专户收账通知，计 4 000 000 元，预定年利率为 2.25%，不计复利，三年后一次还本付息。

① 收到保户储金，存入银行专户时，其会计分录编制如下。

借：银行存款——储金专户   4 000 000

 贷：保户储金——家财两全险   4 000 000

② 第一年年末、第二年年末，按预定年利率计算保户储金，每年应计利息 90 000 元，转作保费收入时，其会计分录编制如下。

借：应收利息   90 000

 贷：保费收入——家财两全险   84 905.66

  应交税费——应交增值税   5 094.34

③ 第三年，家庭财产两全险的保单到期，三年期专户存储的定期存单转为活期存款，并将银行存款归还保户储金时，其会计分录编制如下。

借：银行存款   4 270 000

 贷：银行存款——储金专户   4 000 000

  应收利息   180 000

  保费收入——家财两全险   84 905.66

  应交税费——应交增值税   5 094.34

同时，

借：保户储金——家财两全险   4 000 000

 贷：银行存款   4 000 000

（3）中途加保的核算。保单签发后至期满前，由于保险标的的升值、所保财产转移、财产重估等原因，投保人中途会要求加保。如果投保人要求中途加保或退保，应由投保人提出书面申请，业务部门审查同意后，签发批单，并将批单及投保人的有关单据交会计部门，会计部门审查无误后，编制记账凭证记账。中途加保的保费收入核算，与投保时保费收入的核算相同。

【例 9-5】某企业投保的财产综合险因资产重估增值而引起保险金额提高，按保费率计算应追加保费 10 000 元。财产保险公司会计部门收到业务部门转来的批单、保费收据及银行收账通知，应编制如下会计分录。

借：银行存款 10 000
　　贷：保费收入——财产综合险 9 433.96
　　　　应交税费——应交增值税 566.04

（4）中途退保的核算。非寿险原保险合同提前解除的，保险公司应当将按照原保险合同约定计算确定的应退还投保人的金额，作为退保费，直接冲减保费收入。退保时尚结欠的应收保费，则应从所退保费中直接扣除。

【例 9-6】某企业因倒闭而要求退还财产基本险 3 个月保费，已缴全年保费 12 000 元。保险公司应编制如下会计分录。

借：保费收入——财产基本险 2 830.19
　　应交税费——应交增值税 169.81
　　贷：银行存款 3 000

两全保险的投保人要求中途退保，应将保险单及储金收据交回，经审查同意后，按保险费率计算应收保费（保险费以年计算，不满一年的按一年收取），扣除已转作保费收入的应收利息，差额作为保费收入。保户储金扣除保费收入和应收利息后的余额即为应退还的储金。

【例 9-7】某家庭财产两全保险投保人要求退还保户储金，投保时交储金 10 000 元，保险期限为 3 年，现已投保 2 年零 2 个月。经业务部门审核，同意退保，收到交回的保险单及储金收据，签发批单，按保费率计算每年保费为 225 元，前两年已计入应计利息 500 元，余款退还现金。保险公司应编制如下会计分录。

借：保户储金——家财两全险 10 000
　　贷：保费收入——家财两全险 212.26
　　　　应交税费——应交增值税 12.74
　　　　应收利息 500
　　　　库存现金 9 275

二、财产保险业务赔款支出的核算

财产保险理赔是指在保险财产遭受保险责任范围内的灾害事故损失时，保险人根据保险合同的规定，对投保人履行经济赔偿义务所进行的工作。

（一）科目设置

为了反映和监督财产保险业务赔款支出的增减变动情况，主要应设置"赔款支出""预付赔付款""损余物资""应收代位追偿款"等科目进行核算。

1. "赔款支出"科目

"赔款支出"科目属于损益类科目，根据该科目设置的账户核算保险公司财产保险、意外伤害保险、1 年期以内（含 1 年）的健康保险业务按保险合同约定支付的赔款和发生的理赔勘查费用。其借方登记所发生的赔款支出、"预付赔付款"科目转销金额和发生的理赔勘查费，贷方登记收回损余物资的冲减金额及错赔、骗赔追回的赔款。期末，应将该账户余额转入"本年利润"账户，结转后该账户无余额。该账户可按保险合同和险种进行明细核算。

2. "预付赔付款"科目

"预付赔付款"科目属于资产类科目，根据该科目设置的账户核算保险公司在处理各种理赔案件

财产保险业务赔款
支出的核算

过程中，按照保险合同约定预先支付的赔付款。再保险接受人分保业务须支付的赔付款也在该账户核算。该账户借方登记预先支付的赔付款，贷方登记结案后转作的赔付支出。期末借方余额，反映保险公司实际预付的赔付款。该账户可按投保人或受益人进行明细核算。

3．"损余物资"科目

"损余物资"科目属于资产类科目，根据该科目设置的账户核算保险公司按照原保险合同约定承担赔偿保险金责任后取得的损余物资成本。该账户借方登记保险公司承担赔偿保险金责任后取得的损余物资成本，贷方登记处置损余物资时转出的账面余额。期末借方余额，反映保险公司承担赔偿保险金责任后取得的损余物资成本。该账户可按损余物资种类进行明细核算。

4．"应收代位追偿款"科目

"应收代位追偿款"科目属于资产类科目，根据该科目设置的账户核算保险公司按照原保险合同约定承担赔付保险金责任后确认的代位追偿款。该账户借方登记保险公司承担赔付保险金责任后确认的代位追偿款，贷方登记收回应收代位追偿款时转销的应收代位追偿款的账面余额。期末借方余额，反映保险公司已确认尚未收回的代位追偿款。

（二）账务处理

根据《企业会计准则第 25 号——原保险合同》的规定，保险人应当在确定支付赔付款项或实际发生理赔费用的当期，按照确定支付的赔付款项金额或实际发生的理赔费用金额，计入当期损益；同时，冲减相应的未决赔款准备金余额。关于冲减相应的未决赔款准备金余额的账务处理，将在后面"财产保险业务准备金的核算"中阐述，此处略。

1．当时结案的赔款支出的核算

【例 9-8】某企业投保的车辆损失险出险，承保该企业的财产保险公司的会计部门收到业务部门交来的赔款计算书和被保险人签章的赔款收据，签发赔款 100 000 元的转账支票给投保人。保险公司应编制如下会计分录。

借：赔款支出——车辆损失险　　　　　　　　　　　　　　100 000
　　贷：银行存款　　　　　　　　　　　　　　　　　　　　　　100 000

2．预付赔款的核算

有些保险赔案的理赔过程持久，为了使投保人能及时恢复生产过程或生活秩序，保险公司亦可先预付一笔赔款，其余的待结案时再补足。

【例 9-9】某企业投保的财产综合险出险，因保险双方对实际损失存在争议，一时难以结案。承保该企业财产保险的公司先预付赔款 300 000 元，以银行转账支票付讫。后经双方调查协商，确定保险损失为 600 000 元，公司再以转账支票 300 000 元补足赔款。保险公司应编制如下分录。

（1）预付赔款时，其会计分录编制如下。

借：预付赔付款——财产综合险　　　　　　　　　　　　　300 000
　　贷：银行存款——活期户　　　　　　　　　　　　　　　　　300 000

（2）补付赔款及结案时，其会计分录编制如下。

借：赔款支出——财产综合险　　　　　　　　　　　　　　600 000
　　贷：预付赔付款——财产综合险　　　　　　　　　　　　　　300 000
　　　　银行存款——活期户　　　　　　　　　　　　　　　　　300 000

3．理赔勘查支出的核算

理赔勘查支出是指保险公司对保险责任范围内的保险事故现场勘查发生的费用，以及公司聘请专业技术人员对承保的保险标的损失进行估损鉴定等发生的支出，如律师费、诉讼费、损失检验费、相关理赔人员薪酬等。

保险人应当在实际发生理赔费用的当期，将实际发生的理赔费用金额，计入当期损益。保险责任范围内赔案不成立的勘查支出在其他业务成本中列支，不得列入赔款支出。

【例 9-10】某投保人投保的财产基本险出险，财产保险公司聘用某保险公估机构进行评估工作，以银行转账支票支付评估费 10 000 元，应编制如下会计分录。

借：赔款支出——财产基本险　　　　　　　　　　　　　　　　　　　10 000
　　贷：银行存款——活期户　　　　　　　　　　　　　　　　　　　　　10 000

4. 损余物资的核算

保险财产遭损受灾，常有部分受损物资还具有一定的经济价值，这部分物资称为损余物资。保险财产遭受保险事故后，损余物资一般应合理作价归投保人，并在赔款中予以扣除；如果被保险人不愿意接受，保险公司可按全额赔付，损余物资交归保险公司处理。

根据《企业会计准则第 25 号——原保险合同》的规定，保险人承担赔偿保险金责任后取得的损余物资，应当将按照同类或类似资产的市场价格计算确定的金额确认为资产，并冲减当期赔付成本。其会计分录编制如下。

借：损余物资
　　贷：赔款支出

处置损余物资时，保险人应当按照收到的金额与相关损余物资账面价值的差额，调整当期赔付成本。会计分录编制如下。

借：库存现金（或银行存款）　　　　　　　（实际收到的金额）
　　赔款支出　　　　　　　　　　　　　　（借、贷方差额，或贷记）
　　贷：损余物资　　　　　　　　　　　　（账面余额）

若损余物资已计提跌价准备，还应同时予以结转。

【例 9-11】某商场遭受水灾后，经计算，财产损失 200 000 元，保险公司应得的损余物资折价 100 000 元归商场所有，其余赔款由保险公司支付。保险公司应编制如下会计分录。

借：赔款支出——财产综合险　　　　　　　　　　　　　　　　　　　100 000
　　贷：银行存款　　　　　　　　　　　　　　　　　　　　　　　　　100 000

【例 9-12】若【例 9-11】中的损余物资商场没有接受，保险公司取得损余物资时，同类资产的市场价格为 125 000 元，后来保险公司将损余物资作价 110 000 元出售给别的单位。在此期间，该损余物资没有发生减值。

（1）交付商场赔款时，其会计分录编制如下。

借：赔款支出——财产综合险　　　　　　　　　　　　　　　　　　　200 000
　　贷：银行存款　　　　　　　　　　　　　　　　　　　　　　　　　200 000

（2）取得损余物资时，其会计分录编制如下。

借：损余物资　　　　　　　　　　　　　　　　　　　　　　　　　　125 000
　　贷：赔款支出——财产综合险　　　　　　　　　　　　　　　　　　125 000

（3）出售损余物资时，会计分录编制如下。

借：银行存款　　　　　　　　　　　　　　　　　　　　　　　　　　110 000
　　赔款支出——财产综合险　　　　　　　　　　　　　　　　　　　 15 000
　　贷：损余物资　　　　　　　　　　　　　　　　　　　　　　　　　125 000

5. 错赔或骗赔案件的核算

在保险理赔的过程中，不可避免地要发生某些错赔或骗赔案件。一经发现，保险公司要认真查处并追回赔款，并冲减相应的赔款支出。

【例 9-13】某财产保险公司在支付了某企业的财产综合险赔款后，发现这是一起错赔案件，系工作人员失误多赔了 180 000 元。经与企业交涉，该企业以银行转账支票退回已多付的赔款。保险公司应编制如下会计分录。

  借：银行存款   180 000

    贷：赔款支出——财产综合险   180 000

  6. 代位追偿款的核算

  应收代位追偿款是指保险人承担赔付保险金责任后，依法向第三者责任人索赔不属于其免责范围所造成的损失而应当取得的赔款。根据《企业会计准则第 25 号——原保险合同》的规定，保险人承担赔付保险金责任应收取的代位追偿款，同时满足以下条件的，应当确认为应收代位追偿款，并冲减当期赔付成本：①与该代位追偿款有关的经济利益很可能流入；②该代位追偿款的金额能够可靠地计量。

  保险人承担赔付保险金责任后确认的代位追偿款，应当按照确认的代位追偿款金额，借记"应收代位追偿款"账户，贷记"赔款支出"账户。

  收到应收代位追偿款时，保险人应当按照收到的金额与相关应收代位追偿款账面价值的差额，调整当期赔付成本。即按实际收到的代位追偿款金额，借记"库存现金""银行存款"等账户，按已计提的相关坏账准备，借记"坏账准备"账户，按实际收到的代位追偿款金额与相关应收代位追偿款账面价值的差额，借记或贷记"赔款支出"账户，按照相关应收代位追偿款的账面余额，贷记"应收代位追偿款"账户。

  【例 9-14】 2020 年 1 月 3 日，万达财产保险公司某财产保险合同保险标的运货车发生保险事故，万达财产保险公司在承担赔偿保险金责任后，取得向责任方追偿的权利，估计追偿金额为 8 万元。2020 年 4 月 25 日，万达财产保险公司从责任方收回代位追偿款 6.8 万元，款项已存入银行。万达财产保险公司已为该项应收代位追偿款计提坏账准备 8 000 元。

  （1）1 月 3 日确认代位追偿款时，其会计分录编制如下。

  借：应收代位追偿款   80 000

    贷：赔款支出   80 000

  （2）4 月 25 日收回代位追偿款时，其会计分录编制如下。

  借：银行存款   68 000

    坏账准备   8 000

    赔款支出   4 000

    贷：应收代位追偿款   80 000

三、财产保险业务准备金的核算

  财产保险准备金是指保险公司为履行其承担的保险责任或者备付未来赔款，从所收取的保险费中按规定提取的资金准备。财产保险准备金是保险公司的一种资金积累，包括未到期责任准备金和未决赔款准备金。

  财产保险合同成立并生效后，保险公司即负有合同约定的保险责任，具有在投保人发生保险事故的情况下，向保险受益人提供赔偿的义务。在向保险受益人支付赔偿之前，这项内容实质上构成了保险公司的一项负债。由于保费通常在投保人发生保险事故之前收取，而赔偿是在此之后，所以，为了保证未来赔偿有充足的资金来源，保险公司需要计提财产保险准备金，确认负债，同时将计提的金额计入当期损益。这也是会计上权责发生制原则的要求。

财产保险业务
准备金的核算

  由于财产保险合同保费收入是在满足确认条件时按原保险合同约定的保费总额确定，而没有进行递延处理，所以，根据会计上的配比原则，保险人需要预计该保险合同可能使保险人未来需要履行保险责任而可能出现的保险支出，并按此金额计提保险责任准备金，在保费收入确认的当期计入损益。

（一）未到期责任准备金的核算

1. 未到期责任准备金的确认与计量

未到期责任准备金是指保险人为尚未终止的非寿险保险责任提取的准备金。根据《企业会计准则第 25 号——原保险合同》的规定，保险人应当在确认非寿险保费收入的当期，按照保险精算确定的金额，提取未到期责任准备金，作为当期保费收入的调整，并确认未到期责任准备金负债。

2. 科目设置

为了反映和监督财产保险业务未到期责任准备金的增减变动情况，主要应设置"未到期责任准备金""提取未到期责任准备金"科目进行核算。

（1）"未到期责任准备金"科目。该科目属于负债类科目，根据该科目设置的账户核算保险公司按规定提取的非寿险原保险合同未到期责任准备金。再保险接受人提取的再保险合同分保未到期责任准备金，也在该账户核算。该账户贷方登记按规定提取的未到期责任准备金，借方登记按规定冲减的未到期责任准备金。期末贷方余额，反映保险公司的未到期责任准备金。该账户可按保险合同进行明细核算。

（2）"提取未到期责任准备金"科目。该科目属于损益类科目，根据该科目设置的账户核算保险公司提取的非寿险原保险合同未到期责任准备金和再保险合同分保未到期责任准备金。其借方登记按规定提取的未到期责任准备金，贷方登记按规定冲减的未到期责任准备金。期末，应将该账户余额转入"本年利润"账户，结转后该账户无余额。该账户可按险种和保险合同进行明细核算。

3. 账务处理

未到期责任准备金的账务处理包括未到期责任准备金的计提、转销、资产负债表日的处理以及将提取未到期责任准备金结转至本年利润等内容。

（1）未到期责任准备金的计提。保险人应当在确认非寿险保费收入的当期，按照保险精算确定的金额，提取未到期责任准备金，作为当期保费收入的调整，并确认未到期责任准备金负债。其会计分录编制如下。

借：提取未到期责任准备金

贷：未到期责任准备金

（2）资产负债表日的处理。保险人应当在资产负债表日，按照保险精算重新计算确定的未到期责任准备金金额与已提取的未到期责任准备金余额的差额，调整未到期责任准备金余额。其会计分录编制如下。

借：未到期责任准备金

贷：提取未到期责任准备金

（3）未到期责任准备金的转销。原保险合同提前解除的，保险人应当转销相关未到期责任准备金余额，计入当期损益。会计分录编制如下。

借：未到期责任准备金

贷：提取未到期责任准备金

（4）提取未到期责任准备金的期末结转。期末，应将"提取未到期责任准备金"账户的余额结转至"本年利润"账户，其会计分录编制如下。

借：本年利润

贷：提取未到期责任准备金

【例 9-15】2020 年 3 月 6 日，某财产保险公司会计部门收到业务部门交来的财产基本险保费日报表、保费收据存根和银行收账通知，在该业务签单生效时收到全部保费，按照保险精算计算确定的未到期责任准备金金额为 5 600 000 元；2020 年 3 月 31 日，该保险公司按照保险精算重新计算确定的未到期责任准备金金额为 4 580 000 元。

（1）2020 年 3 月 6 日确认未到期责任准备金 5 600 000 元时，其会计分录编制如下。

借：提取未到期责任准备金　　　　　　　　　　　　　　　5 600 000

　　贷：未到期责任准备金　　　　　　　　　　　　　　　　　　5 600 000

（2）2020 年 3 月 31 日冲减未到期责任准备金 1 020 000 元时，其会计分录编制如下。

借：未到期责任准备金　　　　　　　　　　　　　　　　　1 020 000

　　贷：提取未到期责任准备金　　　　　　　　　　　　　　　　1 020 000

（二）未决赔款准备金的核算

1. 未决赔款准备金的确认与计量

未决赔款准备金属于特别准备金，是指保险人为非寿险保险事故已发生尚未结案的赔案提取的准备金，包括已发生已报案未决赔款准备金、已发生未报案未决赔款准备金和理赔费用准备金。

其中，已发生已报案未决赔款准备金是指保险人为非寿险保险事故已发生并已向保险人提出索赔、尚未结案的赔案提取的准备金；已发生未报案未决赔款准备金是指保险人为非寿险保险事故已发生、尚未向保险人提出索赔的赔案提取的准备金；理赔费用准备金是指保险人为非寿险保险事故已发生尚未结案的赔案可能发生的律师费、诉讼费、损失检验费、相关理赔人员薪酬等费用提取的准备金。

根据《企业会计准则第 25 号——原保险合同》的规定，保险人应当在非寿险保险事故发生的当期，按照保险精算确定的金额，提取未决赔款准备金，并确认未决赔款准备金负债。

2. 科目设置

为了反映和监督财产保险业务未决赔款准备金的增减变动情况，主要应设置"未决赔款准备金""提取未决赔款准备金"科目进行核算。

（1）"未决赔款准备金"科目。该科目属于负债类科目，根据该科目设置的账户核算保险公司为已经发生非寿险保险事故并已提出保险赔款，以及已经发生非寿险保险事故但尚未提出保险赔款的赔案及可能发生的理赔费用，按规定提取的未决赔款准备金。再保险接受人提取的再保险合同未决赔款准备金，也在该账户核算。该账户贷方登记按规定提取的未决赔款准备金，借方登记按规定冲减的未决赔款准备金。期末贷方余额，反映保险公司的未决赔款准备金。该账户可按保险合同进行明细核算。

（2）"提取未决赔款准备金"科目。该科目属于损益类科目，根据该科目设置的账户核算保险公司由于已经发生非寿险保险事故并已提出保险赔款，以及已经发生非寿险保险事故但尚未提出保险赔款的赔案及可能发生的理赔费用，按规定提取的未决赔款准备金。再保险接受人提取的再保险合同未决赔款准备金，也在该科目核算。该账户借方登记按规定提取的未决赔款准备金，贷方登记按规定冲减的未决赔款准备金。期末，应将该账户余额转入"本年利润"账户，结转后该账户无余额。该账户可按险种和保险合同进行明细核算。

3. 账务处理

未决赔款准备金的账务处理包括未决赔款准备金的计提、充足性测试、冲减以及将提取未决赔款准备金期末结转至本年利润等内容。

（1）未决赔款准备金的计提。在投保人发生非寿险保险合同约定的保险事故当期，保险公司应按保险精算确定的未决赔款准备金，编制如下会计分录。

借：提取未决赔款准备金

　　贷：未决赔款准备金

（2）未决赔款准备金充足性测试。保险人至少应当于每年年度终了，对未决赔款准备金进行充足性测试。保险人按照保险精算重新计算确定的未决赔款准备金金额超过充足性测试日已提取的未决赔款准备金余额的，应当按照其差额补提未决赔款准备金；保险人按照保险精算重新计算确定的未决赔款准备金金额小于充足性测试日已提取的未决赔款准备金余额的，不调整未决赔款准备金。

（3）未决赔款准备金的冲减。在原保险合同保险人确定支付赔付款项金额或实际发生理赔费用的当期，保险公司应按冲减的相应未决赔款准备金余额，编制如下会计分录。

借：未决赔款准备金

　　贷：提取未决赔款准备金

（4）提取未决赔款准备金的期末结转。期末，保险公司应将"提取未决赔款准备金"账户的余额结转至"本年利润"账户，其会计分录编制如下。

借：本年利润

　　贷：提取未决赔款准备金

【例 9-16】某财产保险公司承保的货物运输险出险，按保险精算确定的未决赔款准备金为2 500 000元。年终，保险公司对未决赔款准备金进行充足性测试，按保险精算重新计算确定的未决赔款准备金为9 680 000元，充足性测试日已提取的未决赔款准备金余额为9 500 000元。

（1）提取未决赔款准备金时，其会计分录编制如下。

借：提取未决赔款准备金　　　　　　　　　　　　　　　　2 500 000

　　贷：未决赔款准备金　　　　　　　　　　　　　　　　　　2 500 000

（2）年终进行充足性测试补提未决赔款准备金时，其会计分录编制如下。

借：提取未决赔款准备金　　　　　　　　　　　　　　　　　180 000

　　贷：未决赔款准备金　　　　　　　　　　　　　　　　　　　180 000

【例 9-17】2020 年 3 月 31 日，某财产保险公司对某财产保险合同按保险精算确定的未决赔款准备金金额为 500 000 元。其中，已发生已报案未决赔款准备金金额为 360 000 元，已发生未报案未决赔款准备金金额为 60 000 元，理赔费用准备金金额为 80 000 元。2020 年 3 月 31 日，分配相关理赔人员职工薪酬 50 000 元，2020 年 4 月 23 日，该财产保险公司以银行存款支付该财产保险合同赔款 380 000 元。

（1）2020 年 3 月 31 日提取未决赔款准备金时，其会计分录编制如下。

借：提取未决赔款准备金　　　　　　　　　　　　　　　　　500 000

　　贷：未决赔款准备金　　　　　　　　　　　　　　　　　　　500 000

（2）2020 年 3 月 31 日分配相关理赔人员职工薪酬时，其会计分录编制如下。

借：未决赔款准备金　　　　　　　　　　　　　　　　　　　　50 000

　　贷：提取未决赔款准备金　　　　　　　　　　　　　　　　　　50 000

（3）2020 年 4 月 23 日支付赔款时，其会计分录编制如下。

借：未决赔款准备金　　　　　　　　　　　　　　　　　　　450 000

　　贷：提取未决赔款准备金　　　　　　　　　　　　　　　　　450 000

借：赔款支出　　　　　　　　　　　　　　　　　　　　　　380 000

　　贷：银行存款　　　　　　　　　　　　　　　　　　　　　380 000

第三节　人身保险业务的核算

人身保险是以人的生命、身体或劳动能力为保险标的，以被保险人的生死、伤害、疾病为保险事故的保险业务。人身保险具有储蓄性、保险金额定额给付的确定性、保险期限长期性等特点，这些特点决定了人身保险业务核算与财产保险业务核算之间的差异，人身保险业务核算具有自己的特殊性。根据《中华人民共和国保险法》的规定，人身保险可以分为人寿保险、意外伤害保险和健康保险三大类。

一、人寿保险业务的核算

人寿保险业务主要包括保费收入的核算、保险金给付的核算、退保业务的核算等内容，以下分别加以阐述。

（一）人寿保险业务保费收入的核算

1. 保费的计算

确定人寿保险业务保费的基本原理是，保费收入的现值等于未来保险金支付的现值与所有费用开支的现值之和。人寿保险业务保费也是由纯保费和附加保费两部分组成的。纯保费是以预定死亡率和预定利率为基础所计算的保费，是保险公司用于保险金支付的那部分费用；附加保费主要是保险公司的各项业务开支和预期利润的来源，它是根据预定费用率计算出来的。

人寿保险业务保费
收入的核算

2. 保费收入的核算

（1）保费收入的确认与计量。人寿保险业务保费收入的确认，也应同时满足《企业会计准则第25号——原保险合同》所规定的三个确认条件。同时，该准则还规定，对于寿险原保险合同，分期收取保费的，应当根据当期应收取的保费确定；一次性收取保费的，应当根据一次性应收取的保费确定。

人寿保险业务保费收入的核算与财产保险业务的核算基本类似。

（2）科目设置。为了反映和监督人寿保险业务保费收入的增减变动情况，主要应设置"保费收入""预收保费""应收保费"等科目进行核算。这些科目核算的具体内容前面已介绍，这里不再赘述。

（3）账务处理。人寿保险业务保费收入的核算包括业务发生时收取保费和预收保费两种情况。投保人向人寿保险公司投保人寿保险业务，除按规定办理投保手续外，再缴费时，还应由业务人员填制一式三联"××保费收据"缴费凭证，投保人凭此凭证交款。业务部门经审核、验钞并签字盖章后，将凭证第一联退还投保人，第二联交业务员作为登记分户卡的依据，第三联连同银行存款解缴回单一并送交会计部门，作为会计人员登账的依据。

① 保险业务发生时收取保费的核算。保险业务发生时，分期收取保费的，应当根据当期应收取的保费确认保费收入；一次性收取保费的，应当根据一次性应收取的保费确认保费收入。其会计分录编制如下。

借：库存现金（或银行存款、应收保费等）

贷：保费收入

应交税费——应交增值税

【例 9-18】某保险公司的会计部门审查业务部门送来的"简身险保费日结单"及所附收据存根和现金 50 000 元后办理入账。会计分录编制如下。

借：库存现金　　　　　　　　　　　　　　　　　　　50 000

贷：保费收入——简身险　　　　　　　　　　　　47 169.81

应交税费——应交增值税　　　　　　　　　　 2 830.19

【例 9-19】某人寿保险公司收到银行转来的收账通知，系星达集团投保 5 年期团体寿险，投保对象为该集团的所有员工 200 人，每人按标准每月缴费 20 元。会计分录编制如下。

借：银行存款　　　　　　　　　　　　　　　　　　　4 000

贷：保费收入——普通寿险——团寿险　　　　　　 3 773.58

应交税费——应交增值税　　　　　　　　　　　 226.42

② 预收保费的核算。在预收保费的情况下，投保人提前缴纳的保险费，应通过"预收保费"科目核算。其会计分录编制如下。

借：库存现金（或银行存款）

　　贷：预收保费

将预收的保费转为已实现的保费收入时，其会计分录编制如下。

借：预收保费

　　贷：保费收入

　　　　应交税费——应交增值税

【例9-20】某客户投保个人养老金险，该保户约定每月交费100元，2020年1月5日以现金预缴全年保费1 200元。会计分录编制如下。

借：库存现金　　　　　　　　　　　　　　　　　　　　　　　　　1 200

　　贷：保费收入——年金保险——个人养老金险　　　　　　　　　　　94.34

　　　　应交税费——应交增值税　　　　　　　　　　　　　　　　　　5.66

　　　　预收保费——某客户　　　　　　　　　　　　　　　　　　　1 100

【例9-21】接**【例9-20】**，保险公司以后每月将预收保费转为实现的保费收入时，应编制如下会计分录。

借：预收保费——某客户　　　　　　　　　　　　　　　　　　　　　100

　　贷：保费收入——年金保险——个人养老金险　　　　　　　　　　　94.34

　　　　应交税费——应交增值税　　　　　　　　　　　　　　　　　　5.66

（二）人寿保险业务保险金给付的核算

人寿保险业务保险金给付是指保险公司对投保人在保险期满或在保险期中支付保险金，以及对保险期内发生保险责任范围内的意外事故按规定给付保险金。人寿保险业务保险金给付分为满期给付、死伤医疗给付和年金给付。

人寿保险业务保险金给付的核算

1. 保险金给付的确认与计量

根据《企业会计准则第25号——原保险合同》的规定，保险人应当在确定支付赔付款项或实际发生理赔费用的当期，按照确定支付的赔付款项金额或实际发生的理赔费用金额，计入当期损益；同时，冲减相应的寿险责任准备金余额。关于冲减相应的寿险责任准备金余额的账务处理，将在后面"人身保险业务准备金的核算"中阐述，此处略。

人寿保险公司在办理给付保险金时，应由投保人提供有关单证及证明。经业务部门审查核实后，填制"××给付领款收据"，由投保人签章后，连同保险分户卡一并送交会计部门。会计人员认真复核后，向投保人支付保险金。

为了反映寿险和长期健康险业务保险金给付情况，应设置"赔付支出"科目进行核算。该科目属于损益类（费用）科目，其借方登记实际支付保险金金额，贷方登记期末结转"本年利润"科目的数额，结转后该科目无余额。该账户应按保险合同和险种设置明细账。保险公司也可单独设置"满期给付""死亡给付""伤残给付""医疗给付"和"年金给付"科目进行核算。"死亡给付""伤残给付""医疗给付"这三个科目也可合并为"死伤医疗给付"一个科目，期末编制报表时应合并记入"赔付支出"科目。

2. 满期给付的核算

被保险人生存到保险期满时，保险公司给付的保险金称作满期给付。满期给付是保险公司综合投保年龄、保险期限、交费时间和投保份数等因素，根据寿险精算出来的。满期险种主要有生存保险、生死两全保险，由被保险人持本人的保险证、身份证、缴费凭证等向保险公司申请满期给付保险金。保险公司审核后，由业务部门填制"满期给付领款收据"，连同有关证件一并送财会部门，由财会部门审核并按规定给付。

（1）科目设置。为了反映和监督人寿保险业务满期给付的增减变动情况，主要应设置"满期给付"科目进行核算。

"满期给付"科目属于损益类科目，根据该科目设置的账户核算保险公司因人寿保险业务的被保险人生存至保险期满，保险公司按保险合同约定支付给被保险人的满期保险金。其借方登记所发生的满期给付金额，贷方登记按规定冲减的满期给付金额，期末，应将该账户余额转入"本年利润"账户，结转后该账户无余额。该账户可按保险合同和险种进行明细核算。

（2）账务处理。满期给付的账务处理包括发生和期末结转满期给付两项内容，同时应考虑是否存在投保人贷款本息未还清和未交保费的情况。

① 被保险人生存至期满，按保险条款规定支付保险金时，其会计分录编制如下。

借：满期给付
　　贷：库存现金（或银行存款）

② 在满期给付时，如有贷款本息未还清者，应将其未还清的贷款本息从应支付的保险金中扣除。其会计分录编制如下。

借：满期给付　　　　　　　　　　　　　　　　　　（应给付金额）
　　贷：保户质押贷款　　　　　　　　　　　（未收到的保户质押贷款本金）
　　　　利息收入　　　　　　　　　　　　　　　　　（欠息金额）
　　　　应交税费——应交增值税
　　　　库存现金（或银行存款）　　　　　　　　　　（实际支付金额）

③ 在保险合同规定的缴费宽限期内发生满期给付时，其会计分录编制如下。

借：满期给付　　　　　　　　　　　　　　　　　　（应给付金额）
　　贷：保费收入　　　　　　　　　　　　　（投保人未缴保费金额）
　　　　利息收入　　　　　　　　　　　　　　　　　（欠息金额）
　　　　应交税费——应交增值税
　　　　库存现金（或银行存款）　　　　　　　　　　（实际支付金额）

④ 期末，将"满期给付（或赔付支出）"账户的余额转入"本年利润"账户时，其会计分录编制如下。

借：本年利润
　　贷：满期给付

【例9-22】某简易人寿保险保户保险期满，持必要证件申请给付保险金20 000元。业务部门抽出该保户的业务资料（分户卡等），经检查核对无误后，填制"满期给付领款收据"，连同分户卡一并交会计部门。会计人员复核后以现金支付保险金，编制如下会计分录。

借：满期给付——简寿险　　　　　　　　　　　　　　20 000
　　贷：库存现金　　　　　　　　　　　　　　　　　　　20 000

【例9-23】建工集团公司为员工投保期限为3年的团体两全人寿保险，现已到期。保险公司业务部门按缴费期限、投保份数，计算每一个被保险人已满期的保险金，总计为300 000元。保险公司用转账支票支付该笔保险金，编制如下会计分录。

借：满期给付——团体人寿险　　　　　　　　　　　　300 000
　　贷：银行存款　　　　　　　　　　　　　　　　　　　300 000

【例9-24】某客户投保保险金额为50 000元的两全保险满期，尚有8 000元的保单质押贷款未归还，该笔贷款应付利息为406元，会计部门将贷款及利息扣除后办理给付，编制如下会计分录。

借：满期给付　　　　　　　　　　　　　　　　　　　50 000

　　　　贷：保户质押贷款　　　　　　　　　　　　　　　　　　　　　　8 000
　　　　　　利息收入　　　　　　　　　　　　　　　　　　　　　　　　383.02
　　　　　　应交税费——应交增值税　　　　　　　　　　　　　　　　　22.98
　　　　　　库存现金　　　　　　　　　　　　　　　　　　　　　　　　41 594

　　3．死伤医疗给付的核算

　　死伤医疗给付分为死亡给付、伤残给付和医疗给付三种。根据寿险合同的约定，保险公司对被保险人因保险事故死亡时的给付称为死亡给付；保险公司对被保险人因保险事故永久性全部丧失劳动能力时的给付称为伤残给付；保险公司对被保险人因保险事故进行医疗时的给付称为医疗给付。我国的死伤医疗给付通常采取一次性给付方式，支付死伤医疗给付时，如被保险人有当月保费未交清的或借款本息未还清的情况，应从给付保险金中扣回；如有预交保费的，应退还给付后至期满前的预交保费；如因伤残已经给付部分保险金额，由于同一原因在180天内身故的，应予扣除前已付金额，补给保险金的差额部分，在180天以后身故的，则可再给付一个保险金额。

　　按照人寿保险业务的规定，申请死伤医疗给付时，被保险人或受益人必须及时提供有关证明。经业务部门调查核实后，计算出应给付金额，并连同有关证明、调查报告送会计部门。会计部门经复核无误后，据以支付给付金额。

　　（1）科目设置。为了反映和监督人寿保险业务死伤医疗给付的增减变动情况，主要应设置"死伤医疗给付"科目进行核算。"死伤医疗给付"科目属于损益类科目，根据该科目设置的账户核算保险公司因人寿保险及长期健康保险业务的被保险人在保险期内发生保险责任范围内的保险事故，保险公司按保险合同的约定支付给被保险人（或受益人）的保险金。其借方登记所发生的死伤医疗给付金额，贷方登记按规定冲减的死伤医疗给付金额，期末，应将该账户余额转入"本年利润"账户，结转后该账户无余额。该账户可按保险合同和险种进行明细核算。

　　（2）账务处理。死伤医疗给付的账务处理包括发生和期末结转死伤医疗给付两项内容，同时应考虑是否存在投保人贷款本息未还清和未交保费的情况。

　　① 被保险人在保险期内发生保险责任范围内的死亡、意外伤残、医疗事故而按保险责任支付保险金时，保险公司的会计分录编制如下。

　　借：死伤医疗给付
　　　　贷：库存现金（或银行存款）

　　② 发生死伤医疗给付时，如有贷款本息未还清者，应将其未还清的贷款本息从应支付的保险金中扣除。保险公司的会计分录编制如下。

　　借：死伤医疗给付　　　　　　　　　　　　　　　　（应给付金额）
　　　　贷：保户质押贷款　　　　　　　　（未收到的保户质押贷款本金）
　　　　　　利息收入　　　　　　　　　　　　　　　　　（欠息金额）
　　　　　　应交税费——应交增值税
　　　　　　库存现金（或银行存款）　　　　　　　　　（实际支付金额）

　　③ 在保险合同规定的缴费宽限期内发生死伤医疗给付时，保险公司的会计分录编制如下。

　　借：死伤医疗给付　　　　　　　　　　　　　　　　（应给付金额）
　　　　贷：保费收入　　　　　　　　　　　　（投保人未缴保费金额）
　　　　　　利息收入　　　　　　　　　　　　　　　　　（欠息金额）
　　　　　　应交税费——应交增值税
　　　　　　库存现金（或银行存款）　　　　　　　　　（实际支付金额）

　　④ 期末，将"死伤医疗给付"账户的余额转入"本年利润"账户时，保险公司的会计分录编制如下。

借：本年利润

　　贷：死伤医疗给付

【例 9-25】某保户为其子投保 10 年期独生子女两全保险，现因交通事故造成其子两肢永久残疾。保险公司经医院提供伤残证明，按规定给付保险金金额 50 000 元，经复核以现金支付。根据合同，该保户免缴全部保费，保单仍然有效。保险公司应编制如下会计分录。

借：死伤医疗给付——普通寿险——独生子女险　　　　　　　　　　50 000

　　贷：库存现金　　　　　　　　　　　　　　　　　　　　　　　　　　50 000

【例 9-26】某简易人寿保险保户因病死亡，其受益人提出死亡给付申请，业务部门审查同意给付全部保险金 50 000 元。该保户还有尚未归还的贷款 1 000 元，借款利息为 65 元，均从应给付的保险金中扣除；另外还有当月应缴未缴的保费 25 元。会计部门审核后，以现金支付余额，编制如下会计分录。

借：死伤医疗给付——简易寿险　　　　　　　　　　　　　　　　　50 000

　　贷：保费收入　　　　　　　　　　　　　　　　　　　　　　　　　　25

　　　　保户质押贷款　　　　　　　　　　　　　　　　　　　　　　　1 000

　　　　利息收入　　　　　　　　　　　　　　　　　　　　　　　　　61.32

　　　　应交税费——应交增值税　　　　　　　　　　　　　　　　　　3.68

　　　　库存现金　　　　　　　　　　　　　　　　　　　　　　　　48 910

【例 9-27】某养老金险保户因病死亡，其受益人持相关单证申请领取丧葬费。业务部门经过审查，按规定同意给付 25 000 元。会计部门核对无误后，以现金支付，编制如下会计分录。

借：死伤医疗给付——养老金险　　　　　　　　　　　　　　　　　25 000

　　贷：库存现金　　　　　　　　　　　　　　　　　　　　　　　　25 000

4. 年金给付的核算

保险公司年金保险业务的被保险人生存至规定的年龄，保险公司按保险合同的约定支付给被保险人的给付金额称为年金给付。支付年金保险业务保险金时，被保险人如有借款本息尚未还清的，应从给付的保险金中扣除借款本息；如有预交保费的，应退还被保险人给付后至满期前的预交保费。

（1）科目设置。为了反映和监督人寿保险业务年金给付的增减变动情况，主要应设置"年金给付"科目进行核算。

"年金给付"科目属于损益类科目，根据该科目设置的账户核算保险公司因年金保险业务的被保险人生存至规定的年龄，公司按保险合同的约定支付给被保险人（或受益人）的给付金额。其借方登记所发生的年金给付金额，贷方登记按规定冲减的年金给付金额。期末，应将该账户余额转入"本年利润"账户，结转后该账户无余额。该账户可按保险合同和险种进行明细核算。

（2）账务处理。年金给付的账务处理包括发生和期末结转年金给付两项内容，同时应考虑是否存在投保人贷款本息未还清等情况。

① 被保险人生存至规定年龄，按保险合同条款规定支付年金时，保险公司的会计分录编制如下。

借：年金给付

　　贷：库存现金（或银行存款）

② 在年金给付时，如有贷款本息未还清者，应将其未还清的贷款本息从应支付的保险金中扣除。其会计分录编制如下。

借：年金给付　　　　　　　　　　　　　　　　　　　（应给付金额）

　　贷：保户质押贷款　　　　　　　　　　　（未收到的保户质押贷款本金）

　　　　利息收入　　　　　　　　　　　　　　　　　　（欠息金额）

　　　　应交税费——应交增值税

　　　　库存现金（或银行存款）　　　　　　　　　　（实际支付金额）

③ 期末，将"年金给付"账户的余额转入"本年利润"账户时，其会计分录编制如下。

借：本年利润

    贷：年金给付

【例 9-28】周某投保终身年金保险，每月缴保费 100 元，现已到约定年金领取年龄。该投保人持有关证件向保险公司办理领取手续，按规定每月领取保险金 360 元。经复核无误后，会计部门以现金支付，编制如下会计分录。

借：年金给付   360

    贷：库存现金   360

（三）人寿保险业务退保的核算

退保业务是指被保险人在保险期限未满的情况下要求退保并获保险公司同意的业务。在保险单所有人退保的情况下，保险公司按照保险合同的约定，计算确定的应退还保险单所有人的金额，称为退保费。

1. 退保业务的种类

人寿保险业务退保可分为犹豫期退保和正常退保两种情况。

（1）犹豫期退保。犹豫期退保是指投保人在合同约定的犹豫期内退保。一般保险公司规定投保人收到保单后的 10 天为犹豫期。若投保人在犹豫期内退保，保险公司通常会扣除工本费后退还其全部保费。

（2）正常退保。正常退保是指超过犹豫期的退保。通常，领取过保险金的保单，不得申请退保。正常退保一般要求保单经过一定年度后，投保人可以提出解约申请，保险公司应自接到申请之日起 30 天内退还保单现金价值。

保单现金价值是指寿险契约在发生解约或退保时可以返还的金额。在长期寿险契约中，保险人为履行契约责任，通常需要提取一定数额的责任准备金，当被保险人于保险有效期内因故而要求解约或退保时，保险人按规定，将提取的责任准备金减去解约扣除后的余额退还给被保险人，这部分金额即为保单的现金价值。

2. 退保业务的核算

根据《企业会计准则第 25 号——原保险合同》的规定，原保险合同提前解除的，保险人应当按照原保险合同约定计算确定应退还投保人的金额，作为退保费，计入当期损益。

（1）科目设置。为了反映和监督人寿保险退保业务，应设置"退保金"科目进行核算。保险公司寿险原保险合同提前解除时，按照约定应当退还投保人的保单现金价值，在"退保金"科目核算；保险公司寿险原保险合同提前解除时，应当退还投保人的不属于保单现金价值的款项，以及非寿险原保险合同提前解除时应当退还投保人的款项，在"保费收入"科目核算。

"退保金"科目属于损益类科目，根据该科目设置的账户其借方登记寿险原保险合同提前解除时按照约定应当退还投保人的保单现金价值，贷方登记期末转入"本年利润"账户的金额，期末结转后，该账户无余额。该账户可按险种进行明细核算。

（2）账务处理。退保业务的账务处理包括发生退保费和期末结转退保费两项内容。发生退保费时的账务处理应考虑是否存在投保人贷款本息未还清的情况。

① 保险公司寿险原保险合同提前解除，按原保险合同的约定，计算确定应退还投保人的保单现金价值，编制如下会计分录。

借：退保金

    贷：库存现金（或银行存款）

② 保险公司寿险原保险合同提前解除，按原保险合同的约定，计算确定应退还投保人的不属于保单现金价值的款项，编制如下会计分录。

借：保费收入
　　贷：库存现金（或银行存款）

③ 支付退保金时，若有贷款本息未还清者，则应将其未归还的贷款本息从应付退保金中予以扣除。其会计分录编制如下。

借：退保金
　　贷：保户质押贷款
　　　　利息收入
　　　　应交税费——应交增值税
　　　　库存现金（或银行存款）

④ 被保险人退保时，若有预缴保费的，应退还预缴部分。其会计分录编制如下。

借：退保金
　　预收保费
　　贷：库存现金（或银行存款）

⑤ 期末，将"退保金"账户的余额转入"本年利润"账户，其会计分录编制如下。

借：本年利润
　　贷：退保金

【例 9-29】某简身险保户因移居国外而要求退保，经业务部门同意，按规定计算应退被保险人退保金 10 000 元，财会部门审查无误后即以现金支付，编制如下会计分录。

借：退保金——简身险　　　　　　　　　　　　　　　　　10 000
　　贷：库存现金　　　　　　　　　　　　　　　　　　　　　10 000

【例 9-30】某养老金险保户因经济困难要求退保，业务部门按规定的标准计算应退 7 000 元，但退保户尚有 2 000 元借款未还，借款利息为 150 元，财会部门审核无误后，扣除其借款本息，以现金支付退保金，编制如下会计分录。

借：退保金——养老金险　　　　　　　　　　　　　　　　7 000
　　贷：保户质押贷款　　　　　　　　　　　　　　　　　　2 000
　　　　利息收入　　　　　　　　　　　　　　　　　　　　141.51
　　　　应交税费——应交增值税　　　　　　　　　　　　　　8.49
　　　　库存现金　　　　　　　　　　　　　　　　　　　　4 850

二、意外伤害保险业务和健康保险业务的核算

（一）意外伤害保险业务和健康保险业务的概念

意外伤害保险是以被保险人的身体或劳动能力作为保险标的，以被保险人在保险有效期内因遭受意外伤害造成死亡、残疾、支出医疗费、暂时丧失劳动能力为给付保险金条件的人身保险业务。

健康保险也称疾病保险，是以被保险人的疾病、分娩及其所致残疾、死亡为保险标的，以被保险人在保险有效期内因患病造成死亡、残疾、支出医疗费、暂时丧失劳动能力为给付保险金条件的人身保险业务。

健康保险，按保险期限的长短，可分为短期健康保险和长期健康保险；按保险标的所产生的结果，可分为医疗保险和残疾收入补偿保险等。其中，短期健康保险是指保险期限为 1 年及 1 年以下的健康保险；长期健康保险是指保险期限在 1 年以上的健康保险；医疗保险是指保险人对投保人由于疾病等所花的医疗费用承保的保险；残疾收入补偿保险是指保险人对投保人由于疾病等所致的收入损失承保的保险。

（二）健康保险与人寿保险的比较

1. 性质不同

健康保险以疾病、分娩引起的伤残作为保险事故；人寿保险以人的生存或死亡作为保险事故，而不管死亡原因是疾病还是伤害。

2. 保险要素不同

影响人寿保险保费高低的因素是死亡率、利率和费用率；影响健康保险保费高低的因素是利率、费用率和患病率。

3. 保险期限不同

人寿保险的保险期限较长，通常在 1 年以上；健康保险的保险期限通常为 1 年。

4. 给付保险金的基础不同

人寿保险的保险事故发生时，一律按照订约时约定的金额给付保险金；健康保险的保险金给付要以保险金额为基础，视医疗实际情况而定。

5. 补偿方式不同

人寿保险保险金的给付是事先确定的，属于定额给付保险；医疗保险同财产保险一样，属于有价补偿保险的范畴。

（三）意外伤害保险业务和健康保险业务的核算

1. 科目设置

为了反映和监督意外伤害保险业务和健康保险业务保费收入和保险金给付情况，主要应设置"保费收入""应收保费""赔款支出""死伤医疗给付"等科目进行核算。其中，"赔款支出"科目的设置在"财产保险业务赔款支出的核算"中已述，这里不再重复；"死伤医疗给付"科目用于长期健康险业务，其设置方法在"人寿保险业务保险金给付的核算"中已述。

2. 保费收入的核算

意外伤害保险业务保费收入和健康保险业务保费收入的确认，也应同时满足《企业会计准则第25 号——原保险合同》所规定的三个确认条件，并且应当根据原保险合同约定的保费总额确认。投保人向保险公司申办意外伤害保险和健康保险时，应办理投保手续和缴纳保费。保险公司每日对外营业结束后，由业务部门汇编"××险保费日结单"，连同保费收据存根送交会计部门。会计部门审查后办理入账。其会计分录编制如下。

借：库存现金（或银行存款、应收保费）

　　贷：保费收入

　　　　应交税费——应交增值税

【例 9-31】某高校为在校学生 5 000 人投保 1 年期学生团体平安险，保险金额为 5 000 元，按规定每人每年缴纳保费 10 元，合计 50 000 元。经特别约定，分两次缴清，投保时支付 50%，2 个月后支付 50%。保险公司编制如下会计分录。

借：银行存款　　　　　　　　　　　　　　　　　　　　　　　25 000

　　应收保费——某高校　　　　　　　　　　　　　　　　　　25 000

　　　贷：保费收入——伤害保险——平安险　　　　　　　　　47 169.81

　　　　　应交税费——应交增值税　　　　　　　　　　　　　 2 830.19

3. 保险金给付的核算

保险公司应当在确定支付赔付款项或实际发生理赔费用的当期，按照确定支付的赔付款项金额或实际发生的理赔费用金额，计入当期损益；同时，冲减相应的未决赔款准备金、长期健康险责任准备金余额。关于冲减相应的未决赔款准备金余额的核算前已述，这里不再重复；冲减相应的长期健康险责任准备金余额的核算，将在后面"人身保险业务准备金的核算"中阐述，此处略。

保险公司在办理意外伤害保险和健康保险保险金给付时，应由投保人提供有关单证及证明。经业务部门审查核实后，填制"××险给付领取收据"，并由投保人签章，连同分户卡送交会计部门。会计部门经审核无误后据以给付投保人保险金。其会计分录编制如下。

借：赔款支出（或死伤医疗给付）

    贷：库存现金（或银行存款等）

【例9-32】某中学投保1年期学生住院医疗险，保险金额为60 000元。该中学有位学生因患病而住院治疗，在住院期间发生理赔范围内的医疗费用30 000元。保险公司按分级累进计算给付金额为27 000元，经审查后当即以现金支付。保险公司编制如下会计分录。

借：赔款支出——健康险——医疗险   27 000

    贷：库存现金   27 000

【例9-33】某长期健康险保单的被保险人发生重大疾病，向保险人提出给付申请，保险人审查后同意给付保险金100 000元，但须扣除宽限期内尚未缴付的保费4 300元和保单质押贷款10 900元（其中包括利息900元）。保险公司编制如下会计分录。

借：死伤医疗给付——长期健康险   100 000

    贷：保费收入   4 056.60

        保户质押贷款   10 000

        利息收入   849.06

        应交税费——应交增值税   294.34

        库存现金   84 800

三、人身保险业务准备金的核算

在人身保险业务准备金核算中，保险公司对尚未终止的人寿保险责任应提取寿险责任准备金；对尚未终止的长期健康保险责任应提取长期健康险责任准备金；对尚未终止的意外伤害险和健康险非寿险保险责任应提取未到期责任准备金；对非寿险保险事故已发生尚未结案的赔案应提取未决赔款准备金。其中，未到期责任准备金和未决赔款准备金的核算，与财产保险业务中未到期责任准备金和未决赔款准备金的核算基本相同，这里主要对寿险责任准备金和长期健康险责任准备金的核算进行阐述。

人身保险业务
准备金的核算

（一）寿险责任准备金的核算

人寿保险理论上包括生存保险、死亡保险和生死两全保险三类，在实务中主要是指定期寿险、终身寿险、简易人身险、教育金保险和年金保险等。这些人寿保险基本上都属于长期性保险业务，其保费收入具有与短期性保险业务完全不同的特征。在这些长期性人寿保险业务中，保费的缴纳通常以分期均衡缴费方式为主，采用趸交保费方式的较为少见。而在保险期内，随着被保险人年龄的增长，保险公司承担的给付死亡保险金责任的可能性不断增大，即长期性保险业务的保险风险不可能平均分布于整个保险期间，在保险期间内保险风险是不断增加的。由此造成保险公司当期收取的保费与当期承担的风险责任并不对等，通常，在保险初期收取的保费高于当期的风险责任费用，形成一定的保险剩余，而在保险后期则形成保费不足。在这种情况下，保险公司为了平衡未来发生的债务，保证有充足的能力随时进行给付，就必须将投保人历年缴纳的纯保费和利息积累起来，作为将来保险金给付和退保给付的责任准备金。具体来说，寿险责任准备金应当是保险公司收入的净保费和利息与寿险合同中所规定的当期应承担给付义务之间的差额。

1. 寿险责任准备金的确认与计量

寿险责任准备金是指保险人为尚未终止的人寿保险责任提取的准备金。根据《企业会计准则第25号——原保险合同》的规定，保险人应当在确认寿险保费收入当期，按照保险精算确定的金额提取寿险责任准备金，并确认寿险责任准备金负债。

2. 科目设置

为了反映和监督寿险责任准备金的增减变动情况，主要应设置"寿险责任准备金""提取寿险责任准备金"科目进行核算。

（1）"寿险责任准备金"科目属于负债类科目，根据该科目设置的账户核算保险公司为尚未终止的人寿保险责任提取的准备金。其贷方登记按规定提取、补提的寿险责任准备金，借方登记按规定冲减的寿险责任准备金，期末余额在贷方，反映保险公司的寿险责任准备金。该账户可按保险合同进行明细核算。

（2）"提取寿险责任准备金"科目属于损益类科目，根据该科目设置的账户核算保险公司为尚未终止的人寿保险责任提取的准备金。其借方登记按规定提取、补提的寿险责任准备金，贷方登记按规定冲减的寿险责任准备金。期末，应将该账户余额转入"本年利润"账户，结转后该账户无余额。该账户可按险种和保险合同进行明细核算。

3. 账务处理

（1）寿险责任准备金的计提。保险人在确认寿险保费收入的当期，应按保险精算确定的寿险责任准备金，编制如下会计分录。

借：提取寿险责任准备金
　　贷：寿险责任准备金

（2）寿险责任准备金充足性测试。保险人至少应当于每年年度终了对寿险责任准备金进行充足性测试。保险人按照保险精算重新计算确定的寿险责任准备金金额超过充足性测试日已提取的寿险责任准备金余额的，应当按照其差额补提寿险责任准备金；保险人按照保险精算重新计算确定的寿险责任准备金金额小于充足性测试日已提取的寿险责任准备金余额的，不调整寿险责任准备金。

（3）寿险责任准备金的冲减。原保险合同保险人确定支付赔付款项金额或实际发生理赔费用的当期，应按冲减的相应寿险责任准备金余额，编制如下会计分录。

借：寿险责任准备金
　　贷：提取寿险责任准备金

（4）寿险责任准备金的转销。寿险原保险合同提前解除的，保险人应将相关寿险责任准备金余额予以转销。其会计分录编制如下。

借：寿险责任准备金
　　贷：提取寿险责任准备金

（5）提取寿险责任准备金的期末结转。期末，应将"提取寿险责任准备金"科目的余额结转"本年利润"科目，其会计分录编制如下。

借：本年利润
　　贷：提取寿险责任准备金

（二）长期健康险责任准备金的核算

1. 长期健康险责任准备金的确认与计量

长期健康险责任准备金是指保险人为尚未终止的长期健康保险责任提取的准备金。根据《企业会计准则第25号——原保险合同》的规定，保险人应当在确认寿险保费收入当期，按照保险精算确定的金额提取长期健康险责任准备金，并确认长期健康险责任准备金负债。

2. 科目设置

为了反映和监督长期健康险责任准备金的增减变动情况，主要应设置"长期健康险责任准备金""提取长期健康险责任准备金"科目进行核算。

（1）"长期健康险责任准备金"科目属于负债类科目，根据该科目设置的账户核算保险公司为尚未终止的长期健康保险责任提取的准备金。其贷方登记按规定提取、补提的长期健康险责任准备金，借方登记按规定冲减的长期健康险责任准备金，期末余额在贷方，反映保险公司的长期健康险责任准备金。该账户可按保险合同进行明细核算。

（2）"提取长期健康险责任准备金"科目属于损益类科目，根据该科目设置的账户核算保险公司为尚未终止的长期健康保险责任提取的准备金。其借方登记按规定提取、补提的长期健康险责任准备金，贷方登记按规定冲减的长期健康险责任准备金。期末，应将该账户余额转入"本年利润"账户，结转后该账户无余额。该账户可按险种和保险合同进行明细核算。

3. 账务处理

（1）长期健康险责任准备金的计提。保险人在确认寿险保费收入的当期，应按保险精算确定的长期健康险责任准备金入账，编制如下会计分录。

借：提取长期健康险责任准备金

　　贷：长期健康险责任准备金

（2）长期健康险责任准备金充足性测试。保险人至少应当于每年年度终了对长期健康险责任准备金进行充足性测试。保险人按照保险精算重新计算确定的长期健康险责任准备金金额超过充足性测试日已提取的长期健康险责任准备金余额的，应当按照其差额补提长期健康险责任准备金；保险人按照保险精算重新计算确定的长期健康险责任准备金金额小于充足性测试日已提取的长期健康险责任准备金余额的，不调整长期健康险责任准备金。

（3）长期健康险责任准备金的冲减。原保险合同保险人确定支付赔付款项金额或实际发生理赔费用的当期，应按冲减的相应长期健康险责任准备金余额，编制如下会计分录。

借：长期健康险责任准备金

　　贷：提取长期健康险责任准备金

（4）长期健康险责任准备金的转销。寿险原保险合同提前解除的，保险人应将相关长期健康险责任准备金余额予以转销。其会计分录编制如下。

借：长期健康险责任准备金

　　贷：提取长期健康险责任准备金

（5）提取长期健康险责任准备金的期末结转。期末，应将"提取长期健康险责任准备金"科目的余额结转"本年利润"科目，其会计分录编制如下。

借：本年利润

　　贷：提取长期健康险责任准备金

【例9-34】2020年2月29日，利邦保险公司在确认某团体终身寿险保险合同保费收入时，按照保险精算确定的寿险责任准备金金额为 600 000 元；在确认某重大疾病保险合同保费收入时，按照保险精算确定的长期健康险责任准备金金额为 200 000 元。2020年3月25日，该保险公司以银行存款支付该团体终身寿险保险合同赔付款项 560 000 元，支付该重大疾病保险合同赔付款项 170 000 元。

（1）2020年2月29日提取寿险责任准备金和长期健康险责任准备金时，其会计分录编制如下。

借：提取寿险责任准备金　　　　　　　　　　　　　　　　　　　600 000

　　贷：寿险责任准备金　　　　　　　　　　　　　　　　　　　　　600 000

借：提取长期健康险责任准备金 200 000
　　贷：长期健康险责任准备金 200 000

（2）2020年3月25日支付赔付款项时，其会计分录编制如下。

借：寿险责任准备金 600 000
　　贷：提取寿险责任准备金 600 000
借：赔款支出 560 000
　　贷：银行存款 560 000
借：长期健康险责任准备金 200 000
　　贷：提取长期健康险责任准备金 200 000
借：赔款支出 170 000
　　贷：银行存款 170 000

复习与思考

一、思考题

1. 简述保险公司业务的种类。
2. 简述保险公司业务会计核算的特点。
3. 简述财产保险业务保费收入和赔款支出的核算内容。
4. 简述财产保险业务准备金的核算内容。
5. 简述人寿保险业务的核算内容。
6. 简述意外伤害保险和健康保险的核算内容。
7. 简述人身保险业务准备金的核算内容。

二、练习题

1. 2019年12月6日，甲保险公司与汇文公司签订一份保险合同，对汇文公司的一批车辆进行投保，约定保险期限为1年，保险到期日为2020年12月5日，保险金额为3 000万元，保费为800万元，保费于合同生效当日一次性支付。经精算后确定，甲保险公司针对未到期责任准备金的提取金额为400万元。2020年2月5日，汇文公司的一辆轿车与车主吴某某驾驶一辆机动车发生碰撞，经查属于车主吴某某责任造成。经定损后确认汇文公司的车毁损70%，金额为40万元，甲保险公司决定全额理赔40万元。2020年3月22日，甲保险公司按照上述理赔方案结案，同时收回毁损的轿车，享有对车主吴某某的代位追偿权。假设毁损的轿车残值为10万元，估计代位追偿可收回20万元。2020年4月甲保险公司转让收入为6万元，2020年4月从车主吴某某那里收回补偿款12万元。编制甲保险公司的有关会计分录。

2. 某保户投保终身年金保险，每月缴保费150元，现已到约定年金领取年龄。该投保人持有关证件向保险公司办理领取手续，按规定每月领取保险费480元。编制保险公司的有关会计分录。

3. 某养老保险保户因经济困难而要求退保，经业务部门审查，保险公司同意支付退保金6 000元，另外，该保户尚有预缴3个月的保费150元。会计部门核对有关单证后，以转账支票付讫。编制保险公司的有关会计分录。

4. 某长期健康险保单的被保险人患重大疾病向保险人提出给付申请，保险人审查后，同意给付全部保险金50 000元，但须扣除宽限期内尚未缴付的保费3 400元和保单质押贷款5 100元（其中利息为100元）。编制有关会计分录。

5. 某公司 2020 年已提定期寿险责任准备金 830 000 元，已提重大疾病保险责任准备金 650 000 元。年末，经精算部门进行充足性测试，应提定期寿险责任准备金 810 000 元，应提重大疾病保险责任准备金 680 000 元。编制有关会计分录。

6. A 保险公司与 B 保险公司签订财产保险分保合同，采取溢额再保险方式，保险公司承保金额 6 000 万元，自留额为 1 500 万元，A 保险公司本月保费 600 万元，发生赔款 300 万元，按合约规定 A 保险公司向 B 保险公司提供理赔资料，B 保险公司向 A 保险公司预付了 100 万元的现金赔款。编制 A 保险公司和 B 保险公司有关会计分录。

第十章 | 信托投资公司业务的核算

信托是一种投资领域广，投资手段灵活而风险适中的投资方式，目前越来越受到投资者的青睐。信托业务的本质是受人之托，代人理财，作为受托人的信托公司必须严格按照信托文件的规定管理、运用和处分信托财产，由此获得的收益或者造成的损失，均由信托财产承担。

信托投资公司
业务的核算

第一节 | 信托投资公司业务概述

一、信托业务的意义

信托，具有"信用"和"委托"的双重含义。它是以信用接受委托，按照委托人的意愿以自己的名义，为受益人的利益或者特定目的，对委托人的资产进行管理或者处分的行为。

信托是建立在信任的基础上，以委托为方式的财产管理制度，其目的是追求财产管理和使用的效益。信托是多边信用关系，信托行为的确立必须具备委托人、受托人和受益人三方当事人。其中，委托人是信托资产的所有者，他将自己的资产授权给受托人代为经营管理，是信托要求的提出者，也是信托行为的起点；受托人是有经营能力的信托机构，他接受委托人的委托，代为经营管理信托资产；受益人是与信托资产有关的经济利益的受益者，可以是委托人自身，也可以是委托人指定的第三者或不确定的多数人，或者同时为委托人和第三者，是信托行为的终点。

二、信托业务的种类

（一）按照信托目的的不同，可分为公益信托和私益信托

公益信托，也被称为慈善信托，是委托人为促进社会公共利益，以整个社会或不确定多数人为受益人而设立的信托，如为促进社会福利事业、科学研究等而设立的社会福利基金、科学研究基金信托等。私益信托是委托人为实现私人利益，以委托人或特定第三者为受益人而设立的信托。

（二）按照受益人的不同，可分为自益信托和他益信托

自益信托是委托人以自己为受益人而设立的信托。他益信托是委托人以自己以外的他人（第三者）为受益人而设立的信托。

（三）按照信托服务对象的不同，可分为个人信托和法人信托

个人信托是指委托人（自然人）基于财产规划的目的，将其财产权转移给受托人，受托人依信托契约为受益人的利益或特定目的管理或处分信托财产的信托业务。个人信托依设立时间可分为生前信托和遗嘱信托。生前信托是委托人在世时所设立的，其信托目的包括财产规划、财产增值及税负的考虑；遗嘱信托是以遗嘱的方式设立的，生效的日期是委托人发生继承事实的时间，其目的在于遗产的分配与管理。个人信托依业务内容可分为财产处理信托、财产监护信托、人寿保险信托和特定赠与信托等类型。

法人信托，又称为机构信托、公司信托或团体信托，是个人信托的对称。它是指委托人不是某

个自然人，而是具备法人资格的单位或公司委托受托人办理的信托业务。

（四）按照信托标的物的不同，可分为资金信托、实物信托、债权信托

资金信托，又称为金钱信托，是一种以货币资金为标的物的信托业务。实物信托是一种以动产、不动产为标的物的信托业务。债权信托是一种以债权凭证为标的物的信托业务，如代为清理和收付款项、代收人寿保险赔款等。

三、信托投资公司业务的内容

信托投资公司是指依法成立的主要经营信托业务的非银行金融机构。信托投资公司在我国金融体系中占有重要的地位，在社会经济生活中发挥着重要的作用。根据《信托投资公司管理办法》的规定，信托投资公司可以申请经营的业务主要有信托类业务、代理类业务及其他业务。

（一）信托类业务

信托投资公司可以申请经营的信托类业务包括资金信托业务，动产、不动产信托业务和有价证券等其他财产信托业务。

1. 资金信托业务

资金信托，类似于货币储蓄，它是指委托人基于对受托人的信任，将自己合法拥有的资金委托给受托人，由受托人按委托人的意愿以自己的名义，为受益人的利益或者特定目的管理、运用和处分的行为。资金信托业务是信托投资公司一项重要的信托业务，也是其理财的主要方式。资金信托按照委托人要求的不同，可以分为单独管理资金信托和集合资金信托。

单独管理资金信托是指按照委托人的要求，为其单独管理信托资金的资金信托。单独管理资金信托又可分为特定单独管理资金信托和指定单独管理资金信托。其中，特定单独管理资金信托由委托人指定资金的运用方法及标的，包括投资标的类别、名称、数量、时期、交易价格等，信托投资公司无决策权。其资金运用的范围包括：①存放金融机构的存款或信托资金；②投资国债或企业债券；③投资短期票券；④国内上市股票；⑤国内证券投资信托基金；⑥其他经主管机关核定的业务。指定单独管理资金信托由信托投资公司结合自身信托投资及开发业务专长，引导信托资金投资于政府编列预算执行的开发项目。

集合资金信托是指为了使受托资金达到一定的数额，采取将不同委托人的资金集合在一起管理的资金信托。按照接受委托的方式，集合资金信托业务又可分为两种：第一种是社会公众或者社会不特定人群作为委托人，以购买标准的、可流通的证券化合同作为委托方式，由受托人统一集合管理信托资金的业务；第二种是有风险识别能力、能自我保护并有一定的风险承受能力的特定人群或机构为委托人，以签订信托合同的方式作为委托方式，由受托人集合管理信托资金的业务。

2. 动产信托业务

动产信托，又称为设备或动产设备信托，主要是以动产（主要指契约设备）的管理或处理为目的而设立的信托。即由设备的制造商和出售者作为委托人，将设备信托给受托人，同时将设备的所有权也转移给受托人，受托人发给委托人"信托受益权"证书，并将动产出租或出售给资金紧张的用户，委托人则将其"信托受益权"证书出售，以获得款项的一种信托业务。动产信托的标的物通常是价格昂贵、资金需要量大的产品，主要有：①车辆及其他运输工具，如铁路车辆、汽车、飞机、船舶等；②机械设备，如电子计算机、设备器械；③贵金属。

动产信托按对动产的不同处理方式，可以分为管理处分型、即时处分型和出租型三种。其中，管理处分型信托是动产信托最基本的一种形式。管理处分型信托是指信托投资公司将动产以出租的方式经营，信托终结时由使用单位购入的一种信托方式。在该种方式下，信托投资公司不仅负责动产设备的出租管理，而且还负责出售设备。即时处分型信托是指信托投资公司在接受信托的同时，

以分期付款的方式将动产出售给用户。该种动产信托方式类似于抵押贷款。出租型信托是指由信托投资公司对动产设备进行适当的管理，并将动产设备出租给用户使用，所获收入扣除信托费用后作为信托收益交给受益人。该种动产信托方式与传统的设备租赁相似。

3. 不动产信托业务

不动产信托是指不动产所有权人（委托人），为了受益人的利益或特定目的，将不动产所有权转移给受托人，受托人依信托合同对不动产进行管理和处理的信托业务。在不动产信托关系中，作为信托标的物的土地和房屋，不论是保管目的、管理目的还是处理目的，委托人均应把其产权在设立信托期间转移给信托机构所有。不动产信托是信托机构经办的财产信托中最为复杂的一种业务。

不动产信托按照信托财产的类型，又可分为房地产信托（又称建筑物信托）和土地信托。其中，房地产信托是指信托机构接受委托经营、管理和处理的财产为房地产及相关财物的信托业务。它包括房地产信托存款、房地产信托贷款和房地产委托贷款。目前，我国房地产信托机构有两类：一类是专业银行设立的房地产信托机构；另一类是专业性的房地产信托投资公司。土地信托是土地所有者为了有效地利用土地获取收益，把土地委托给信托投资机构，信托投资机构按信托契约的规定，负责筹集建设资金，进行房屋建设，出租建筑物，进行管理维修，并向土地所有者支付收益的信托业务。土地信托可分为租赁型和分块出售型。

4. 有价证券信托业务

有价证券信托是指有价证券所有权人（委托人），为了受益人的利益或特定目的，将有价证券所有权转移给受托人，受托人依信托合同对有价证券进行管理或处理的信托业务。可以交付信托的有价证券包括政府债券、国内上市或未上市公司股票、公司债券、开放型与封闭型基金、国外有价证券以及经上级主管机关核定的其他有价证券。有价证券信托按信托目的，可分为管理有价证券信托和运用有价证券信托两种。管理有价证券信托是指有价证券所有人将证券信托给受托人，受托人代为保管证券、收受利息、缴纳增资股款、行使表决权等管理事宜的信托业务。运用有价证券信托是指有价证券所有人将证券信托给受托人，受托人不仅要代为管理证券而且要代为运用证券以获取收益的信托业务。

（二）代理类业务及其他业务

代理业务是信托投资公司接受客户的委托，以代理人的身份，代为办理客户指定的经济事项的业务。在代理业务中，信托投资公司一般只发挥财务管理职能和信用服务职能，并不要求委托人转移其财产所有权。与信托业务相比，信托业务中的受托人拥有广泛的权限，而代理业务中代理人的权限则比较狭窄，仅以委托人所授事项为限；信托业务中的受托人所负责任较大，而代理业务中代理人的责任则较小；信托业务中的委托人一般不对受托人进行监督，而代理业务中代理人则必须接受委托人的监督。

信托投资公司经营的代理业务主要有：代理收付款业务、代理清偿债权债务业务、代理有价证券业务、代理保管业务、代理保险业务、担保签证业务等。

除上述业务外，信托投资公司还可从事租赁、咨询等其他业务。

四、信托业务会计核算的特点

信托业务与金融企业的其他业务相比具有特殊性，由此决定了信托业务的会计核算具有自己的特点，主要表现在以下两个方面。

（一）信托财产应独立于固有财产，并应与委托人未设立信托的其他财产相区别

信托财产是指受托人承诺信托而取得的财产，以及因信托财产的管理运用、处分或者其他情形而取得的财产。信托财产应与属于受托人所有的财产（即固有财产）相区别，不得归入受托人的固有财产或者成为固有财产的一部分。信托财产还应与委托人未设立信托的其他财产相区别。

（二）以信托项目作为独立的会计核算主体

信托项目是指受托人根据信托文件的约定，单独或者集合管理运用、处分信托财产的基本单位。受托人应以信托项目作为独立的会计核算主体，以持续经营为前提，独立核算信托财产的管理运用和处分情况。各信托项目应单独记账，单独核算，单独编制财务报告。不同的信托项目在账户管理、资金划拨、账簿记录等方面应相互独立。

由上可知，信托业务会计核算的特点体现了信托财产与受托人所有的固有财产分别管理、分别核算的原则，信托财产与委托人未设立信托的其他财产分别管理、分别核算的原则，以及各信托项目分别管理、分别核算的原则。

第二节 信托存款与委托存款业务的核算

一、信托存款与委托存款

信托存款的资金来源基本限于非直接经营单位可自行支配的专项资金。《中国人民银行金融信托投资机构资金管理暂行办法》规定，信托机构可吸收以下五种一年期以上的信托存款：财政部门委托投资或贷款的信托资金，企事业主管部门委托投资或贷款的信托资金，劳动保险机构的劳保基金，科研单位的科研基金及各种学会、基金会的基金。信托存款每笔资金都单独管理、独立核算。信托机构对信托存款的运用效益决定信托存款的收益，并且其收益由信托机构按合同规定支付给委托人本人或委托人指定的第三人。

信托存款与信托货币资金十分相似，其委托人对信托资金不指定运用范围，信托资金由信托机构负责管理运用并负责保本付息。委托人保本之外，收取固定收益。信托机构的收益则来自支付委托利息外的资金营运的多余收入，而不是收取的手续费。

委托存款是指委托人将定额资金委托给信托机构，由其在约定期限内按规定用途进行营运，营运收益扣除一定信托报酬后全部归委托人所有的信托业务。它与一般的信托货币资金存在许多实质性的差异。

二、信托存款业务的核算

客户提出申请，填写"存款委托书"后，信托机构应审查其资金来源，审查合乎规定后，与客户签订"信托存款协议书"，写明信托存款金额、期限、信托收益支付方法、指定受益人、手续费率等。信托机构为委托人开立账户，委托人将信托存款划转到信托机构开立的银行账户，信托机构签发相应存款凭证给委托人。

（一）账户设置

信托机构为全面反映和监督对信托存款的吸收、归还、付息及结余情况，应设置"代理业务负债——信托存款户""应付利息""利息支出户"等科目。"代理业务负债——信托存款户"属负债类科目，核算企业不承担风险的代理业务收到的款项，包括受托投资资金和受托贷款资金等。"应付利息"属负债类科目，贷方反映应计提的存款利息，借方反映实际支付的存款利息，期末贷方余额反映应付未付利息，本科目应按存款客户设置明细科目。"利息支出户"属损益类科目，借方反映预提的应付利息或实际支付的各项利息，会计期末应将本科目借方发生额从贷方转入"本年利润"科目借方，期末无余额，本科目应按存款客户设置明细科目。

（二）账务处理

1. 开户

信托投资公司接受客户委托，为客户开立信托存款账户时，会计分录编制如下。

借：银行存款（或存放中央银行款项、吸收存款）

　　贷：代理业务负债——××单位信托存款户

2. 计息

信托存款是定期存款，原则上在期满后利随本清，但在存款期内根据权责发生制原则定期计算应付利息。会计分录编制如下。

借：利息支出——××信托存款利息支出户

　　贷：应付利息——××单位户

3. 到期支取

存款单位在信托存款期满后，凭信托存款单向信托机构提取存款并结清利息。如果存款单位因客观原因想提前支取，与信托机构协商后，可提前支取，但利息按银行同期活期存款利率计算。会计分录编制如下。

借：代理业务负债——××单位信托存款户

　　应付利息——××单位户

　　利息支出——××信托存款利息支出户

　　贷：银行存款

【例 10-1】2018 年 3 月 1 日，东方信托投资公司收到 A 公司存入信托存款 500 万元，存期 1 年，年利率 3%，采取利随本清的结息方式，2019 年 3 月 1 日 A 公司前来支取存款本金和利息。

（1）2018 年 3 月 1 日，信托投资公司接受存款的会计分录编制如下。

借：银行存款　　　　　　　　　　　　　　　　　　5 000 000

　　贷：代理业务负债——A 公司信托存款户　　　　　　　　5 000 000

（2）2019 年 3 月 1 日，支付 A 公司到期存款的会计分录编制如下。

借：代理业务负债——A 公司信托存款户　　　　　　5 000 000

　　利息支出——信托存款利息支出户　　　　　　　　150 000

　　贷：银行存款　　　　　　　　　　　　　　　　　　5 150 000

三、委托存款业务的核算

客户与信托机构商定办理委托业务后，双方应签订"委托存款协议书"，标明存款的资金来源、金额、期限及双方的责任等。信托机构根据协议书为客户开立委托存款账户，由客户将委托存款资金存入在信托机构开立的银行账户，信托机构则向客户开出"委托存款单"。

（一）账户设置

信托机构为全面反映和监督委托存款业务情况，应设置"代理业务负债——委托存款户""利息支出"等科目。"代理业务负债——委托存款户"属负债类科目，贷方反映信托机构代客户向指定的单位或项目进行贷款或投资而收到客户存入的款项，借方反映归还的委托资金，期末贷方余额反映尚未归还的委托存款资金。委托存款按委托业务持续时间不同，分为长期委托存款和短期委托存款，本账户应按存款客户设置明细账户。

（二）账务处理

1. 开户

信托机构为客户开立委托存款账户，并收到客户存入的资金时，编制如下会计分录。

借：银行存款

  贷：代理业务负债——××单位委托存款户

2. 计息

信托机构按银行同期活期存款利率，按季给委托存款计息，计息的基数是委托存款与委托贷款余额的轧差数。会计分录编制如下。

借：利息支出——××委托存款利息支出户

  贷：应付利息——××单位委托存款户

3. 支取

委托人可随时支取委托存款，但取款数只能限制在委托存款余额与委托贷款余额的轧差数之内。信托机构收到委托人支取委托存款的通知后，将款项划入委托人的银行账户。会计分录编制如下。

借：代理业务负债——××单位委托存款户

  贷：银行存款

【例 10-2】2019 年 3 月 2 日，东方信托投资公司接受 D 公司委托存款 200 万元，会计分录编制如下。

借：银行存款   2 000 000

  贷：代理业务负债——D 公司委托存款户   2 000 000

第三节　信托贷款与委托贷款业务的核算

一、信托贷款与委托贷款

信托贷款是指信托机构运用自有资金、信托存款或筹集的其他资金，对自行审定的企业和项目，自主发放贷款的业务。贷款的对象、用途、期限和利率等都由信托机构根据国家政策自行确定，贷款的风险责任也由信托机构承担。它的性质与用途与银行贷款相似，但更灵活、方便、及时。信托贷款的用途主要是解决企业单位某些正当、合理，但银行限于制度规定无法支持的资金需求。

委托贷款是指信托机构接受委托人委托，在委托人存入的委托存款额度内，按委托人指定的对象、用途、期限、利率及金额发放贷款，监督使用并到期收回本息的业务。由于信托资金的运用对象、运用范围等均由委托人事先指定，信托机构对委托贷款能否达到预期收益以及到期能否收回不负任何经济责任。

二、信托贷款业务的核算

借款单位向信托机构提出申请后，由信托机构进行审查。审查决定贷款后，由借款单位出具借据，并按要求出具贷款担保，然后与信托机构签订"信托借款合同"，合同写明贷款的金额、期限、利率等。贷款到期，信托机构收回本息。如借款单位确有困难不能还款，应在到期前提出申请，有担保的还需原担保单位承诺担保，然后经信托机构审查同意办理一次续展，续展期最长不超过半年。

（一）账户设置

"贷款——信托贷款"科目属资产类科目，本科目核算信托项目管理运用、处分信托财产而持有的各项贷款。借方登记信托机构发放的信托贷款本金，贷方登记收回的信托贷款本金，期末借方余额表示发放的信托贷款的余额。贷款具体分为期限不超过一年的短期信托贷款和一年期以上的长期信托存款，本科目应按贷款单位进行明细核算。

"应收利息"科目属资产类科目，本科目核算信托项目应收取的利息，包括债券投资、拆出资金、贷款、买入返售证券、买入返售信贷资产计提的利息等。借方登记信托机构应向借款单位收取的利息，贷方登记实际收回或预收的利息，期末借方余额表示应收未收利息。本科目应按往来客户设置明细账。

"利息收入"科目属损益类科目，贷方登记发生的各项贷款利息收入，期末贷方余额结转"本年利润"贷方，结转之后无余额，本科目应按往来客户设置明细账。

（二）账务处理

1. 开户

信托机构发放贷款，编制如下会计分录。

借：贷款——××单位信托贷款户

  贷：银行存款（或吸收存款）

2. 计息

信托机构按季根据每个借款单位的借款积数分别计算利息，编制如下会计分录。

借：应收利息——××贷款利息收入户

  贷：利息收入

    应交税费——应交增值税

3. 收回

信托贷款到期后，信托机构要及时收回信托贷款本息，编制如下会计分录。

借：银行存款

  贷：贷款——××单位信托贷款户

    应收利息——××贷款利息收入户

【例10-3】东方信托投资公司贷放给华发公司信托贷款300万元，年利率6.5%，期限1年，采取利随本清的结息方式，发放贷款的会计分录编制如下。

借：贷款——华发公司信托贷款户   3 000 000

  贷：银行存款   3 000 000

到期收回贷款本息的会计分录编制如下。

借：银行存款   3 195 000

  贷：贷款——华发公司信托贷款户   3 000 000

    利息收入——华发公司信托贷款利息户 [（3 060 000×6.5%）÷1.06]

                      183 962.26

    应交税费——应交增值税   11 037.74

三、委托贷款业务的核算

由委托人向信托机构提出办理委托贷款的申请，信托机构审查同意后与委托人签订委托贷款合同。委托人按合同向信托机构交存委托基金，信托机构为其开立委托存款户，专项存储。信托机构按委托人指定的对象或项目、金额、期限及利率等发放贷款，并督促借款单位按期归还贷款。委托期满，信托机构将已收回的委托贷款和尚未发放的委托存款退回委托人，并收取规定的手续费。手续费按委托金额和期限征收，手续费率每月最高不超过3‰，付款方式、时间由双方商定。需要注意的是，如有到期未收回的委托贷款，信托机构应保留相应委托存款资金，待委托贷款全部收回再予以全部归还。

（一）账户设置

"代理业务资产——委托贷款"属资产类科目，核算信托机构接受客户委托代理发放的贷款。借方反映委托贷款的发放，贷方反映委托贷款的收回，期末借方余额反映委托贷款实有额。本科目应按委托单位设置明细账。

"应付利息"属负债类科目，贷方反映受贷方交来的应付给委托方的委托贷款利息（不含受托方按合同规定收取的手续费），借方反映交付给委托人的委托贷款利息，期末贷方余额反映已收回但尚未交给委托方的委托贷款利息，是信托机构的一项短期债务，本科目应按委托单位设置明细账。

"手续费及佣金收入"为损益类科目，核算信托机构收取的手续费，贷方反映各项手续费收入，期末将贷方余额结转"本年利润"科目贷方，结转之后该科目应无余额。

（二）账务处理

1. 发放贷款

委托贷款的发放，事先要由委托人通过书面形式通知信托机构，内容包括贷款单位名称、贷款用途、贷款金额、贷款时间、贷款利率等。借款单位按规定要向信托机构报送有关资料，并填写借据，签订借款合同。然后，信托机构将贷款款项划到借款单位的银行账户里。会计分录编制如下。

借：代理业务资产——××单位委托贷款户
　　贷：银行存款

2. 收取手续费

信托机构向委托人收取手续费，作为委托贷款业务的劳务收入。手续费计算基数以委托贷款额为准，按双方商定的比率收取。会计分录编制如下。

借：银行存款
　　贷：手续费及佣金收入
　　　　应交税费——应交增值税

如果按存贷利差收取手续费，则在按季计算贷款利息时一并收取。会计分录编制如下。

借：银行存款
　　贷：应付利息——应付委托贷款利息户
　　　　手续费及佣金收入
　　　　应交税费——应交增值税

3. 结息

信托机构负责按季收取利息，在委托贷款到期时付给委托单位。会计分录编制如下。

借：应付利息——××单位户
　　贷：银行存款

4. 到期收回

委托贷款到期时，由信托机构负责收回。会计分录编制如下。

借：银行存款
　　贷：代理业务资产——××单位委托贷款户

如果协议规定贷款收回后终止委托，则将款项划转到委托方的存款账户里。会计分录编制如下。

借：代理业务负债——××单位户
　　贷：银行存款

【例10-4】东方信托投资公司接受D公司委托，贷放给金贸公司委托贷款150万元，贷款期限1年，年利率为7%。双方约定信托投资公司在放款时按照贷款金额的1.5%收取手续费。

（1）放款时的会计分录编制如下。

借：代理业务资产——金贸公司委托贷款户　　　　　　　　　　1 500 000
　　贷：银行存款　　　　　　　　　　　　　　　　　　　　　　　1 500 000

（2）收取手续费的会计分录编制如下。

借：银行存款   22 500

  贷：手续费及佣金收入   21 226.42

    应交税费——应交增值税   1 273.58

（3）贷款到期时，信托公司代为收回贷款本息，会计分录编制如下。

借：银行存款   1 605 000

  贷：代理业务资产——金贸公司委托贷款户   1 500 000

    应付利息——D公司户   105 000

第四节　信托投资与委托投资业务的核算

一、信托投资与委托投资

委托投资是指委托人将资金事先存入信托机构作为委托投资基金，委托信托机构按其指定的对象、方式进行投资，并对资金的使用情况、被投资企业的经营管理和利润分配等进行管理和监督的业务。信托机构要对受托资金进行单独管理，单独核算，按期结清损益，在扣除规定的费用之外，损益归委托人所有。委托投资既可以直接投资于企业，也可用于购买股票、债券等有价证券。

信托投资是指信托机构以投资者身份，直接参与企业的投资及其经营成果的分配，并承担相应的经济责任的业务。其资金主要来源于信托机构的自有资金及各种信托存款而非委托投资用于明确的投资对象的专项资金。

信托投资是信托机构以自有资金或未指定使用对象和范围的信托存款进行的投资，信托机构对现有项目进行审查初选，在初选项目上进行评估，然后对可否投资提出结论性意见。信托投资的收益全部归信托机构，风险也由其承担。信托投资包括短期信托投资和长期信托投资。短期信托投资指能够随时变现并且持有时间不准备超过1年的信托投资，包括股票、债券、基金等；长期信托投资是指短期信托投资外的信托投资，包括股权投资、债权投资等。

二、信托投资业务的核算

信托投资通过"交易性金融资产"和"可供出售金融资产"科目进行核算。

（一）交易性金融资产的核算

"交易性金融资产"科目核算企业为交易目的所持有的债券投资、股票投资、基金投资等交易性金融资产的公允价值。

信托投资公司对外投资取得交易性金融资产的，按其公允价值，编制如下会计分录。

借：交易性金融资产——成本

  投资收益——交易费用

  应收利息   （已到付息期但尚未领取的利息）

  或应收股利   （已宣告但尚未发放的现金股利）

  贷：银行存款   （或存放中央银行款项、结算备付金）

交易性金融资产持有期间对被投资单位宣告发放的现金股利，或在资产负债表日按分期付息、一次还本债券投资的票面利率计算的利息，编制如下会计分录。

借：应收股利（或应收利息）

  贷：投资收益

资产负债表日，按交易性金融资产的公允价值高于其账面价值的差额，编制如下会计分录。

借：交易性金融资产——公允价值变动

  贷：公允价值变动损益

若公允价值低于其账面价值，做相反的分录。

信托投资公司出售交易性金融资产，编制如下会计分录。

借：银行存款（或存放中央银行款项、结算备付金）　　（实际收到的金额）

  贷：交易性金融资产——成本

借记或贷记"交易性金融资产——公允价值变动"科目，按借贷方的差额，借记或贷记"投资收益"科目，同时将原计入该金融资产的公允价值变动转出，贷记或借记"公允价值变动损益"科目，贷记或借记"投资收益"科目。

（二）可供出售金融资产的核算

"可供出售金融资产"科目核算信托投资公司持有的可供出售的金融资产的公允价值，包括可供出售的股票投资、债券投资等金融资产。本科目按可供出售金融资产的类别和品种分别设置"成本""利息调整""应计利息""公允价值变动"等明细科目核算。

信托投资公司取得可供出售的金融资产为股票投资的，编制如下会计分录。

借：可供出售金融资产——成本　　　　　　　（公允价值与交易费用之和）

  应收股利　　　　（支付的价款中包含的已宣告但尚未发放的现金股利）

  贷：银行存款（或存放中央银行款项、结算备付金）

信托投资公司取得可供出售的金融资产为债券投资的，编制如下会计分录。

借：可供出售金融资产——成本　　　　　　　　　　　　　　　　（面值）

  应收利息　　　　（支付的价款中包含的已到付息期但尚未领取的利息）

  贷：银行存款（或存放中央银行款项、结算备付金）

按借贷方差额，借记或贷记"可供出售金融资产——利息调整"科目。

资产负债表日，可供出售金融资产为分期付息、一次还本债券投资的，应按票面利率计算确定的应收未收利息，编制如下会计分录。

借：应收利息

  贷：投资收益　　（可供出售债券的摊余成本和实际利率计算确定的利息收入）

按借贷方差额，借记或贷记"可供出售金融资产——利息调整"科目。

可供出售金融资产为一次还本付息债券的，应于资产负债表日按票面利率计算确定的应收未收利息，编制如下会计分录。

借：可供出售金融资产——应计利息

  贷：投资收益　　（可供出售债券的摊余成本和实际利率计算确定的利息收入）

按借贷方差额，借记或贷记"可供出售金融资产——利息调整"科目。

资产负债表日，按可供出售金融资产的公允价值高于其账面余额的差额，编制如下会计分录。

借：可供出售金融资产——公允价值变动

  贷：其他综合收益

公允价值低于其账面余额的，做相反的会计分录。

确定可供出售金融资产发生减值时，编制如下会计分录。

借：信用减值损失　　　　　　　　　　　　　　　　（减记的金额）

  贷：其他综合收益

按借贷方差额，借记或贷记"可供出售金融资产——公允价值变动"科目。

对于已确认减值损失的可供出售的金融资产，在随后的会计期间内公允价值已上升且客观上与确认原减值损失事项有关的，应按照原确认的减值损失，编制如下会计分录。

借：可供出售金融资产——公允价值变动
　　贷：信用减值损失

可供出售金融资产为股票等权益工具投资的（不含在活跃市场上没有报价、公允价值不能可靠计量的权益工具投资），编制如下会计分录。

借：可供出售金融资产——公允价值变动
　　贷：其他综合收益

出售可供出售的金融资产，应按实际收到的金额，编制如下会计分录。

借：银行存款（或存放中央银行款项、吸收存款）
　　贷：可供出售金融资产——成本
　　　　　　　　　　　　——公允价值变动　　　　（或借记）
　　　　　　　　　　　　——利息调整　　　　　　（或借记）
　　　　　　　　　　　　——应计利息

按应从所有者权益中转出的公允价值累积变动额，借记或贷记"其他综合收益"科目，按其差额贷记或借记"投资收益"科目。

三、委托投资业务的核算

委托投资是信托机构接受企业的委托资金，按其指定的对象、范围和用途进行的投资，信托机构受托监督投资资金的使用、被投资企业经营状况及利润分配等。委托投资的收益全部归委托人所有，信托机构一般只收取一定比例的手续费，投资的风险也由委托人承担。

（一）科目设置

"代理业务资产——委托投资"属资产类科目，核算信托机构接受客户委托代理客户进行的投资。借方反映受客户委托投出的资金，贷方反映收回的投资，期末借方余额反映尚未收回的委托投资。本科目按委托单位和投资种类设置明细账。

"手续费及佣金收入"为损益类科目，核算信托机构收取的手续费。贷方反映各项手续费收入，期末将贷方余额结转至"本年利润"科目贷方，结转之后无余额。

（二）账务处理

1. 委托投资

信托机构接受委托，收到委托资金对外投资时，编制如下会计分录。

借：银行存款
　　贷：代理业务负债——××单位委托存款户
借：代理业务资产——委托投资——××投资单位户
　　贷：银行存款

2. 分红

委托投资的资金分得的红利划到信托机构的银行账户，并转入委托人的委托存款账户时，编制如下会计分录。

借：银行存款
　　贷：代理业务负债——××单位委托存款户

3. 收取手续费

开办委托投资业务，信托机构收取手续费的核算与经办委托贷款业务收取手续费的核算相同。

借：银行存款

　　贷：手续费及佣金收入

　　　　应交税费——应交增值税

【例10-5】东方信托投资公司接受 D 公司存入资金 300 万元，投资于 C 公司，经协商，信托投资公司收取投资额 2% 的手续费。

（1）收到投资资金时，编制如下会计分录。

借：银行存款　　　　　　　　　　　　　　　　　　3 000 000

　　贷：代理业务负债——D 公司委托存款户　　　　　　3 000 000

（2）对外投资时，编制如下会计分录。

借：代理业务资产——委托投资——C 公司户　　　　3 000 000

　　贷：银行存款　　　　　　　　　　　　　　　　　　3 000 000

（3）收取手续费时，编制如下会计分录。

借：银行存款　　　　　　　　　　　　　　　　　　60 000

　　贷：手续费及佣金收入　　　　　　　　　　　　　56 603.77

　　　　应交税费——应交增值税　　　　　　　　　　　3 396.23

复习与思考

1. 简述信托的定义及信托业务的种类。
2. 简述信托机构业务的内容。
3. 简述信托存款与委托存款核算的内容。
4. 简述信托贷款与委托贷款核算的内容。
5. 简述信托投资与委托投资核算的内容。

参考文献

[1] 企业会计准则编审委员会. 企业会计准则案例讲解（2016 年版）[M]. 上海：立信会计出版社，2016.

[2] 中华人民共和国财政部. 企业会计准则——应用指南（2015 年版）[M]. 上海：立信会计出版社，2015.

[3] 中华人民共和国财政部. 企业会计准则[M]. 上海：立信会计出版社，2015.

[4] 李晓梅，关新红. 金融企业会计[M]. 北京：首都经济贸易大学出版社，2006.

[5] 杨华. 金融企业新会计准则应用与讲解[M]. 北京：中国金融出版社，2007.

[6] 唐丽华. 金融企业会计[M]. 大连：东北财经大学出版社，2008.

[7] 贺瑛. 银行会计[M]. 上海：复旦大学出版社，2008.

[8] 方萍，郭峨. 金融企业财务会计[M]. 成都：西南财经大学出版社，2009.

[9] 王保平，栗利玲. 保险公司会计实务[M]. 北京：中国财政经济出版社，2009.

[10] 周彦平，孙娜. 证券公司与基金公司会计实务[M]. 北京：中国财政经济出版社，2009.

[11] 王晓枫. 金融企业会计[M]. 大连：东北财经大学出版社，2009.

[12] 温红梅. 银行会计[M]. 大连：东北财经大学出版社，2010.

[13] 钱红华. 金融会计[M]. 上海：上海财经大学出版社，2010.

[14] 王允平，关新红，李晓梅. 金融企业会计[M]. 北京：经济科学出版社，2011.

[15] 王金媛. 银行会计学[M]. 北京：科学出版社，2011.

[16] 郭德松，李晓燕. 金融企业会计实训[M]. 武汉：华中科技大学出版社，2011.

[17] 张慧珏，莫桂青. 银行会计[M]. 上海：上海财经大学出版社，2012.

[18] 孟艳琼. 金融企业会计[M]. 武汉：武汉理工大学出版社，2012.

[19] 郭晓，张晓川. 银行会计[M]. 北京：清华大学出版社，2014.

[20] 刘东辉. 银行会计学[M]. 北京：高等教育出版社，2014.